农村基层干部培训教学体系研究

何 兵 黄远祥 章 楠 ◎著

图书在版编目(CIP)数据

农村基层干部培训教学体系研究/何兵,黄远祥,章楠著. —苏州:苏州大学出版社,2022.11
ISBN 978-7-5672-4099-5

Ⅰ.①农… Ⅱ.①何…②黄…③章… Ⅲ.①农村-基层干部-干部培训-教学研究-中国 Ⅳ.①F325.4

中国版本图书馆 CIP 数据核字(2022)第 207554 号

农村基层干部培训教学体系研究

何 兵 黄远祥 章 楠 著

责任编辑 史创新

苏州大学出版社出版发行
(地址:苏州市十梓街1号 邮编:215006)
广东虎彩云印刷有限公司印装
(地址:东莞市虎门镇黄村社区厚虎路20号C幢一楼 邮编:523898)

开本 700 mm×1 000 mm 1/16 印张 14.5 字数 223 千
2022 年 11 月第 1 版 2022 年 11 月第 1 次印刷
ISBN 978-7-5672-4099-5 定价:50.00 元

若有印装错误,本社负责调换
苏州大学出版社营销部 电话:0512-67481020
苏州大学出版社网址 http://www.sudapress.com
苏州大学出版社邮箱 sdcbs@suda.edu.cn

前　言

农村基层干部是乡村振兴战略的组织者、推动者、实践者，是党同人民群众的联系纽带和桥梁，农村基层干部队伍建设意义重大。干部教育培训是干部队伍建设的先导性、基础性、战略性工程，加强农村基层干部培训工作，历来是党的优良传统。培养、造就一支懂农业、爱农村、爱农民的农村基层干部队伍，对于进一步全面推进乡村振兴，加快实现农业农村现代化目标至关重要。

根据中央的办学精神要求和自身功能定位，干部培训院校构建各具特色的"教学体系"是立校之本、强校之基。"学员主体地位"也决定了不同受训对象的教学体系差异。但学术界针对农村基层干部这一特殊的群体"培训什么""谁来培训""怎么培训"等问题缺乏深入系统的研究。为此，我们结合从事农村基层干部培训教学教务工作近二十年的实践，撰写了《农村基层干部培训教学体系研究》一书，表达我们对农村基层干部培训的理解认知，总结我们在教学体系研究中的求索经验。本书把目光聚焦于干部培训体系中的教学体系，固然源于教学体系的重要地位和作用，但并非弱化培训体系其他相关内容的重要性，而是自知能力有限，只好努力把教学体系理清说透，为农村基层干部培训相关从业人员提供指引和参考。

在写作过程中，我们参阅了很多与干部教育培训相关的文献资料，最终把对教学体系的研究确定在培训内容、培训师资、培训方法、教学设计和质量评估等方面，鉴于农村基层干部对现场教学的高热度，本书把现场教学单列一章，从而形成了本书的整体架构：绪论、培训内容体系、培训师资体系、培训方法体系、现场教学体系、教学设计体系、质量评估体系，共七个部分。对各级干部培训院校而言，教学设计体系是特色培训理念的体现，是特色培训资源——培训内容、培训师资、培训方法、现场教学——物理组合、化学聚合的艺术应用。质量评估体系是干部培训质量循环螺旋上升的关键节点，是单个培训项目的总结终点，更是下个培训项目的提升起点，是培训项目质量的微观评价，更是干部培训院校办学质量的微观映射。

由于时间仓促、水平有限，书中难免存在疏漏之处，恳请专家、读者批评指正。

2022 年 6 月

目 录

1 绪 论 / 1
  1.1 问题的提出 / 1
  1.2 农村基层干部培训的"三悟""四不唯""五导向" / 6
  1.3 农村基层干部培训教学体系 / 14

2 农村基层干部培训内容体系 / 26
  2.1 导语 / 26
  2.2 农村基层干部培养目标和培训目标 / 30
  2.3 农村基层干部能力结构 / 38
  2.4 农村基层干部培训课程建设目标和路径 / 55
  2.5 小结 / 61

3 农村基层干部培训师资体系 / 62
  3.1 导语 / 62
  3.2 农村基层干部培训师资的基本要求、能力素养和建设目标 / 66
  3.3 农村基层干部培训师资的选聘、培养和使用 / 78
  3.4 小结 / 91

4 农村基层干部培训方法体系 / 93
  4.1 导语 / 93
  4.2 农村基层干部培训方法创新的目标和路径 / 100
  4.3 农村基层干部培训常用培训方法和教学组织形式 / 104
  4.4 小结 / 120

5 农村基层干部培训现场教学体系 / 121

5.1 导语 / 121
5.2 农村基层干部现场教学的语境和情境 / 125
5.3 现场教学基地建设 / 134
5.4 现场教学的讲解艺术探究 / 143
5.5 小结 / 147

附录1 现场教学讲解词
——以苏州市农村干部学院"姜巷村"现场教学为例 / 148

6 农村基层干部培训教学设计体系 / 154

6.1 导语 / 154
6.2 培训教学设计的理念原则 / 161
6.3 培训教学设计的工作流程 / 174
6.4 小结 / 183

附录2 "×省×市×县'乡村振兴'专题培训班"培训方案 / 184

7 农村基层干部培训质量评估体系 / 189

7.1 导语 / 189
7.2 不同视角下的培训质量评估认知和理论基础 / 193
7.3 农村基层干部培训质量评估 / 198
7.4 农村基层干部培训质量评估指标体系 / 211
7.5 小结 / 223

后记 / 224

1 绪 论

1.1 问题的提出

基础不牢,地动山摇。习近平总书记在《之江新语》一书《基层干部的分量》一文中写道,"基层干部离群众最近,群众看我们党,首先看基层干部。这反映出基层干部在群众心目中的分量,反映出基层干部队伍建设在整个党的建设中的分量"[①]。党的工作最坚实的力量支撑在基层,最突出的矛盾和问题也在基层,必须把抓基层、打基础作为长远之计和固本之举。中国特色社会主义进入新时代,我国社会主要矛盾已经转化为人民日益增长的美好生活需要和不平衡不充分的发展之间的矛盾,而发展不平衡不充分问题在乡村最为突出。"麻绳最容易从细处断",农村基层就是中国社会的最薄弱环节,是最容易断的细处,农村基层干部是脱贫攻坚、乡村振兴战略的组织者、推动者、实践者,是党同人民群众的联系纽带和桥梁。"干

---

① 习近平.之江新语[M].杭州:浙江人民出版社,2007:90.

部教育培训是干部队伍建设的先导性、基础性、战略性工程。"① 习近平总书记高度重视干部培训工作,他在第五批全国干部学习培训教材序言中写道,"善于学习,就是善于进步。党的历史经验和现实发展都告诉我们,没有全党大学习,没有干部大培训,就没有事业大发展","我们党依靠学习创造了历史,更要依靠学习走向未来"②。习近平总书记也牵挂着农村基层干部培训工作。2014 年 3 月 17 日,习近平总书记来到焦裕禄干部学院,同兰考县基层服务型党组织建设培训班学员座谈。习近平总书记指出:"乡村处在贯彻执行党的路线方针政策的末端,是我们党执政大厦的地基,在座各位可以说是这个地基中的钢筋,位子不高但责任很大。"③

1.1.1 农村基层干部的重要性

政治路线确定之后,干部就是决定的因素。乡村振兴战略的顺利推进以及实施的效果在很大程度上取决于农村基层干部的素质与能力。农村基层干部懂不懂乡村工作、抓不抓乡村工作、爱不爱乡村工作关系着中国特色社会主义乡村振兴的道路能否越走越宽、越走越快。

农村基层干部是乡村"产业兴旺"的"带头人"。经济发展是农村工作中的关键一环。习近平总书记强调,"产业兴旺,是解决农村一切问题的前提"④,要"紧紧围绕发展现代农业,围绕农村一二三产业融合发展,构建乡村产业体系,实现产业兴旺"⑤。农村基层干部是引领农村经济工作的骨干力量,是农民发家致富的"领头羊"。

农村基层干部是乡村"生态宜居"的"守护者"。"绿水青山就是金山银山",农村最宝贵的财富和最大的优势就是良好的生态环境。"生态宜居"是乡村振兴的保证,是生态文明建设的重要组成部分,是广大农村人民的民生需求。没有生态宜居的生产、生活空间和条件,乡村振兴就是一

---

① 2018—2022 年全国干部教育培训规划[N]. 人民日报,2018-11-02(05).
② 习近平. 第五批全国干部学习培训教材序言[J]. 党建,2019(3):6.
③ 习近平在调研指导兰考县党的群众路线教育实践活动时强调 大力学习弘扬焦裕禄精神 继续推动教育实践活动取得实效[J]. 党建,2014(4):4-5.
④ 习近平. 把乡村振兴战略作为新时代"三农"工作总抓手[J]. 社会主义论坛,2019(7):4-6.
⑤ 许华卿. 三产融合助脱贫[J]. 红旗文稿,2020(17):11-12.

句空话。生态环境保护能否落到实处，关键在领导干部。实施乡村振兴战略，必须充分发挥农村基层干部"生态宜居"的守护者职责与使命。

农村基层干部是乡村"乡风文明"的"倡导者"。"乡风文明"是乡村振兴的重要保障和精神灵魂。乡村振兴战略的实施不仅要让农民在物质需求上得到满足，更要让他们在精神需求上得到提升。因此，农村基层干部要在推进乡村振兴战略中加大乡风文明建设的力度，有效发挥村规民约、家庭家教家风作用，创新农村精神文明建设有效平台载体，做好"乡风文明"的"倡导者"。

农村基层干部是乡村"治理有效"的"推动者"。"治理有效"是乡村振兴的社会基础和重要保障。农村基层干部要有效协调农户利益与集体利益、短期利益与长期利益，保证乡村社会充满活力、和谐有序。农村基层干部是党和政府联系农民群众的桥梁与纽带，是推动乡村构建以农村基层党组织为核心的"自治、法治、德治"相结合的治理体系、推动农村"治理有效"常态发展的重要力量。

农村基层干部是乡村"生活富裕"的"引路人"。"生活富裕"是乡村振兴战略实施的出发点和落脚点，如何解决好贫富差距问题、加快乡村建设步伐，已成为当前最关键、最紧迫、最艰巨的任务。优秀的农村基层干部作为乡村精英群体，要善于通过发展农村集体经济、组织农民外出务工经商、增加农民财产性收入等多种途径，不断缩小城乡居民收入差距，让广大农民尽快富裕起来，走上致富之路。

1.1.2 农村基层干部的特殊性

农村基层干部的特殊性首先表现为身份角色的特殊。在中国政权体系中，基层主要指县、乡（镇）、村三级，它们是中国政权体系中的基础层级，居于基础和末梢地位。农村基层干部是指在乡村公共事务重大决策中拥有直接决策权的人士及其支持基础和后备力量。他们既可能来自国家体制内部，即由乡镇或以上层级政府委派工作人员直接管理乡村公共事务，在这种情形下，乡镇政府工作人员则是农村基层干部；他们也可能来自国家体制外部，即在乡镇村治情形下以村民委员会为代表的群众性自治组织自我管理乡村公共事务，村民委员会成员则是农村基层干部。他们承载着来自党组织、上级政府、村民的角色期待，扮演着人民"公仆"、政府代理人、村民代言人、乡贤式的能人和自利经济人等多种角色。

农村基层干部的特殊性还表现为工作要求的特殊性。大力培养和造就一支懂农业、爱农村、爱农民的"三农"工作队伍是加强农村基层干部队伍建设的基本要求。基层干部只有"懂农业"，了解传统和现代农业生产特点、了解农业专业知识、把握现代农业发展方向，才能更好地带领农民搞好产业发展。农村基层干部只有"爱农村"，树立"农村大有可为，基层干部当有大作为"的人生观和价值观，才能扎根农村，才能看到农村的宁静和美丽，才能增强对农村的归属感。农村基层干部只有"爱农民"，才能坚持以人民为中心的发展思想，才能实实在在践行中国共产党全心全意为人民服务的宗旨，才能主动放下架子、俯下身子，自觉融入农民中，进而团结和带领农民，为农民谋福利，带领农民增收致富，实现乡村全面振兴。

1.1.3 农村基层干部培训的重要性

党的历史实践表明，党的事业的发展壮大与干部教育培训密不可分。各个时期的干部教育培训，有力地统一了干部思想，凝聚了共识，提高了干部的能力和素质。加强农村基层干部培训工作，历来是党的优良传统。培养造就一支懂农业、爱农村、爱农民的农村基层干部队伍，对于进一步全面推进乡村振兴，加快实现农业农村现代化目标至关重要。

加强干部教育培训工作，是提高农村基层干部政治能力的根本途径。具备过硬的政治能力对农村基层干部来说非常重要，农村基层干部政治能力和政治素质的高低，直接影响农村基层党组织政治领导力的强弱，是乡村振兴战略等党和国家的大政方针能否在农村顺利实施的关键。政治素养不是先天就有的，而是依靠在工作实践中坚持不懈地学习与修炼、依靠党的长期培养和教育产生的。因此，认真做好农村基层干部培训工作，坚持不懈地以习近平新时代中国特色社会主义思想为中心内容，加强理论教育和党性教育，意义重大。

加强干部教育培训工作，是改善农村基层干部知识结构的迫切需要。

当前，我们正处在环境日趋复杂、知识更新不断加快的时代，这对农村基层干部的理论素养、业务水平都提出了新的更高的要求。当前，部分农村基层干部队伍的知识结构和整体素质还不适应新时代农村高质量发展要求，给乡村振兴事业发展带来了严重的不良影响。因此，只有坚持不懈地抓好农村基层干部培训工作，才能有效改变这种现状。

加强干部教育培训工作，是提升农村基层干部专业化能力的重要路径。党的路线方针政策能不能在农村得到贯彻落实，乡村振兴各项目标任务能不能得到实现，很大程度上取决于广大农村基层干部是否具有较强的专业化工作能力。"村看村，户看户，群众看干部"是农村发展的朴实规律，农村基层干部只有具备较强的专业化能力，才能团结群众、发动群众、引领群众。因此，我们必须通过大力加强农村基层干部培训工作，提高广大农村基层干部的发展经济能力、改革创新能力、依法办事能力、公共服务能力、化解矛盾能力、风险防控能力、群众工作能力、抓基层党建能力，为全面推进乡村振兴、加快实现农业农村现代化提供强有力的人才保证和智力支持。

1.1.4 农村基层干部培训的特殊性

农村基层干部群体是长期生活在农村一线的基层工作者，与一般的党政机关干部有很大的不同，所以在组织培训过程中，必须准确识别农村基层干部群体特点，把握农村基层干部成长规律，进而把握农村基层干部的培训规律。农村基层干部培训的特殊性主要体现在培训内容、培训方式方法、培训师资等各个方面。

培训内容宜"务实管用"。农村基层干部往往理论水平不高，不善于总结提炼，喜欢关注具体的问题和矛盾，注重简单实用，因此在培训内容安排上应当遵循"农村重点难点在哪里，培训内容就及时跟进到哪里"，坚持"干什么学什么，缺什么补什么"，重点围绕农村基层干部履行岗位职责的具体问题，帮助农村基层干部克服本领不足、本领恐慌、本领落后等问题。

培训方式方法宜"生动活泼"。农村基层干部自由意识较强，情感比较热烈，行为方式较为随意，因此在培训方式方法的选择方面，应当减少纯理论的讲授式教学，注重发挥和调动培训对象的主体作用，坚持实践性、互动性，可以多采用现场教学、案例研讨、情景模拟、激情教学等培训方式方法。

　　培训师资宜"干而论道"。农村基层干部群体范围广，尤其是村一级的一般干部，普遍年龄相对较大、学历层次相对较低，但是他们扎根基层时间相对较长，长于实践，有着丰富的基层经验，情商和智商都比较高。因此在培训师资选择上，应当优选既接"天线"又接"地气"，既能讲理论教育又会教"三农"前沿实践的师资队伍，形成结构多元、主体众多的独特师资队伍，如"支书教，教支书""干部教，教干部"就是较受农村基层干部欢迎的师资结构特点。

1.2　农村基层干部培训的"三悟""四不唯""五导向"

　　农村基层干部培训必须与时俱进，不断更新培训理念。在尊重、遵循农村基层干部培训主体地位的基础上，对教学体系相关要素进行高度总结凝练，我们提出了"三悟""四不唯""五导向"的培训理念，从培训内容、培训方法、培训师资、培训目标等方面给出了提升农村基层干部培训针对性和有效性的整体指导思想。

1.2.1　农村基层干部培训的"三悟"

　　农村基层干部培训的"三悟"包含感悟、顿悟、领悟三个方面，从三者的关系来说，是内嵌感性认识、理性认识与工作实践三者的逻辑关系。感悟是培训学员通过参加集中培训学习后获得的知识，是外在的、感性的认识。而外在的知识必须通过学员不断地思考琢磨，最终实现顿悟来进行内化，转化为学员掌握的知识。领悟则是学员运用内化的知识指导日常的工作实践，最终达到工作能力提升的实际效果。在实际培训实施的过程中，要增加能够提升农村基层干部感悟元素的教学安排，如现场教学。在对农村基层干部培训的需求调研中，现场教学是最受欢迎的培训方法也间接说明了感悟对参训学员的重要意义。学员认知质的变化在顿悟。顿悟来自信息的大量反复碰撞进而迸发"新知",因此在教学安排中需要设置学员论坛、研讨教学等培训方法,让学员可以感知不同的信息源,而不仅仅是教师的单向讲授。领悟通常出现在集中学习培训后的工作实践中,抛弃"一训了之",将培训的链条环节延伸至工作实践环节推动"领悟"将是农村基层干部培训的重要创新领域。

1.2.1.1 感悟

人的活动受其生理、心理及社会环境的激发与影响。农村基层干部培训内容的设计要充分考虑教学情境与教学内容的交互性影响,提升教育培训的针对性和有效性,提升学员获取知识的丰富程度。一是强化课堂理论教学环节,通过经验成效与发展路径的呈现,直观有效地解决乡村振兴难题,坚定参训学员发展的信念与信心。二要强化教学参与度,选择一些既具有可体验性,又符合教学培训主题和目标需要,并且契合教学对象特点的培训教学内容;通过精心组织,让参训学员置身于特定环境(或实地)加以体验或现场演练,引导参训学员亲身体验或实地感受现场所见,通过"听""看""讲"等合一带来的感悟促进其转变观念。在这一阶段,强化的是参训学员的感性认识。没有感性认识的基础,顿悟、领悟就难以变为现实。因此,面向农村基层干部,让参训学员沉下心思、耐住性子、增强主动性意义重大,需要在培训内容选择、培训方法匹配、培训师资构建上让学员坐得住、听得进、学得会。

1.2.1.2 顿悟

由感性认识上升到理性认识,是认识过程的第一次飞跃。顿悟是农村基层干部在参加培训中,将获得的感性认识上升到理性认识的过程。顿悟可以通过两个环节来实现:一是思维的冲击。集中培训学习实际是一个"取经"过程,通过先进发展经验的呈现,参训学员思维受到冲击,很多困扰参训学员"反复发生,总是无法解决的","百思不得其解,百行不得其效"的问题瞬间得到解决,产生一种豁然开朗的感觉。二是思维的碰撞。

通过"互动交流"产生思维碰撞，拓宽农村基层干部认知。互动交流包含两个方面，一个是教师与学员之间的交流。干部教育培训教师是一个广义的概念，既包括承担教学专题的教师，也包括学员现场取经的一线实践者，通过教师的点拨，并围绕长期困扰参训学员的问题开展多重解释和深度分析，收到瞬间开悟的效果。另一个是学员与学员之间的交流。通过课程的设计，引导参训学员之间开展交流，认知之间发生冲突碰撞，收到思维跃进的效果。

1.2.1.3 领悟

领悟是农村基层干部认识的第二次飞跃，是知识变成现实能力提升的过程。正确的知识或认识只有转化为现实的能力提升，并应用于改造实践才具有价值意义。农村基层干部从培训中获取的认识，无论是感性认识还是理性认识，最终都要落实到具体的乡村振兴工作实践中。实现从认识到实践的飞跃，除了固有知识体系、思维理念的更新外，还必须经过实践，在探索乡村发展规律和积累乡村经验的基础上，动员和组织人民群众进行大规模的创新实践活动，并在实践中锤炼、磨合，最终获得工作能力的提升。

1.2.2 农村基层干部培训的"四不唯"

"四不唯"主要指：以农村经济社会发展的先进典型发生地为教学地点，教学地点不唯教室；以农村经济社会发展的先进典型经验为培训内容，培训内容不唯理论；以农村经济社会发展先进典型的决策者为培训师资，培训师资不唯教授；以农村经济社会发展先进典型的实践者为咨询顾问，培训目标不唯授课。"四不唯"作为农村基层干部培训的理念或农村基层干部培训的实施要点也从侧面体现出农村基层干部培训的特殊性，只有更好地以学员为主体进行培训设计和培训创新，才能真正提升培训的针对性和有效性。

1.2.2.1 教学地点不唯教室

农村基层干部培训要突破教学地点局限于教室的固有观念，按照实际、实用、实效的原则，突出实践性和创新性，紧扣农村发展的创新经验，以农村经济社会发展的先进典型发生地为教学地点，让农村基层干部在农村重大历史事件的发生地、农村的田间地头、农村社区等，通过自主实地调查、听介绍听讲解等方式，在现实场景中获得培训感悟。要善于在培训设计中树立"情境"思维，不唯教室的教学地点提供的不只是空间位置，更重要的是塑造了一种让学员有代入感的特殊情境。很多干部培训院校纷纷开发党性教育实训室、廉政教育实训室、媒体沟通实训室等培训载体，在一定意义上就是在创设教学情境。

1.2.2.2 培训内容不唯理论

农村基层干部培训必须摆脱"唯理论"的思想禁锢，倡导"联系实际，学以致用"的基本原则。学习过程不仅要安排理论学习课，还要安排深入实际的实践教学活动。在实践教学活动中，学员们通过转换身份角色，实地考察学习，了解形势，了解民情，把握各方面真实的社会情况，增强解决实际问题的能力。同时，在实践教学活动中，还应重点提高学员以点到线、以线带面的分析问题、解决问题的综合能力。借用党校倡导"用学术讲政治"的思维，面向农村基层干部时不妨多采用"用实践讲'思想'""用案例求真知"，即用发展实践把习近平新时代中国特色社会主义思想的精髓讲透，把贯彻落实习近平新时代中国特色社会主义思想的思路和举措讲活，用发展案例把背后的规律和道理讲清。

1.2.2.3 培训师资不唯教授

传统的干部培训课堂，理论专家、教授是授课的主力。农村基层工作实践性非常强，必须突出实战实训，贯彻"导师帮带，手把手教""干部教，教干部"的培训理念，防止教育培训和业务工作"两张皮"。将一线实践工作人员纳入教学师资队伍，以农村经济社会发展先进典型的决策者为培训师资，以农村经济社会发展先进典型的实践者为咨询顾问。在师资遴选方面，探索通过培训课堂试讲，滚动筛选，培训名师带动，形成理论水平较高、实践经验丰富、掌握农村基层干部培训教学特点的师资队伍。在农村基层干部培训师资入库条件方面也可以设置诸如掌握农村发展政策，熟悉"三农"工作，熟悉农民语言，掌握农村发展典型案例，能点评农村发展成功经验和启示，具有较强的感染力等培训基本素养。培训方案设计中，师资结构要多元，既有政策解读的领导，也有理论解码的教授，更有实践解析的干部和"土专家""田秀才"。

1.2.2.4 培训目标不唯授课

现代干部培训要求提高干部的综合素质和履职能力，首先要提高干部的思想政治素质，这是干部培训的一条纪律性原则。《2018—2022年全国干部教育培训规划》把培训内容确定为习近平新时代中国特色社会主义思想、党的基本理论、党性教育、知识培训和专业化能力培训等五个方面，其中以习近平新时代中国特色社会主义思想为中心内容的政治理论和增强党性修养培训是重要内容。此外，还要突出专业化能力培训与知识培训，结合工作实践和岗位需要，提升农村基层干部公共服务、化解矛盾、风险防控、群众工作等能力，共同为全面推进乡村振兴战略，锻造政治过硬、本领过硬、作风过硬的干部队伍，凝聚乡村振兴"新动能"目标服务。不同的能力培养培训目标需要不同的方法矩阵来优配，实现学员听、看、讲的融合，因此不能简单把传统授课作为培训的目标要求，要把实效挺在前面，实操、实务、实用是农村基层干部培训目标内在的"纲"。

1.2.3 农村基层干部培训的"五导向"

农村基层干部培训的"五导向"主要针对农村基层干部个体特质、综合素质能力、工作客观环境等差异，寻找更好演绎培训内容的路径，可以总结为现场导向、体验导向、互动导向、可用导向、陪伴导向。

1.2.3.1 现场导向

"现场"并非狭义的地理空间概念，还包括依附于地域上的精神动能、发展实践等，包括教学师资现场导向、教学案例现场导向、培训形式现场导向等内容。"教学师资现场导向"鼓励农村改革发展的基层实践者来传授党性教育、工作实务，以身说法。实践者的亲自讲解比教师在课堂上的传播要真切得多、具体得多、可信得多。"教学案例现场导向"鼓励把农村改革发展的成功实践作为培训案例。存在于第一线的最鲜活的材料，才是农村基层干部培训最值得关注的重点、热点和难点问题。研究这些问题，对学员的实际工作具有较强的启发和指导意义。把学员带入案例之中，通过介绍事实真相、事件经过、实际结果，介绍工作思路、经验和体会，大大提高教学的有效性。"培训形式现场导向"鼓励采用现场教学的培训形式来开展农村基层干部培训。现场教学与其他教学形式相比，最为明显的特征就是将现场作为教学和培训的主要场所，摒弃以往室内课堂教学为主的学习方式，让教师和学员都能深入现场，通过观看现场的事物，体会身临其境的感觉，从而在考察现场的过程中提出问题，解决问题，大大提升了学员理论知识联系工作实际的能力。这种现场培训形式有效提升了农村基层干部培训和学习的直观性，使农村基层干部在学习和培训之后，能快速将所学知识应用到实际工作中，大大提高培训的整体质量。

1.2.3.2 体验导向

体验导向就是根据教学目的和要求，通过创设情境，让学习者"身临其境"地体验学习，比如用手触摸，用眼辨察，用耳倾听，用脑深思，用语言交流，产生更具体、更明确的感动和体悟。学习者亲身体验主动合作、探究学习的喜悦和困惑，反思自己的经验与观念，在交流和分享中学习他人的长处，产生新的思想和新的认识，以达到自身观念、态度和行为上的改变，并能设法改进自己的工作和生活。体验式培训与传统培训相比，强调的是"做中学"和"先行后知"，其鲜明特点是寓教于乐，把学习性、挑战性、互动性、实用性有机地结合在一起，强调在体验中获得感悟，注重反思和整合，并能把所学到的知识有效迁移到实际工作和生活中去。农村基层干部培训的"体验导向"，倡导现场教学感性体验、专家授课理性体验、学以致用实践体验等的有机统一，推动体验式教学、情景模拟方法与研讨式、专题式、案例式教学模式相融合，通过再现历史和现实的某个场景，实现感性冲击和理性思考的结合，从而有效激发学员强烈的心灵体验、情感共鸣和理性思考。

1.2.3.3 互动导向

《干部教育培训工作条例》提出了"以人为本，按需施教"的原则，其实就是强调"以学员为中心"。现代干部培训要坚持以人为本，树立以学员为主体、教师为主导的培训理念，充分激发干部参加培训学习的内在动力和潜力，教师引导学员自我反思、自主探索。具体来说，就是要突出学员的主体地位，充分发挥其学习的积极性和主动性，教师和其他培训管理人员是学员学习的引导者、推动者、辅导者、支持者和服务者。这样就实现了教师由重"讲"向重"导"的转变，学员由"对象"向"主角"、由"客体"向"主体"的转变。为适应这一转变，须打破传统培训中教师不断灌输、学员被动接受的知识获取方式，通过教师与学员之间的互动，帮助教师了解学员的整体状况以及他们的主要困惑，从而采取合适的教学方式，选取针对性强的授课内容，有效地引导学员思考，进而提高学员分析问题、解决问题的能力。"互动导向"不仅倡导"教学相长"，更鼓励"学学相长"。学员与学员之间互动、交流，开阔了思维，拓宽了视野，达到资源的整合与共享，从而推动工作中实际问题的解决。

1.2.3.4 可用导向

现代培训强调学以致用，培训应与工作实践相结合并服务于工作，培训的内容应当来源于工作实际，培训的场地也应模拟真实的工作环境，培训的效果体现应用于工作实践。强化农村基层干部培训的实用导向，不仅有利于激发学员的学习动力、工作动力，通过对体验和行动的不断反思而获得新的知识，提高工作能力；有利于培养学员的沟通能力、组织协调能力和领导能力，通过互动交流达到个人素质的提升，这些都是传统培训难以达到的；而且还有利于实现学以致用，能够将通过培训获得的新知识和新理念转化为工作技能，并且指导着实际工作。"可用导向"包括前期问题查找导向、中期答疑解惑导向、后期发展策划导向，三者最终的目的都指向农村基层干部培训的切实"可用"。和其他培训主体不同的是，农村基层干部培训主体身份具有高度一致性，面对着共同的疑虑困惑、难点痛点，所以相互间的思考感悟更能激发"头脑风暴"。"可用导向"使得培训的时间跨度变得更大，培训项目的结束变成培训学习所获在工作实践中应用的开始，把"发展策划"作为培训项目的衍生是对整个培训"可用"原则的推崇。

1.2.3.5 陪伴导向

对于干部培训机构而言，农村基层干部培训不应该是"一锤子买卖"，而是一个长期的服务过程。陪伴式教学是近年来逐渐兴起的一种新型的培训模式，它是基于云计算思维构建的以提升干部教育培训针对性、有效性为目标的"随时在线"的教学相长互动式培训模式。陪伴式教学的提出基于两方面的考量，一方面是农村基层干部成长需要"陪伴"。农村基层干部队伍建设是一个长期的过程，同时乡村振兴工作具有长期性、艰巨性、复杂性等突出特点，陪伴式教学以农村基层干部工作中的前瞻性、针对性和现实性问题为主攻方向，把乡村人才"自主成长"和"外向指引"、乡村发展路径"自主探索"和"合作交流"有机结合，推动干部培训师资团队成为农村基层干部成长的长期陪伴者。另一方面是乡村发展需要"陪伴"，这里面有两层内涵：一是"陪伴式"服务。虽然当前乡村振兴战略全面推进，各种资源要素正向乡村集聚，但是农村基层干部推进工作过程中，仍然存在"缺乏指导服务"等问题。陪伴式服务，就是在乡村振兴过程中，帮助农村基层干部寻找乡村发展的有效路径。二是"陪伴式"赋能。通过陪伴式教学师资团队的专业优势和深度介入，干部培训师资团队陪伴农村基层干部开展乡村资源的整合导入、运营管理等工作，为乡村发展赋能。

1.3 农村基层干部培训教学体系

1.3.1 干部教育培训体系

体系,泛指一定范围内或同类教育事物按照一定的秩序和内部联系组合而成的整体。在人力资源管理中,面向员工的培训体系通常被定义为实现一定的培训目标,将培训要素进行合理、有计划、系统地安排而形成的一种指导性文件,包括培训课程体系、培训讲师管理制度、培训效果评估和培训管理体系四部分。与之相比,干部教育培训体系有着更为丰富的内容。

1.3.1.1 培训体系的三个层面

干部教育培训链条上的参与者众多,有干部教育培训管理部门、项目委托单位、干部教育培训机构、具体培训项目负责团队等,对培训体系的理解存在身份决定的认知差异。耿洪涛[1]以干部教育培训管理部门的身份,把培训体系理解成培训管理工作体系。俞姣[2]及蒋毅、宿采正[3]等在干部对象的延展上做应用型的思考,把目光聚焦在了工会干部上。徐彦[4]、吴庆[5]等则立足于共青团干部,把政府文件要求创造性地"克隆"到不同的干部类型上作为对培训体系的理解。也有部分研究者把企业培训的方法引入干

---

[1] 耿洪涛.创造性地开展组工干部培训[N].组织人事报,2011-05-26(07).
[2] 俞姣.论基于需求导向的四位一体工会干部教育培训体系构建[J].职大学报,2019(1):120-123.
[3] 蒋毅,宿采正.论工会干部培训体系建设:以天津市工会管理干部学院为例[J].天津市工会管理干部学院学报,2017,31(1):15-19.
[4] 徐彦.共青团干部教育培训体系创新研究[D].杭州:浙江大学,2009.
[5] 吴庆.基层共青团干部培训现状及培训体系构建研究:以C市为例[J].青年发展论坛,2017,27(4):24-36.

部教育培训领域中,如李曙军、张舵、吴丽娜①及高源②等把胜任力模型,刘世界③把执行力模型引入专业性干部的培训体系中。黄传英、戴学明④等则把互联网的科技元素、时代元素融入干部教育培训体系中。肖小华⑤⑥研究成果颇丰,尽管没有全面系统地阐述干部教育培训体系建设,但几乎涉足了体系建设中的所有重要内容,如教学体系、课程体系、评估体系、现场教学等,由于培训评价的重要性和艰难性,肖小华尤其重视对评估体系的研究⑦⑧⑨⑩。这些研究隐含着肖小华作为干部培训院校职员对培训体系的理解。从中我们不难发现,对培训体系的理解大多呈现三个视角:干部教育培训管理部门的宏观视角、干部培训院校的中观视角和培训项目团队的微观视角。

（1）宏观视角

干部教育培训管理部门大多从宏观视角来考察培训体系,更为系统和全面。以《2018—2022年全国干部教育培训规划》文件为例,开篇在"总体要求"的"主要目标"中直接提出了"干部教育培训体系改革更加深化,干部素质培养的系统性、持续性、针对性、有效性不断增强,具有先进培训理念、科学内容体系、健全组织架构、高效运行机制的新时代中国特色社会主义干部教育培训体系不断完善"的要求,培训体系的语境和重要性得到强化,具有纲领性、指导性作用。《2018—2022年全国干部教育

---

① 李曙军,张舵,吴丽娜.基于胜任力模型的中青年领导干部培训体系及其构建[J].企业改革与管理,2018(23):78,83.

② 高源.基于胜任力模型的长客股份中层干部培训体系设计[D].长春:吉林大学,2019.

③ 刘世界.论基于执行力模型的医院年轻干部培训体系构建[J].人才资源开发,2015(16):29-30.

④ 黄传英,戴学明."互联网+"时代干部培训教学质量评估体系的构建[J].中共南宁市委党校学报,2019,21(2):44-49.

⑤ 肖小华.干部培训课程体系建设探讨[J].党政论坛,2017(3):46-47.

⑥ 肖小华.浅谈党性教育教学体系的构建[J].中共珠海市委党校珠海市行政学院学报,2017(2):9-13.

⑦ 肖小华.当前干部教育培训评估中存在的问题及对策[J].山东省农业管理干部学院学报,2008(4):184-185.

⑧ 肖小华.建立和完善干部教育培训的外部评估体系[J].桂海论丛,2008(5):96-97.

⑨ 肖小华.教学督导在干部教育培训中的质量监控功能[J].石油化工管理干部学院学报,2007,9(3):10-12.

⑩ 肖小华.干部教育培训评估必须做到"五个结合"[J].领导科学,2008(5):38-39.

培训规划》强调了干部教育培训的系统性建设①，文件中提到"体系"二字达二十处，其中与"干部教育培训体系"相关的有：培训内容体系、培训课程体系、分类分级培训体系、培训保障体系、质量评估指标体系、培训制度体系、干部网络培训标准体系等。

部分学者从宏观视角对"干部教育培训体系"做了研究。干部教育培训是诸多要素按照一定规律有机结合、连接而成的整体，它包括教育培训理念、教育培训目标、教育培训内容、教育培训方式方法、教育培训流程、资源支持、管理制度保障等七大要素②。这一表述认可度较高。张凌凤③也曾表达过类似观点，对培训体系具体内容进行分类和整理，大致确定为五大要素，主要为：主体、内容、方法、保障和制度。主体包括多个层面，培训的受众对象、培训的管理调训者、培训的组织协调者、培训的教学授课者等。内容既有《2018—2022年全国干部教育培训规划》中要求的理论教育、党性教育、专业化能力培训和知识培训，也有从教学组织角度微观视角提出的"专题""课程""教学内容"等④。

（2）中观视角

如前所述，培训链条上的不同参与主体在干部教育培训体系建设中有着不同的职能职责，就干部培训院校而言，干部教育培训体系建设更多着眼于中观视角，这可从中国井冈山干部学院梅黎明⑤谈到学习《2018—2022年全国干部教育培训规划》时提出的重点立足教学体系建设中得到旁证，也可从大量研究文献的立意中洞察一二。金伟栋⑥从苏州市农村干部学院的实践出发，并进行理论提升，提出了培训体系应包括研究体系、教学体系和保障体系。其中研究体系应把握"两个规律"突出培训时代性，教学体系应完善"三色课程体系""两型基地体系""一线师资体系""多维

---

① 梅黎明.加强教学体系建设 增强干部教育的时代性针对性和有效性：学习《2018—2022年全国干部教育培训规划》的思考[J].中国井冈山干部学院学报,2019,12(1):139-144.
② 宋薇.当代中国公务员培训问题研究[D].太原：山西大学,2009.
③ 张凌凤.新形势下党员干部教育培训体系探析[J].党史博采(理论),2018(6):41-42.
④ 徐彦.共青团干部教育培训体系创新研究[D].杭州：浙江大学,2009.
⑤ 梅黎明.加强教学体系建设 增强干部教育的时代性针对性和有效性：学习《2018—2022年全国干部教育培训规划》的思考[J].中国井冈山干部学院学报,2019,12(1):139-144.
⑥ 金伟栋,何兵.当好新时代基层干部培训排头兵[J].群众,2021(18):33-34.

方法体系",保障体系应创新培训方案的设计机制、创新闭环营运的专业机制、创新率先竞优的开放机制等"三项机制"突出培训有效性。马文革①努力想跳出干部培训院校的中观视角来探讨"新时代进一步加强干部教育培训体系建设",但其提出的"加强内容体系建设""加强管理体系建设""加强教育体系建设"依然逃脱不了干部培训院校培训体系重要主体的思考起点。

在蔡冬梅②看来,培训体系主要体现为"培训内容"和"教学方式方法"。她把"教学方式方法"分解成了两部分,一是案例教学、研讨教学等"教学方法",二是"培训方式",并重点介绍了"在线培训""分级分类培训"。在林蓉③看来,培训体系主要由培训理念、培训内容、培训方式、教学管理制度构成。这一系列研究主要还是立足于中观视角。中观视角的出现是对宏观视角的局部思考和深入践行。

（3）微观视角

微观视角主要立足于具体培训项目的科学运转和实施及达到预期培训目标。王安伟④把培训体系定义为培训体系设计,包括需求分析、目标确定、项目设计、资源准备（场地、师资、资料等）、效果评估等若干程序和步骤。微观视角与宏观视角、中观视角也有着紧密联系。需求分析、目标确定的一个重要基础就是培训理念的落地,培训理念的差异就会催生不同的培训需求、培训目标、培训方式；项目设计的背后是师资建设、课程建设、教学方式方法等在具体培训项目中的组合应用；效果评估是评价体系的直观映射。

---

① 马文革.新时代进一步加强干部教育培训体系建设[N].江淮时报,2019－05－28(03).
② 蔡冬梅.不断创新 务求提高干部培训实效性[J].中共珠海市委党校珠海市行政学院学报,2008(5):40－42.
③ 林蓉.高校党校干部培训机制的创新路径[J].西南农业大学学报(社会科学版),2011,9(12):218－220.
④ 王安伟.运用现代培训理念 提高领导干部培训绩效[J].中共南京市委党校南京市行政学院学报,2005(5):84－88.

1.3.1.2 培训体系的主要内容

(1) 培训体系的架构

如果对《2018—2022年全国干部教育培训规划》进行梳理,可以得到干部教育培训主管部门关于培训体系的主体架构。"总体要求"部分可以看成是"教育培训理念体系",规定了工作开展的方向和需要完成的目标,包含指导思想、主要目标、重要指标。"全面深入开展习近平新时代中国特色社会主义思想教育培训"既是"教育培训内容体系"的一部分,也是"教育培训理念体系"的一部分。坚持把学习贯彻习近平新时代中国特色社会主义思想摆在干部教育培训最突出的位置、在学懂弄通做实上下功夫、着力提升学习培训效果、建立健全习近平新时代中国特色社会主义思想学习教育长效机制等是"习近平新时代中国特色社会主义思想"培训内容的"教育培训理念"。《2018—2022年全国干部教育培训规划》中提出"完善培训内容体系",同时也给出了"培训内容"的体系构成:党的基本理论教育、党性教育、专业化能力培训、知识培训。"优化分类分级培训体系"面向各级各类不同参训主体提出了各自的培训目的、培训目标、任务要求和工作举措。"建强培训保障体系"要求在"培训机构建设""师资队伍建设""课程教材建设""培训方式方法创新""干部教育培训和互联网融合发展""学风建设""经费管理""理论研究"等方面开展相应工作。"健全培训制度体系"包括"完善需求调研制度""健全组织调训制度""健全教学组织管理制度""建立健全干部教育培训考核评价制度""建立健全干部教育培训质量评估制度""建立健全干部教育培训工作督查制度"等内容。"组织领导"也可以看成是"保障体系"中的一部分。

从《2018—2022年全国干部教育培训规划》提出的"主要目标"中的"干部教育培训体系改革更加深化",也可以发现"干部教育培训体系"架构的端倪。该段提出的"目标"为:"干部素质培养的系统性、持续性、针对性、有效性不断增强","具有先进培训理念、科学内容体系、健全组织架构、高效运行机制的新时代中国特色社会主义干部教育培训体系不断完善"。"干部教育培训体系"中增加了前缀"新时代中国特色社会主义",

因此我们探讨"干部教育培训体系"的首要基石是"新时代中国特色社会主义",支撑"体系"的"柱子"为"培训理念""内容体系""组织架构""运行机制"。和前文提及的五大体系"教育培训理念体系""教育培训内容体系""分类分级培训体系""培训保障体系""培训制度体系"进行对照,不难发现"分类分级培训体系""培训保障体系""培训制度体系"可以归入"组织架构""运行机制"中。因此就大的架构而言,培训体系可以确定为五大部分:培训理念体系、培训内容体系、分类分级培训体系、培训保障体系、培训制度体系。

(2) 干部培训院校相关培训体系的具体内容

就培训体系具体内容而言,干部培训院校与干部教育培训管理部门存在一定差异,即使是相同的字眼,干部培训院校和干部教育培训管理部门的理解也有所不同。干部培训院校关于培训体系的主体架构主要围绕干部教育培训教学开展,或者说是以教学体系为主。理念作为干部教育培训教学开展的思想基础受到大家的高度重视,不同干部培训院校的培训特色大多由"理念"差异引致,从而形成了干部培训的"春色满园""特色纷呈",换言之,"理念"的培训之树开着培训的特色之花。对培训保障体系的理解,干部教育培训管理部门和干部培训院校也存在差异。如培训方式,培训总是按照一定的方式进行的,干部教育培训管理部门更为关注培训方式,是采取在线学习、集中学习、个人自学还是境外受训等往往由培训管理部门思考,干部培训院校只是在管理部门确定的培训方式基础上,着力研究教学体系,进而实现预期培训目标,因此,培训方式并非干部培训院校考察的重点。把培训方式和教学方式分开是有其现实意义的,由于对干部教育培训的学术研究大多来自干部培训院校,因此教学方式方法在表述上通常会被培训方式方法替代,有时干部培训教学方法又被称为狭义的培训方法,很多时候二者表达着同样的意义。本书中如不特殊区分,则培训方法和教学方法是作为趋同的概念来表述的。如本书"培训方法体系"一章主要探讨的就是教学方法。干部教育培训管理部门还对培训机构建设保持热度,如"加强党性教育培训机构标准化建设",但对具体干部培训院校而言,培训机构建设并无太多研究空间,与此类似的还包括"经费管理"

等。因此在干部培训院校来看,培训保障主要集中于师资队伍建设、课程教材建设、教学方式方法创新、培训后勤保障和培训研究等方面。尽管干部教育培训管理部门和干部培训院校都表达了对"师资队伍建设"的重视,但也存在差异,因为除了保障培训所需的优质师资队伍建设外,干部培训院校视角的"师资队伍建设"是把更多焦点对准本校教师培养成长的任务。培训制度体系存在类似的情况,从干部培训院校看,需求调研制度、教学组织管理制度、干部教育培训质量评估制度与其密切相关。

据此我们可以很清晰地看出与干部培训院校相关的培训体系内容。从架构看,主要有五部分:培训理念体系、培训内容体系、分类分级培训体系、培训保障体系、培训制度体系。其中培训理念体系于干部培训院校而言主要指"教学理念";培训内容体系因各个干部培训院校的培训特色不同而存在差异化,但都必须围绕《2018—2022年全国干部教育培训规划》纲领性文件的总体要求来加以建设;分类分级培训体系在干部培训院校看来,主要侧重"教学理念";培训保障体系包括师资队伍建设、课程教材建设、教学方式方法创新、培训后勤保障、培训研究等;培训制度体系主要有需求调研制度、教学组织管理制度、干部教育培训质量评估制度。(表1.1)

表1.1 培训体系架构表

培训体系架构	干部教育培训管理部门	干部培训院校
培训理念体系	培训理念	教学理念
培训内容体系	培训内容	培训内容
分类分级培训	培训管理、人员组织	教学理念
培训保障体系	培训机构建设、师资队伍建设、课程教材建设、培训方式方法创新、干部教育培训和互联网融合发展、学风建设、经费管理、理论研究	师资队伍建设、课程教材建设、教学方式方法创新、培训后勤保障、培训研究
培训制度体系	需求调研制度、组织调训制度、教学组织管理制度、干部教育培训考核评价制度、干部教育培训质量评估制度、干部教育培训工作督查制度	需求调研制度、教学组织管理制度、干部教育培训质量评估制度

1.3.2 农村基层干部培训教学体系

"教学体系"大多出现在"国民教育"如义务教育、职业教育或是高等教育的研究文献中,通常指"教学过程的知识基本结构和框架、教学内容设计、教学方法设计、教学过程实施、教学结果评价组成的统一的整体"。干部教育"教学体系"则是指在干部教育培训过程中,由若干个相互依赖、相互作用的教学元素所构成的有机整体。尽管干部教育教学元素构成的"教学体系"包括了教学理念、教学设计、教学内容、教学方式方法、教学管理、教学监测、教学师资、后勤管理等多个方面,但在多数情况下,对教学体系的探讨往往集中在内容、师资、方法、设计及评价等方面。

《2018—2022年全国干部教育培训规划》指出,干部培训院校要"坚持以教学为中心,紧扣主责主业,深化教学科研管理改革,突出教师主导作用和学员主体地位,不断提高办学质量"。根据中央的办学精神要求和自身功能定位,干部培训院校构建各具特色的"教学体系"是立校之本、强校之基。"学员主体地位"也决定了不同受训对象的教学体系差异。因此,本书关注的干部群体限定为农村基层干部;旨在探讨的农村基层干部培训教学体系的视角为干部培训院校的中观视角,同时也不排斥用微观视角进行研究和解析;本书把目光聚焦于干部培训体系中的教学体系,并非弱化其他内容的重要性,只是努力把教学体系理清说透。

结合笔者从事农村基层干部培训近二十年的工作实践,把对教学体系的研究放在培训内容、培训师资、培训方法、教学设计和质量评估上,鉴于农村基层干部对现场教学的高热度,本书把现场教学单列一章,进而形成了本书的整体架构:培训内容体系、培训师资体系、培训方法体系、现场教学体系、教学设计体系、质量评估体系。培训内容体系、培训师资体系、培训方法体系、现场教学体系等是面向特定的培训对象——农村基层干部——而专门加强的类似培训资源体系建设。对各级干部培训院校而言,教学设计体系是特色培训理念的体现,是特色培训资源——培训内容体系、培训师资体系、现场教学体系、培训方法体系——物理组合、化学聚合的艺术应用。质量评估体系是干部培训质量循环螺旋递进的关键节点,是单个培训项目的总结终点,更是下个培训项目的提升起点;是培训项目质量的微观评价,更是干部培训院校质量的微观映射。

1.3.2.1 培训内容体系

培训内容体系主要探讨三个方面的内容。一是农村基层干部的培养目标和培训目标。信念坚定、为民服务、勤政务实、敢于担当、清正廉洁的忠诚干净担当的高素质专业化干部队伍是农村基层干部队伍建设的培养目标;理论教育更加深入、党性教育更加扎实、专业化能力培训更加精准、知识培训更加有效是开展农村基层干部培训的培训目标。二是农村基层干部必备的政治能力和专业化能力。本章通过深入研究农村基层干部必备的政治能力和发展经济能力、改革创新能力、依法办事能力、公共服务能力、化解矛盾能力、风险防控能力、群众工作能力、抓基层党建能力等八种专业化能力,解析农村基层干部九种能力的能力结构,理清能力结构与培训内容的逻辑关系及内在机理。三是农村基层干部培训课程建设。把农村基层干部培训内容、能力结构等的研究转化为培训实务中的"三色三实"课程建设(农村基层干部培训红、蓝、绿三色课程;农村基层干部培训实干、实操、实训三类课程),提出组织认同、岗位匹配、学员乐享等三大课程建设目标和集体学习、需求分析、问题征集等课程建设路径。

1.3.2.2 培训师资体系

培训师资体系主要探讨三个方面的内容。一是农村基层干部培训师资的基本要求、能力素养和建设目标。农村基层干部培训师资的基本要求是对党忠诚、政治立场坚定、良好的职业道德修养、较高的理论政策水平、扎实的专业知识基础、强大的自我学习能力及掌握培训理论和方法等。农村基层干部培训师资要有信仰、有追求、有情怀,懂农业、爱农民、爱农村,专研究、擅咨政、会教学。农村基层干部培训师资建设目标是多元的,要做到能干、会教、释疑,成为参训学员的思想导师、能力导师和行为导师。二是农村基层干部培训师资的选聘、培养、使用。要打造专兼结合的农村基层干部培训师资,加强政策解读、理论解码、实践解析等三种类型的兼职培训师资的选聘，尤其要多管齐下，推动专职培训师资的培养，如：推动老中青教师队伍的梯队建设，发挥中坚教师的引领示范作用；加强年轻教师的自学习、自组织，激发他们成长成才的内生动力；强化团队协作、抱团作战的理念，放大集体备课的作用功效；形成长期主义、循序渐进的共识，坚持持续努力地奋发进取；建立知识更新、实践锻炼的机制，补足教师成长的能力短板；等等。三是农村基层干部培训师资的使用和提升。干部培训院校要创造教学机会让师资在教学实践中提升，要搭建难度由低到高、有序进阶的师资成长路径，要善于使用评价考核机制来激发师资进步的内在动力。

1.3.2.3 培训方法体系

培训方法体系主要探讨农村基层干部培训方法创新的理论、目标和路径，详细介绍苏州市农村干部学院自党的十八大以来主要运用的适合农村基层干部特点的培训方法和教学组织形式。提出了广义培训方法和狭义培训方法的差异，广义培训方法是干部教育培训管理部门的视角，包括在线学习、组织调训、挂职锻炼等，狭义培训方法是干部培训院校的视角，主要指教学方法。本书中探讨的培训方法是狭义视角，本质是教学方法。面对农村基层干部，培训方法创新的目标是坐得住、听得进和学得会，创新的主要路径包括教学情境塑造、现代技术应用和教学组织再造。本书创造性地提出了在遵循成人教育理论、金字塔学习理论等基础上，鼓励干部培训师资开展教学组织形式微创新的观点，并在书中对苏州市农村干部学院教学组织形式微创新的具体实践进行了介绍。

1.3.2.4 现场教学体系

现场教学体系主要探讨三个部分的内容。一是阐述了现场教学的本质，即现场教学是教学地点在"现场"、教学内容围绕"现场"的不同教学方法的组合，"现场""教""学"三个关键词是现场教学的核心要素，其中对现场的理解和认知最为关键。对现场的不同理解衍生出"现场"的四大语境，即现场为教学地点、教学素材、教学教案、教学案例，基于语境认知为出发点,系统设计现场教学的不同教学流程,把不同教学方法集成、集聚在现场教学中,也是本书的一个重要创新观点。现场教学教学地点的特殊性,使得现场教学作用发挥有赖于教学物理情境和教学虚拟情境的创造,现场教学的高手都善于在教学中创设情境,让学员"沉浸"其中,因此现场教学也被称为"沉浸式体验"教学。二是系统介绍了如何打造现场教学基地。提出了现场教学基地的建设主体,即干部培训院校是主要建设主体,干部教育培训管理部门即组织部门及基层地方政府为重要建设主体。提出了成为现场教学基地的条件、程序和建设要求,要评估培训资源禀赋、交通通达性、空间线路、物理情境、配套设施、教学队伍、合作条件等,并在符合现场教学基地要求的基础上进行硬件提升和软件建设。满足软硬件要求的"现场基地"将举行"基地挂牌"仪式,"基地"正式投入使用,同时需建立配套的工作机制加强现场教学基地的评价和管理。三是系统介绍了现场教学的讲解艺术和教学规律,从宏观、微观两个视角回答了"讲什么""怎么讲"的现场教学之问。

1.3.2.5 教学设计体系

教学设计体系主要探讨四个方面的内容。一是创新农村基层干部培训资源库建设,结合苏州市农村干部学院的实践,探讨如何创新打造课程库建设、师资库建设、培训方法库建设和现场教学基地库建设,同时对案例库建设和教材库建设做了简要介绍。二是以学习金字塔理论为理论基础,倡导在教学设计中要有模块化思维和系统思维,充分发挥参训学员的各个感官,提出让学员可听、可看、可学、可讲、可用,做到课程匹配、师资匹配、方法匹配等"三个匹配"。三是以问题导向为指引,倡导农村基层干部培训教学设计应暗合识别问题、分析问题和解决问题的底层逻辑,精准把握培训需求、科学解析能力结构、问题靶向培训课程。四是提出农村基层干部培训教学设计的指导原则、协同策略和流程细则,教学设计中要坚持规范化和专业化,强化用教学设计来促成资源库建设的有机更新和协同发力。

1.3.2.6 质量评估体系

质量评估体系主要探讨三个方面的内容。一是农村基层干部培训链条中的干部教育培训管理部门、项目委托单位、培训机构等不同参与主体对质量评估关切点的异同。二是以苏州市农村干部学院为案例介绍了农村基层干部培训质量评估的三项主要工作：即时培训课程质量评估、训中培训服务质量评估和训后培训综合质量评估，并分析研究了农村基层干部培训质量评估的难点及其原因。三是尝试从反应评价（参训者满意度）、学习评价（学习增长量）、行为评价（学用结合度）、结果评价（实践效益值）等农村基层干部培训质量评估的四个维度，构建农村基层干部培训项目质量评估体系，并探索采用客户满意度调查法，由干部培训院校、培训机构在项目委托单位的支持下具体实施。

2 农村基层干部培训内容体系

2.1 导　语

培训内容是干部教育培训的核心,"培训什么"是干部教育培训首先要回答的问题,培训目的主要通过干部对内容的理解和运用来实现。

肖小华2016年发表的《习近平干部教育思想述论》一文从习近平总书记关于干部教育培训相关重要论述中,梳理出干部教育培训的四大主要内容:加强理论教育,夯实干部的思想根基;加强理想信念教育,不断给干部补"钙";加强党性教育,帮助干部保持政治上的清醒和坚定,保持高尚的道德情操;加强能力教育,不断提高干部的业务本领和领导能力。[①] 从《2018—2022年全国干部教育培训规划》中也可找到关于培训内容的答案。不管什么干部,首要的培训目标是以习近平新时代中国特色社会主义思想为中心内容的理论教育更加深入、党性教育更加扎实,广大干部理想信念、党性观念、宗旨意识进一步强化,思想觉悟、政德修养、品行作风进一步

---

① 肖小华.习近平干部教育思想述论[J].探求,2016(1):39-45.

提高，信仰之基、从政之基、廉政之基进一步牢固。习近平总书记曾指出，我们强调干部教育培训工作要突出理论教育和党性教育，绝不意味着知识教育、领导能力教育不重要了，更不能把理论教育、党性教育与知识教育、领导能力教育对立起来。专业化能力培训、知识培训依然是干部教育培训的重要内容。

干部教育培训文件对"培训什么"给出指引，很多专家对培训内容的研究大多聚焦于干部培训实践中存在的"培训内容"方面的短板和不足。贾璟琪等[1]在总结山西省乡村振兴背景下农村基层干部培训做法的基础上指出，要全方位提高乡村基层干部履职能力，培训内容既要注重党性教育、党的路线方针政策等学习，又要注重乡村经济发展、乡村工作实务等方面的知识。贾璟琪等把内容建设看成是激发学员参训积极性的重要举措之一，原因在于优化培训内容可以更好地满足农村基层干部对教育培训的最直接要求，为他们的工作带来实实在在的帮助，达到学以致用的效果。王慧丹[2]从受训对象的差异出发，发现妇女干部在培训内容上还存在不足，如"当前妇女干部教育培训体系还不够成熟和完善，在班次和课程设置上缺乏科学规范的教学大纲支撑，培训内容缺乏层次性和多样性。主要表现不同时代、不同对象、不同实际却同一课程，没有与时俱进，因地制宜"。王均宁[3]给出了不同的视角，基于区域发展的差异性，对广东省湛江市在基层干部培训中培训内容存在不足的情况给出"三多两少"的总结，即综合性培训多、分类教育培训少，讲大道理多、触及实际问题少，经济理论课程多、党性教育课程少。加之部分课程内容所反映的新知识和新成果较少，时代特色不够鲜明，培训内容缺乏新鲜感和吸引力。黄新文[4]通过对湖南省基层农技人员培训开展情况的问卷调查，提出了基层干部培训中培训内容针对性不强的共性问题。参加培训的学员偏好学习与自身业务能力提高密切相

---

[1] 贾璟琪,王鑫,魏旺拴.乡村振兴背景下农村基层干部教育培训工作研究[J].甘肃农业,2018(20):33-34.

[2] 王慧丹.基层妇女干部培训浅议:以新疆妇干校为例[J].新西部,2018(27):57-58.

[3] 王均宁.新形势下欠发达地区基层干部培训体系的调查与思考:以广东省湛江市为例[J].延边党校学报,2016,32(1):41-44.

[4] 黄新文.湖南省基层农业干部培训实效性研究初探[J].中国农业教育,2016(2):58-62.

关的内容，这说明基层农业干部对参加培训的目的非常明确，那就是通过培训获得实用性高、操作性强的知识技能，解决工作中遇到的实际困难，这给培训内容确定后如何优化培训课程提供了方向。对于如何更好地优化培训内容，方涛[①]给出的"药方"是基层干部培训机构要把当地经济社会发展的"亮点"作为干部教育培训的重要课题内容。原因在于干部教育培训工作的重要目的之一就是为地方经济社会发展服务，离开了地方经济发展课题，干部教育培训就成了"花架子"。

培训内容宏观方向的科学指引并不能完全解决干部教育培训现实中的实践难题，如内容的针对性不足、实效性不强。面向参训学员，如何用培训课程来呈现培训内容，用培训课程来有效提升参训学员的政治能力和专业化能力依然是摆在大家面前的难题。李忠桥[②]发现乡村干部培训没有很好地结合乡村实际和乡村干部的工作实际进行，培训的内容与乡村实际和乡村干部工作内容相脱节；没有结合干部的实际需要来进行，培训的内容与乡村干部实际需求相脱节；没有结合适应时代要求的干部队伍急需的业务知识特别是社会管理的技能素质来进行，培训的内容与时代相脱节。吴杰[③]发现培训机构存在机械、简单地执行干部教育培训文件规定的现象，"培训内容往往就事论事，内容按照上级要求，文件要求讲什么就讲什么，只讲规定的方针路线政策"，结果是仅能"起到微乎其微的宣传作用"。李婧[④]通过对河源市农村基层干部培训问题的研究，从农村基层干部培训的目标出发，即"努力提高在职农村基层干部的科学文化素质、思想道德素质以及专业技能，让他们想办事、能办事并且把事情办好"，给出了具体细化的课程框架——农村基层干部培训课程体系由通识课、专业课和实用技术课三大类课程组成。通识课侧重于培训广大农村基层干部的公共基础知识，提升他们的综合素养；专业课则侧重于向广大农村基层干部传授微观农村经济知识，培养他们运用相关经济理论带领广大村民致富的能力；实用技

---

① 方涛. 提高基层干部教育培训实效性思考[J]. 新丝路(下旬),2016(1):142.
② 李忠桥. 乡村干部培训实效性研究[J]. 延边党校学报,2015,31(5):34-37.
③ 吴杰. 贫困地区农村基层党员干部教育培训现状及对策研究[D]. 太原：太原理工大学,2019.
④ 李婧. 河源市农村基层干部培训问题研究[D]. 广州：仲恺农业工程学院,2015.

术课则实用性较强,主要是让广大农村基层干部学习和掌握相关技能,能够熟悉和掌握相关技术,提升自己在农村实际工作中解决困难的能力。张莉玲、梁炜[1]对陕西省"展璞计划"培训项目的实施进行了全面分析,针对特定的村"两委"女干部,从其个人能力提升和村级事务发展的角度给出了六大板块的培训内容:① 掌握新资讯科技知识。主要学习电脑和智能手机的使用,体验互联网的便捷。② 增强自信,应对挑战。分析女村干部的优势与挑战以及基层女性参政的意义,帮助女干部坚定信心,应对挑战。③ 领导方法与技巧。学习领导团队、沟通交流以及面对冲突的技巧。④ 乡村经济发展。了解乡村经济发展的理念及趋势,学习乡村经济发展的模式与经验,学做村庄规划。⑤ 农村社区关怀与服务。认识农村社区关怀与服务的重要性,掌握基本的经验和做法,了解社区环境保护与治理。⑥ 设计和管理项目。引导和帮助村民制订种子计划。六大板块课程内容丰富,结构紧凑,通俗易懂,贴合农村实际,非常适合农村基层女干部所学所用。张、梁二人从"能力"提升的视角给出了培训内容和培训课程的答案,这一思路值得借鉴。李忠桥[2]在提出培训内容针对性不强问题的同时,也给出了解决的路径,包括:坚持培训内容结合乡村实际和乡村干部工作实际、坚持培训内容结合乡村干部需求实际,提出要按照按需施教的原则,以组织需求和乡村干部需求为导向,以政治理论教育为重点确立乡村干部培训内容。要把需求调研作为确定乡村干部培训内容的首要环节,坚持干什么学什么、缺什么补什么,围绕干部的实际需求下菜单,完善培训内容体系。同时提出,培训内容要与时代发展相结合。要结合时代需求实现乡村干部培训理论的推陈出新,乡村干部培训既要突出思想教育又要兼顾新知识、新技能的培养,特别是管理能力、领导素质的训练和提高,紧紧跟随和并抓住时代的脉搏。李忠桥的这一观点和张莉玲、梁炜异曲同工。

本章将聚焦农村基层干部特定群体,研究农村基层干部更好履职的政治能力及八种专业化能力的能力结构,把习近平新时代中国特色社会主义

---

① 张莉玲,梁炜.基层女性干部培训方法研究:基于对陕西省"展璞计划"培训项目的实施分析[J].继续教育,2017,31(6):10-12.
② 李忠桥.乡村干部培训实效性研究[J].延边党校学报,2015,31(5):34-37.

思想学习教育、党的基本理论教育、党性教育、专业化能力培训、知识培训等培训内容用具体化的培训课程来呈现。为提升培训内容的针对性，正如李忠桥所言，还必须坚持精准把握培训需求。最后将结合笔者的工作实践，给出培训课程创新开发的路径供读者参考。

2.2 农村基层干部培养目标和培训目标

2.2.1 农村基层干部培养目标

乡村振兴，关键在人。培养、造就一支什么样的干部队伍，始终是党的组织建设需要解决的首要问题。干部的成长不是一个自然的成熟过程，而是多种主客观培植条件不断优化并综合作用的结果。从我们党培养干部的实践经验看，干部的成长时刻受到党关于干部培养目标的指引。党的十八大以来，习近平总书记高度重视好干部标准问题，围绕好干部标准提出了一系列新观点、新要求，系统回答了"怎样是好干部"这个重要问题，形成了关于好干部标准的重要论述。2013年6月，习近平总书记在全国组织工作会议上指出：好干部要做到"信念坚定、为民服务、勤政务实、敢于担当、清正廉洁"，这成为新时期好干部"五条标准"。在2014年新修订的《党政领导干部选拔任用工作条例》中，鲜明地将好干部的五条标准写进总则第一条。党的十九大党章修正案对干部提出了"忠诚、干净、担当"这三个方面的要求，要求干部"信念坚定、为民服务、勤政务实、敢于担当、清正廉洁"，这是党章关于党的领导干部基本要求的集中体现。"好干部标准"是对干部的要求，也为我们党选人用人划定了时代标准，为更好地育人指明了方向，新时代农村基层干部的培养目标应当以"好干部标准"作为指引方向。

2.2.1.1 乡村振兴需要一支"信念坚定"的干部队伍

坚定的理想信念是好干部第一位的标准。信念坚定核心在于坚定共产主义远大理想，真诚信仰马克思主义，矢志不渝地为中国特色社会主义而奋斗，坚持党的基本理论、基本路线、基本纲领、基本经验、基本要求不动摇。

农村基层干部是实施乡村振兴战略的"排头兵"，是突破"最先一公里"和"最后一公里"关系的"关键队伍"，农村基层干部坚定信念就是要使"消除贫困、改善民生、逐步实现共同富裕"的社会主义本质要求在思想深处扎根，自觉做共产主义远大理想和中国特色社会主义建设的坚定信仰者、忠实实践者。这需要农村基层干部摆正态度，充分认识到自己的职责所在，树立正确的职业观，从思想上意识到乡村振兴战略的实施在于干部队伍的带头作用和引领作用。在现实生活中，农村基层中的一些党员、干部出现这样那样的问题，说到底是信仰迷失、精神迷茫。党的十八大以来，全面从严治党得到了有效的贯彻和落实，广大党员干部的政治素养进一步提升、理想信念进一步坚定，但有部分农村基层干部面对体制转轨、利益多元、思想多样的发展趋势，开始放松对自己的要求，忽视党的理论、方针、政策的学习和落实，在思想表现上出现信仰迷失、信念淡化，党性原则逐渐丧失，出现不守党纪国法、为政不廉、为政不为等问题。究其原因，还是在于农村基层干部缺乏理论学习，没有系统学习和研究过马克思主义，少数农村基层干部可能对其进行了浅显的学习，但由于对其知之不深、知之不全，因此不能将马克思主义运用于工作实践中。这些农村基层干部对以习近平新时代中国特色社会主义思想为中心内容的党的基本理论缺乏深刻的学习与理解，甚至对党的基本路线、方针、政策都是一知半解，尤其是农村基层干部中的大学生村官，尽管大学期间开设了相关课程，但是由于对政治学习缺乏主动性和积极性，他们中的许多人对政治理论没有认真深入学习，仅有的政治学习也只是为了完成任务，只注重学习成绩，并没有掌握精神实质。有的农村基层干部政治学习只是走形式，不看书、不看报，工作处事老一套，理论素养自然不高，政治观念淡薄，没有树立科学的世界观、人生观和价值观。

因此，农村基层干部培训应当以锤炼理想信念作为首要目标。新形势下农村基层干部坚定理想信念要做到"三个定力"，即要保持思想政治定力、保持理想信念定力、保持自我要求定力，不断提升党性自觉，对马克思主义信仰真诚，为全面推进乡村振兴、加快农业农村现代化而奋斗。

2.2.1.2 乡村振兴需要一支"为民服务"的干部队伍

以人民为中心，坚持群众观点，是习近平总书记关于干部队伍建设论述的显著特征。党的根本立场是人民立场，这也是我们党区别于其他政党的标志。党的干部创造政绩要始终坚持为人民服务的观点，多深入群众做调查研究，了解群众真正需求，真心实意关心百姓疾苦，多做顺民意、解民忧、惠民生的好事实事，不搞主观臆断"拍脑袋"的决策。全心全意为人民服务是党的根本宗旨，"为民服务"是好干部的根本使命。我们党的根基在人民，血脉在人民，力量在人民。人民群众是中国特色社会主义的主体，也是推进乡村振兴的主体，是党的力量的源泉。全面推进乡村振兴，核心问题是要保持农村党组织同人民群众的血肉联系，从这个意义上说，农村基层干部只有树立"为民服务"意识，做好群众工作，才能发挥农村基层党组织的战斗堡垒作用。

当前由于受干部成长经历、社会环境及政治生态等方面的影响，部分农村基层干部服务群众的意识较弱，干事创业的积极性不高。主要表现在以下几个方面：一是坚持群众主体地位的意识不强。有的基层干部角色错位，由"公仆"变为"主人"，自认为可以主宰群众、支配群众、代表群众，从根本上脱离群众，特别是在推动乡村振兴各项工作过程中，不依靠群众，不发动群众，不注重调动群众的积极性。二是群众工作方法不够创新。有的农村基层干部不相信群众，认为群众无知、野蛮、不讲理，怕接触群众，从心理上拒绝群众，不善于运用说服、教育、引导、服务等方法做群众工作，老办法不管用，新办法不会用，动不动就是行政命令、强制执行，简单粗暴，伤害群众感情，损害干群关系。三是群众合法权益保障不够有力。随着农村利益诉求多元化、利益界定精细化，更多的农村基层干部越来越看重与自己实际利益联系紧密的人和事，看重现实利益，他们对本乡本村致富能人给予更多的关注，对本乡本村建设项目、产业项目投入更多的力量，对扶贫款项、集体资金投去更多目光，却缺乏对普通群众利益和诉求的关注，存在群众要求解决的问题久拖不办，不为群众着想，群众反映的合理诉求得不到有效解决，群众合法权益得不到切实的保护等问题。因此，培养干部的过程中应该将"为民服务"作为根本使命，推动农村基层干部自觉树立为人民服务的理念与宗旨。

2.2.1.3 乡村振兴需要一支"勤政务实"的干部队伍

"勤政务实"是我们党员干部努力修炼的方向。习近平总书记将"勤政务实"作为好干部的标准之一提出来，是新时期党员干部践行群众路线和为人民服务宗旨的具体化。好干部必须勤勉敬业、求真务实、真抓实干、精益求精，创造出经得起实践、人民、历史检验的实绩。勤政务实是领导干部的立身之本、兴业之基。具体而言，勤政就是要勤于政事，而不是勤于"政绩"，"勤"是前提，只有通过"勤"才能"务"到"实"，农村基层干部能否把党中央关于乡村振兴的各项路线、方针、政策创造性地贯彻落实到实际工作中去，不仅取决于干部兢兢业业地开展工作，更取决于干部务实的科学方法。"没有调查就没有发言权，没有正确的调查同样没有决策权。"当前，农村工作中的一些"老大难"问题得不到有效解决，一个重要原因是一些农村基层干部吃不透农村基本情况，找不准问题的病根，导致工作只能在原地"打转转"。如在推进乡村振兴工作过程中，一些农村基层干部缺乏"立即办、用心办"的落实态度和服务意识，摸不清村民真实的情况，看不见村里存在的根本问题，听不到村民内心的真实呼声，提不出有针对性的方法举措。因此，端正调研态度，掌握科学的调查研究的工作方法至关重要，农村基层干部必须始终坚持实事求是的原则，沉下身子深入实际、深入基层、深入群众，多听、多看、多想，掌握第一手情况，搞好调查研究，通过调查研究，真正摸清楚乡村发展的实际情况，真正想清楚人民群众的所思所盼，这样才能真正掌握实际情况，真正做到"耳聪目明"。

2.2.1.4 乡村振兴需要一支"敢于担当"的干部队伍

敢于担当要求干部必须坚持原则、认真负责，面对大是大非敢于亮剑，面对矛盾敢于迎难而上，面对危机敢于挺身而出，面对失误敢于承担责任，面对歪风邪气敢于坚持斗争。敢于担当是新时代中国特色社会主义事业前进和发展的必然要求。农村基层干部是贯彻落实党在农村各项方针政策的主要依靠力量，高度的责任意识、强烈的担当精神是对农村基层干部的基本要求。农村基层干部如果没有敢担当的气魄和善作为的本领，便不能化压力为动力，更不可能带领广大人民群众走上致富之路。"农民富不富，关键看干部"，农民对实现美好生活更有信心、期望更高，干部面临的任务就更艰巨，承担的责任也就更重大。但在实践中，部分农村基层党员干部不愿担当、面对矛盾不敢迎难而上的现象仍然存在。习近平总书记指出："现在，在一些党员、干部中，不愿担当、不敢担当、不会担当的问题不同程度存在。有的做'老好人''太平官''墙头草'，顾虑'洗碗越多，摔碗越多'，信奉'多栽花少种刺，遇到困难不伸手''为了不出事，宁可不干事''只想争功不想揽过，只想出彩不想出力'；有的是'庙里的泥菩萨，经不起风雨'，遇到矛盾惊慌失措，遇见斗争直打摆子。"① 在广大农村，面对人民群众的高期望、高要求，少数干部不顾大局、不谋长远，看到乡村振兴的初步成绩就放松、懈怠，有的干部不愿直面问题和矛盾，干部之间推诿扯皮"踢皮球"，规避责任；还有的干部走亲情路线，不讲纪律，不讲规矩，对亲戚、老乡"网开一面""开便利之门"，甘愿被"小圈子"围猎，"拜码头""搭天线"，部分人之间"互惠互利"的腐败现象滋生。农村基层干部敢于担当，除锤炼党性外，还必须要具备相应的本领，大力提高"领导发展、科学决策、化解矛盾、整合资源"的本领。农村基层的好干部还要不断提高运用法治思维和法治方式深化改革、推动发展、化解矛盾、维护稳定的能力，努力推动形成办事依法、遇事找法、解决问题用法、化解矛盾靠法的良好法治氛围，在法治轨道上推动各项工作。

2.2.1.5 乡村振兴需要一支"清正廉洁"的干部队伍

清正廉洁是好干部的为政底线。干部的作风好坏，对党的整体形象和威信，对党的事业发展具有至关重要的影响。清正廉洁的干部队伍是我们

---

① 习近平.在"不忘初心、牢记使命"主题教育总结大会上的讲话[J].当代党员,2020(13)：1-5.

党保持先进性的关键，若干部队伍出现腐败问题，则会降低党的公信力，重则危及党的执政地位。农村基层干部是实施乡村振兴战略的责任主体，对实现"农业强、农村美、农民富"负有领导责任，他们扎根群众之中，是党联系群众的重要桥梁和纽带，农村基层干部任何贪腐败坏的行为，都会直接损害群众感情、败坏村级事业，大大降低党和政府在群众中的威信，严重的还会引发群体性事件，恶化干群关系，危害社会稳定，甚至动摇党的执政基础。

当前，部分农村基层干部在生活上自我放任，把党和人民赋予的权力看成炫耀的政治资本，当作利己工具，将干群之间的"鱼水关系"异化为"油水关系"，缺乏必要的觉悟和正气。"清正廉洁"要求农村基层干部必须敬畏权力、管好权力、慎用权力，守住自己的政治底线，保持拒腐防变的政治本色。

2.2.2 农村基层干部的培训目标

"在干部教育培训中，理论教育是根本，知识教育是基础，党性教育是关键。"①《2018—2022年全国干部教育培训规划》为基层干部培训内容提供了基本遵循，也明确了干部教育培训目标。对农村基层干部这一特定培训对象而言，培训目标可以简单地概括为理论教育更加深入、党性教育更加扎实、专业化能力培训更加精准、知识培训更加有效。

2.2.2.1 理论教育更加深入

政治理论课是为乡村振兴培根铸魂的关键课程。从内容上来说，理论教育以习近平新时代中国特色社会主义思想为中心，涵盖马克思列宁主义、毛泽东思想、邓小平理论、"三个代表"重要思想、科学发展观等内容。在农村基层干部培训实践过程中，必须牢牢抓住学习贯彻习近平新时代中国特色社会主义思想这条主线，长期坚持、不断深化，使之系统权威进教材、生动有效进课堂、刻骨铭心进头脑，在学懂弄通做实上下功夫，着力提升培训效果，使农村基层干部自觉增强"四个意识"、坚定"四个自信"、做

---

① 以改革创新精神做好新一轮大规模培训干部工作[N]. 人民日报,2008-07-17(01).

到"两个维护"。在做深做实习近平新时代中国特色社会主义思想教育培训的基础上，进一步强化马克思列宁主义、毛泽东思想、邓小平理论、"三个代表"重要思想、科学发展观等党的基本理论的知识普及工作，不断深化农村基层干部对共产党执政规律、社会主义建设规律、人类社会发展规律的认识，让农村基层干部内心增加对党的基本理论的情感认同和价值体验，自觉将党的基本理论作为推进农村工作和把握自我的思想武器。

2.2.2.2 党性教育更加扎实

党性教育在干部教育培训中具有非常重要的地位，是党的本质属性、价值目标内化为党员干部价值选择和行动自觉的过程。党性教育目标，是指党性教育组织者，通过开展有计划、有组织的党性教育活动，使党性教育对象的理想信念、政治素质、纪律意识等达到的境界和结果。党性教育目标的实现，既要着眼于对全体党员干部在政治素质、思想作风等方面做出统一性的要求，也要根据不同职级、不同职业、不同年龄党员干部思想、政治、作风等状况，因材施教，因人利导，分层次、分类别提出要求。从党性教育的根本要求来看，要把坚持、巩固和维护党的性质作为根本目标，使农村基层干部坚定理想信念，牢记全心全意为人民服务的根本宗旨，保持斗争精神，增强斗争本领。从理想信念教育维度看，要教育引导党员干部挺起共产党人的精神脊梁，解决好世界观、人生观、价值观这个"总开关"问题，自觉做共产主义远大理想和中国特色社会主义共同理想的坚定信仰者、忠实实践者。从党章学习培训维度看，要教育引导党员干部自觉尊崇党章、模范践行党章、忠诚捍卫党章，认真履行党员义务，正确行使党员权利。从党规党纪教育维度看，要引导干部知敬畏、存戒惧、守底线。从党的宗旨和作风教育维度看，要引导干部深入贯彻以人民为中心的发展思想，践行全心全意为人民服务的根本宗旨，坚决反对"四风"，始终保持党同人民群众的血肉联系。从党内政治文化教育维度看，要弘扬忠诚老实、公道正派、实事求是、清正廉洁等价值观，引导干部自觉增强党内政治生活的政治性、时代性、原则性、战斗性。从党史国史、党的优良传统和世情国情党情教育维度看，要引导干部传承红色基因，永葆政治本色。从政德教育维度看,要引导干部明大德、守公德、严私德,自觉追求高尚情操、坚守道德底线、远离低级趣味、引领时代新风。从社会主义核心价值观教育维度看,要引导干部树立正确的历史观、民族观、国家观、文化观,不断提升精神境界。对于农村基层干部这一特定对象的党性教育目标而言,应当紧紧围绕"懂农业、爱农村、爱农民"的主题展开思想教育,强化他们的责任意识、为民服务意识和为民奉献意识,使他们热爱农村事业,关心农民生活,关注农业发展。

2.2.2.3 专业化能力更加精准

全面推进乡村振兴战略,必须强化农村基层干部专业化能力培训。一是全面提高农村基层干部发展经济能力。推动农村基层干部掌握农村经济工作的思路与方法,能够紧密联系本村实际,推进一二三产业融合发展,壮大村级集体经济,稳步拓宽农民增收渠道,实现富民增收。二是全面提升农村基层干部改革创新能力。推动农村基层干部深入理解和贯彻创新发展理念,掌握农村改革背景、方向、原则等具体内容,积极探索农村集体产权制度改革、农村土地承包制度改革、农村宅基地制度改革等农村改革重点内容。三是全面提升农村基层干部依法办事能力。在农村基层干部队伍中,有相当一部分工作涉及法律法规,农村基层干部依法办事能力的强弱直接决定依法治国是否能够真正实现。推动农村基层干部牢固树立法治观念,把法律规范变为自觉的行为意识,能够运用法治思维和法治方式处理或解决农村工作中的各种问题。四是全面提升农村基层干部公共服务能力。推动农村基层干部牢固树立"以人民为中心"的理念,不断提升农村基层干部公共服务水平与能力,推进农村公共服务高质量发展。五是全面提升农村基层干部化解矛盾能力。推动农村基层干部准确理解和把握新形势下我国社会主要矛盾的变化,熟练掌握基层矛盾调解的方法与技巧,能够把矛盾纠纷排查在苗头、化解在基层。六是全面提升农村基层干部风险防控能力。推动农村基层干部强化风险防控与应急管理意识,熟悉掌握农村风险防控的基本原则、流程、方法及关键点,提高风险防控的能力。七是全面提升农村基层干部群众工作能力。推动农村基层干部准确把握新时代群众工作的新情况、新问题，不断探索和创新做好群众工作的方法措施，提高为民服务水平。八是全面提升农村基层干部抓基层党建能力。推动农村基层干部准确把握党中央对于农村基层党组织建设的新定位、新要求，掌握农村基层党组织提升组织力的方法与路径，把农村基层党组织建设成为坚强的战斗堡垒。

2.2.2.4 知识培训更加有效

强化农村基层干部知识培训，坚持以需求为导向，采取"缺什么，补什么"的方法，不断调整教学内容，做到因人施教。瞄准世界上最新的前沿知识，同学习当代中国的马克思主义理论结合起来，同学习党的路线、方针、政策结合起来，同学习科技知识、法律知识、经济知识等现代必备知识结合起来，推动广大农村基层干部履职的基本知识体系不断健全、知识结构不断改善、综合素养不断提高，成为又博又专、底蕴深厚的复合型干部，做到既懂经济又懂政治、既懂业务又懂党务、既懂专业又懂管理。开展知识培训要着眼于提高农村基层干部的综合素质，用现代科学文化知识和人类创造的优秀文明成果武装头脑，加强科学知识、科学精神、科学方法的教育，促进农村基层干部提高科学文化素养。

2.3 农村基层干部能力结构

2.3.1 农村基层干部必备的政治能力和八种专业化能力

贯穿培训内容的一条主线就是能力培养。正如晓山[①]所言，马克思主义理论武装的目的，是要提高干部运用马克思主义立场、观点、方法分析解决实际问题的能力；党性教育旨在增强干部拒腐防变、抵御风险的能力和自我净化、自我提高的能力；党和国家重大战略部署的培训，落脚点在于

---

① 晓山. 干部教育培训的内容[EB/OL]. http://dangjian.people.com.cn/n/2014/0625/c117092-25195692.html.

提高干部领导科学发展、促进社会和谐的能力；新知识、新信息、新技能培训，意在帮助干部开阔眼界、思路和胸襟，提升履行岗位职责的能力。所以，干部教育培训内容必须把能力培养贯穿始终。习近平总书记强调，在干部干好工作所需的各种能力中，"政治能力是第一位的"。中共中央组织部等下发的《关于实施新时代基层干部主题培训行动计划的通知》提出开展政治能力培训的同时，要以履职所需的基本知识、基本能力为基础，坚持干什么学什么、缺什么补什么，立足基层干部岗位需要，有针对性地开展八种专业化能力培训。因此，农村基层干部必须通过培训不断提高政治能力和发展经济能力、改革创新能力、依法办事能力、公共服务能力、化解矛盾能力、风险防控能力、群众工作能力、抓基层党建能力。

2.3.1.1 政治能力

政治能力过硬是组织需求和干部成长的基础，要把提高政治能力作为基层干部培训的首要目标，把提高政治觉悟和政治能力贯穿基层干部教育培训全过程。有了过硬的政治能力，才能做到自觉在思想上、政治上、行动上同党中央保持高度一致，在纷繁复杂的问题中看清本质、领悟要义，在艰难险阻的困境中不忘初心、奋勇前行。政治能力是党员干部保持政治定力、严守意识形态的战略谋划能力。政治能力是党员干部领悟大政方针、驾驭政治局面的政治工作本领。政治能力是党员干部防范政治生态风险、坚决贯彻落实的执行能力。政治能力分为政治判断力、政治领悟力和政治执行力。政治判断力强调党员干部的政治鉴别力，政治领悟力强调对现实政治问题的精准理解力，政治执行力针对贯彻落实环节。从三者的逻辑关系看，政治判断力是前提，政治领悟力是关键，政治执行力是结果。这"三力"是从不同领域和层面对党员干部提出的重要政治任务，要求党员干部在实际工作中着力提升、常抓不懈。

一是政治判断力。政治判断力是指党员干部站在政治高度从意识形态上研判现实问题的能力。换言之，它要求党员干部能够从政治视角和政治高度看待实践中遇到的各种矛盾和问题。提高政治判断力，要立足正确的政治方向和站稳政治立场，善于把握宏观大局，树立正确的是非观。一要把握政治方向，在意识形态问题上不动摇，在政治立场上不摇摆，在政治信仰上不含糊。二要立足宏观大局，用战略性、系统性、前瞻性思维把握全局，所谓"风物长宜放眼量"，能够具备长远的眼界和格局。三要明辨大是大非，抓主要矛盾和矛盾的主要方面，从错综复杂的矛盾关系中有效把握政治逻辑，真正做政治上的明白人。

二是政治领悟力。政治领悟力是指党员干部领会感悟中央和国家大政方针和各项精神的能力。换言之，它要求党员干部能够理解各项精神，尤其能深刻领悟习近平新时代中国特色社会主义思想的理论内涵。提高政治领悟力，要保持先进理论学习，吸收内化各项精神，灵活驾驭政治局面。一要深刻领悟习近平新时代中国特色社会主义思想，系统掌握贯穿其中的马克思主义立场、观点、方法，将理论更好地转化为实践和成效。二要留意党中央强调的重点，及时领会党中央发出的号令，吸收、消化各项方针政策，将精神贯穿于工作中。三要思考如何因地制宜抓落实，因时制宜干实事，针对特定政治环境和民情基础，驾驭好政治局面，结合发展要求真正为民干实事、干好事。

三是政治执行力。政治执行力是指党员干部对政治要求、政治方针的贯彻落实和决策能力。换言之，它要求党员干部能够坚持"两个维护"和"四个意识"，拥有底线意识。提高政治执行力，要防范政治风险，严守党章党纪，贯彻执行政策。一要坚持底线思维，即凡事从最坏处准备，努力争取最好的结果，有战斗意识，居安思危，防范政治风险。二要遵守政治纪律，强化责任意识，要求党员干部坚守初心使命，忠诚履职尽责，做政治上的"明白人""老实人"。三要坚持问题导向，要求党员干部及时发现问题、解决问题，带着问题意识有针对性地制定决策并坚决将中央精神贯彻落实。

2.3.1.2 发展经济能力

发展经济能力指党员干部观察经济动向，运用经济规律，结合客观实际，制定经济规划，整合经济资源，发展本地经济的能力。发展经济能力是党员干部九种能力建设中的实用工具型能力之一，对区域经济发展和推动共同富裕起到关键作用。

  一是具备洞察经济发展形势的统筹能力。发展经济能力要求党员干部能够洞察经济动向，统筹谋划全面发展战略。这意味着党员干部要立足经济发展大局，找准工作中心。基于经济全球化、文化多元化的复杂形势，要求干部守初心、担使命、有作为，从系统上把握经济方向，整体部署工作。一要洞察宏观经济形势，关注全国和本地经济的热点问题及关键指标，比如 GDP、一二三产业增加值、投资额、进出口情况、消费情况、就业率和失业率等，了解国家财政政策、金融信贷政策，通过了解宏观经济形势，制定本地经济发展规划；二要洞察微观经济状况，调查研究本地主要投资途径、生产成本、商品价格水平和人民收入水平等。综合分析本地具有代表性的一二三产业的生产经营状况，根据微观经济状况有针对性地优化产业结构、调整发展思路。经济形势的发展要求党员干部积极开展谋划设计，实施统筹兼顾，平衡各方面的经济关系，把握新的经济社会发展体系下各环节工作的内外部发展态势。

  二是掌握经济发展规律的分析能力。发展经济能力要求党员干部能够科学研判经济发展形势，把握、分析经济发展规律。这意味着党员干部要按照具体需求规划各项工作，指导各项经济工作开展。基于经济情况瞬息万变，要求党员干部学习遵循经济发展的基本规律。党员干部着力提升遵循经济发展规律本领，一要具有前瞻性，根据宏观和微观经济形势，从中央到地方的经济工作决策和部署出发，研判经济发展趋势，吃透经济政策，结合本地实际探索未来经济发展路径。二要具有探究性，探索本地经济发展路径要听取多方面意见，如政策要求、专家论证、群众呼声等，结合经济发展规律和本地实际，探索经济、政治、生态和社会文化协调发展路径。三要具有创新性，首先在思想上要有敢为人先、抢抓机遇的精神；其次在经济行动上要融会贯通，把执行政策的原则性与实际操作的灵活性结合起来；最后是增加工作透明度，精简办事程序，规范管理方式，优化营商环境，探索具有本地特色的经济发展路径。

  三是整合经济资源的管理能力。发展经济能力要求党员干部能够整合资源，这意味着党员干部要拥有资源配置能力和构建经济体系的执行能力，促进经济社会实现稳定、长效化发展。要求党员干部提升经济资源整合能力，构建科学发展的经济体系。一要争取优惠政策资源，获得上级支持，优化经济发展的政治环境；二要培育项目资源，项目资源可以内生也可以外引，项目建设是经济发展的直接和关键因素；三要整合人力资源，让人民群众广泛参与到项目的投资、建设和生产中，成为经济发展的受益者，在经济发展中实现共同富裕。

2.3.1.3 改革创新能力

改革创新能力是指党员干部与时俱进、锐意进取、勤于探索、勇于实践的能力，是党员干部能力建设的活力之源。对标习近平总书记相关论述，改革创新能力可解构为改革能力和创新能力。改革能力强调的是改进制约发展的思维模式、结构框架、利益格局的能力，本质是"破"，创新能力强调的是积极探索适合自身发展需要的新道路、新模式，不断寻求新增长点和驱动力的素质与能力，本质是"立"。不能只"破"不"立"，或者求"立"不"破"。改革为创新提供坚实基础，创新是深化改革的必然要求，两者相辅相成，缺一不可。

（1）改革能力

改革能力是为适应不同阶段形势任务而进行体制机制重塑的能力。习近平总书记指出："我们中国共产党人干革命、搞建设、抓改革，从来都是为了解决中国的现实问题。"[①] 换言之，只要符合党中央要求、符合基层实际、符合群众需求，就坚决改、大胆试、勇敢闯，要用实际行动去面对、解决改革过程中可以预料和难以预料的矛盾与问题。提高改革能力，一要强化为人民服务的意识，增强改革自觉性。坚持人民至上、以人为本，既是改革的基本立场，也是至关重要的改革方法论。要深刻把握习近平新时代中国特色社会主义思想所蕴含的"以民为本"的思想核心要义，学懂弄通中国共产党"是谁、为了谁、依靠谁"这一根本问题。通过理论学习解决思想问题，不断强化为民服务的主动性。二要掌握科学思维工具，增强改革科学性。"'摸着石头过河'，是富有中国特色、符合中国国情的改革

---

① 张磊.实事求是：习近平新时代中国特色社会主义思想的精髓[J].党建，2022(7)：28-31.

方法。'摸着石头过河'就是'摸规律',从实践中获得真知。"① 要坚持用党的创新理论武装头脑,提高战略思维、创新思维、辩证思维、法治思维、底线思维等科学思维能力,切实提高运用科学理论思维观察事物、分析问题、解决问题的能力。三要强化制度保障,增强改革全局性。加强顶层设计和整体谋划,统筹考虑、全面论证、科学决策,做到顶层设计立足全局、基层探索观照全局。

（2）创新能力

创新能力是一种因时因地制宜、知难而进、开拓进取的能力。习近平总书记指出,创新是引领发展的第一动力。对于一个国家来说,创新是发展的战略支撑;对于一个企业来说,创新是核心竞争力的源泉;对于党员干部来说,创新更是适应城市业态的"新"、乡（镇）村发展的"快",推动政策落实、增强服务群众实效的有力手段。创新,虽无固定模式,但也绝非无规律可循,党员干部要因事而化、因时而进、因势而新。换言之,必须在思想上引起重视,行动上主动探索,实践中积极创新。提升创新能力,需要从理念层面、技术层面、制度层面、实践层面四个维度进行分析。一要增强意识创新。要转变单向思维模式,培养逆向思维意识,在秉承自身创新思维的过程中,吸收借鉴他人先进经验,将大量的想法、创意做好资源整合,找出工作要素之间的相互联系,为创新思维、寻找工作突破口奠定基础。二要增强技术创新。要充分认识信息化、智能化、虚拟化给国家治理带来的新要求。习近平总书记多次要求党员干部要学网、懂网、用网,强调"群众在哪儿,我们的领导干部就要到哪儿去"。要善于运用互联网技术和信息化手段开展工作、谋划工作,增强应用现代技术的能力和本领。三要增强制度创新。要释放制度红利激发发展动力。探索建立鼓励创新、服务创新、宽容创新、保障创新的制度机制,以此增强创新活力、增加创造性成就。四要增强实践创新。这既需要有对党的创新理论特别是习近平新时代中国特色社会主义思想的深度学习领会,还需要有对各自工作领域总体情况特别是基层实际的深度调研了解,还需要有对自己主管主抓工作内容的深度研究思考。要积极探索从理念、内容、手段、形式、方法、

---

① 王卫东."摸着石头过河"就是"摸规律"[N].解放军报,2019-12-10(05).

渠道、载体等方面实现工作创新和更大突破，确保各项工作始终焕发生机活力。

2.3.1.4 依法办事能力

依法办事是依法治国、依法执政的必然要求，是从事基层基础工作的党员干部必备的一种工作能力。从概念内涵来看，依法办事能力是指遵循法治精神，运用法治思维和法治方式，按照法定的实体和程序开展公务活动的能力。提升依法办事能力目标是使党员干部的法治素养与所处的岗位职能相匹配，与基层治理体系与治理能力现代化工作目标要求相适应。

一是树立法治意识，进一步增强尊法学法守法用法的思维能力。法治意识是否坚实，决定社会治理大厦是否稳固。法治思维的养成，法治素养的提升，是奠定党员干部依法办事能力的思想基础。习近平总书记强调，党员干部要做尊法学法守法用法的模范，带动全党全国共同全面推进依法治国。学习法律知识、树立法治思维应当成为党员干部的一种行动自觉。这就要求党员干部一要树立规则思维，以既定的法律规则为依据，进行观察、思考和判断。二要树立权利本位思维，以维护国家权力与公民权利为职责使命。三要树立程序优先思维，充分认识法定程序的重要性，将事情放入既定的程序及法定权限内运行，严格按照法定程序办事。

二是领悟法治精神，提升运用法治方式严格履行法定职责的执行能力。依法办事能力是党员干部领悟法治精神，全面推进依法治国和依法行政的工作本领。习近平总书记强调，各级党和国家机关以及党员干部要带头尊法学法守法用法，提高运用法治思维和法治方式深化改革、推动发展、化解矛盾、维护稳定、应对风险的能力。党员干部应当深刻领会习近平法治思想的深邃内涵，掌握法治理论与法律法规，熟练运用法治方式处理各项工作，提升基层治理的法治化水平。这就要求党员干部一要强化学习，通过岗前任职培训、集体学习等形式，不断提高法律应用水平。二要树立正确的权力观，把维护人民群众的根本利益作为依法办事的根本出发点和落脚点。三要严格规范办事行为，形成自觉守法、遇事找法、解决问题靠法的自觉习惯。

三是提升法治素养，强化依法治国与依法行政落实能力。"知法才能懂法，懂法才能用法。"依法治国与依法行政能否得以贯彻落实，一定程度上与党员干部是否具备法律知识密切相关。党员干部法治素养的提升，离不开自身主动学习法律知识。强化自身法律修养是提高党员干部法治思维和依法办事能力的基础环节。党员干部一要坚持不懈地用习近平法治思想武装头脑。掌握习近平法治思想的发展脉络、重大意义、丰富内涵、精神实质、实践要求。二要掌握中国特色社会主义法治体系。学习了解法治规范体系、法治实施体系、法治监督体系、法治保障体系。三要强化对法治精神、法治理念、法律原则、法律规范的认知，这样才能明白什么事能干、什么事不能干，才能做到带头遵守法律、带头依法办事。

2.3.1.5 公共服务能力

习近平总书记强调："做好基层公共服务，关键看实效。要提高针对性，老百姓需要什么，我们就做什么。要加强对基层工作人员的培训，增强为民服务意识和能力。"① 公共服务能力包括政治、经济、社会福利保障等各方面的服务能力。党员干部只有不断提升公共服务能力，才能将党的性质、宗旨真正落地，才能将"人民至上"这一党的宝贵经验真实展现，才能保持纯洁性、体现先进性，从而带领人民群众在现代化新征程中奋勇前行、担当作为。公共服务能力可分为主动服务力、需求识别力和服务供给力。主动服务力强调为民服务的主观意识和执行力，服务识别力强调公共服务提供者对服务客体需求的精准把握力，而服务供给力则强调服务主体服务的专业能力与水平。从三者的逻辑关系看，主动服务力是前提，需求识别力是关键，服务供给力是基础。这三者是从不同领域和维度对党员干部提出的重要政治任务，要求党员干部在实际工作中着力提升、常抓不懈。党员干部需要从提升主动服务力、需求识别力和服务供给力这三个维度分别展开，锤炼自身本领，进而提升公共服务能力。

---

① 基层公共服务，关键看实效（大家谈）[EB/OL]. https://baijiahao.baidu.com/s?id=1680296574464511302&wfr=spider&for=pc.[2020-10-12].

（1）主动服务力

主动服务力是指党员干部站在政治高度，从党的性质、宗旨上提升为民服务的意识的能力。换言之，它要求广大党员干部时刻牢记党的性质、宗旨，以全心全意为人民服务的意识和态度看待并处理实践中遇到的各种矛盾和问题。提高主动服务力，要厚植人民情怀，时刻牢记习近平总书记"必须坚持人民至上、紧紧依靠人民、不断造福人民、牢牢植根人民，并落实到各项决策部署和实际工作之中"①的殷殷嘱托，树立正确的人民观。一要学习习近平新时代中国特色社会主义思想，在学懂弄通上清楚知晓中国共产党是什么、要干什么这一根本问题。二要学习经典作家的原著，树立正确的唯物史观，知晓人民才是创造历史的主体。三要学习党的历史，通过百年党史的学习，树立正确的党史观，知晓我们党百年成功的根基在人民、血脉在人民、力量在人民。通过学习解决思想问题，不断强化为民服务的主动性和执行力。

（2）需求识别力

需求识别力是指党员干部对人民群众真实需求的掌握能力。换言之，它要求党员干部能够倾听、了解并发现人民群众真正的困难，尤其是生活、工作中急难愁盼的问题和矛盾。提高需求识别力，就是要扑下身子，走到人民群众中去，保持同人民群众的血肉联系，倾听他们的呼声，了解他们的现状，发现他们的困难。一要调查研究，习近平总书记指出："调查研究是做好领导工作的一项基本功，调查研究能力是领导干部整体素质和能力的一个组成部分。"②只有走到人民群众中，走到一线现场，掌握第一手资料，才能具有科学决策的基础和前提。二要掌握政策，要学深悟透习近平新时代中国特色社会主义思想，吸收消化各项精神并善于运用政策分析问题，理出思路。三要把握大势，留意习近平总书记强调的重点，及时领会党中央发出的号令，吸收消化各项方针政策，善于发现潜在需求、矛盾和隐患。

---

① 习近平在参加内蒙古代表团审议时强调 坚持人民至上 不断造福人民 把以人民为中心的发展思想落实到各项决策部署和实际工作之中[J].中国人力资源社会保障,2020(6):4.
② 习近平. 谈谈调查研究[N]. 学习时报,2011-11-21(01).

（3）服务供给力

服务供给力是指党员干部提供高品质公共产品的能力。换言之，它要求党员干部具有专业的知识素养、优秀的沟通技巧和高品质的管理能力。提高服务供给力，要加强专业培训，精准识别服务需求，提供高水平专业服务。一要加强咨询服务能力培训，通过提升干部咨询接待能力如了解政策信息、了解法律法规、信访接待等能力，及时答疑解惑，化解矛盾。二要加强业务能力培训，通过对如水电建设、公共交通运输、教育设施建设等专业领域知识的培训，不断推出高质量的公共产品。农村基层干部尤其要根据村庄常住居民的人口结构，有针对性地提供群众呼声高、需求强的包括农村道路桥梁、通讯通信、医疗健康等软件和硬件公共产品。三要加强管理服务能力培训，对以间接而不是直接服务形式提供的公共服务产品，政府通常需要以购买、监管和协助等形式向公众提供公共服务，这就需要党员干部通过培训相关知识，具备相关专业技术能力。

2.3.1.6 化解矛盾能力

矛盾与问题是人类社会普遍存在的一种社会现象，是客观存在的。习近平总书记曾指出，共产党人要"学习掌握事物矛盾运动的基本原理，不断强化问题意识，积极面对和化解前进中遇到的矛盾"①。这就要求党员干部学会运用唯物辩证法这一根本方法，善于抓住和化解主要矛盾。党员干部只有不断提高化解矛盾能力，保持高度的政治敏锐性和警惕性，才能巩固党的执政地位，才能着力化解经济社会发展中的矛盾和问题。根据习近平总书记重要讲话精神，化解矛盾能力可分为斗争历练能力、实践锻炼能力、专业训练能力。斗争历练能力强调党员干部不回避矛盾，敢于斗争，善于斗争，经受得住复杂斗争能力的考验。实践锻炼能力强调党员干部全心全意为人民服务的根本宗旨，深入群众，特别是到矛盾突出的地方去。专业训练能力则是党员干部干成事、有作为的前提与底气。从三者的逻辑关系看，斗争历练能力是保障，实践锻炼能力是基础，专业训练能力是内

---

① 习近平.辩证唯物主义是中国共产党人的世界观和方法论[J].思想政治工作研究，2019（2）：9-11.

在要求。这三者是从不同领域、不同角度对党员干部提出的重要政治任务，要求党员干部在实际工作中着力提升、常抓不懈。党员干部需要从斗争历练能力、实践锻炼能力和专业训练能力这三个维度分别展开，全面系统提升化解矛盾能力。

（1）斗争历练能力

斗争历练能力是指加强斗争历练，不断提高执政水平的能力。换言之，它要求党员干部牢固树立政治理想，正确把握政治方向，坚定站稳政治立场，加强政治历练，积累政治经验，使自己的政治能力与担任的领导职责相匹配。提高斗争历练能力，党员干部要在自觉行动中强化政治操守，把"学"与"用"结合起来、"知"与"行"统一起来，始终保持头脑清醒、立场坚定。一要加强"斗争历练"，时刻保持斗争警醒，从严从紧落实党的组织生活，坚定理想信念，以高度的党性觉悟和担当精神开展批评与自我批评，保持共产党人的先进性、纯洁性。二要牢记自己的第一身份是共产党员，在大是大非面前敢于亮剑，在矛盾冲突面前敢于迎难而上，在危机困难面前敢于挺身而出，在歪风邪气面前敢于坚决斗争。三要历练斗争定力，练就斗争慧眼，敢于斗争、善于斗争，不回避斗争，是每位党员干部担当责任的不二选择，是加强斗争历练的主战场。

（2）实践锻炼能力

实践锻炼能力是指党员干部积极投身于伟大斗争的实践能力。换言之，它要求党员干部深入实际、深入基层、深入群众，尤其是深入矛盾最突出的地方。提高实践锻炼能力，就是要到群众意见多的地方去，真正经历难事急事大事，切身体会国情社情民情，不断提高组织群众、化解矛盾、促进发展的本领和能力。一要正确认识和处理工作中出现、遇到的各种困难和矛盾，讲究工作方法，注重办事规律，积极研究对策，不断提升决策的科学化、规范化、精准化水平，全面提升决策能力。二要提升抓落实的水平和能力，紧盯从决策形成到落地见效的每一个环节，加快构建科学管用的机制，确保落得下、落得实、落得好。三要善于创新工作思路、创新工作举措，善于结合实际创造性地推动工作，善于用新发展理念开创发展新局面。四要坚持走群众路线，充分发扬党的优良传统，始终坚持以人民为中心，在任何困难面前，坚持切实解决好群众的操心事、烦心事、揪心事，不断提升服务群众能力。

（3）专业训练能力

专业训练能力是指党员干部提高执政能力的"内功"。换言之，它要求党员干部必须通过专业训练获得过硬的知识、素养和能力来应对挑战、化解难题。提高专业训练能力，要按照"干什么学什么、缺什么补什么"的原则，全面学习、系统掌握履行岗位职责所需的各类专业知识。一要着眼于专业对应、层次对应、岗位对应，科学设置培训内容和形式，为各类干部提供具有前瞻性、实践性和岗位适配性的个性化专业能力培训。二要针对党员干部的能力短板、知识弱项，开展精准靶向学习。三要加强职业素养培训教育，强化干部专业精神的塑造，引导广大党员干部坚持从实际出发，在实干中提升专业素养。

2.3.1.7 风险防控能力

习近平总书记指出，要"坚持底线思维，增强忧患意识，提高防控能力，着力防范化解重大风险，保持经济持续健康发展和社会大局稳定，为决胜全面建成小康社会、夺取新时代中国特色社会主义伟大胜利、实现中华民族伟大复兴的中国梦提供坚强保障"[①]。防范和化解重大风险，摆在三大攻坚战的首位，是中华民族实现伟大复兴必须跨越的关口。风险防控能力是指党员干部增强忧患意识以防范化解重大风险的能力、提高防控本领以维护经济持续健康发展和社会大局稳定的能力。风险防控能力分为风险识别力、风险化解力和主动担当力。风险识别力强调党员干部要科学预见风险挑战，做到工作上的未雨绸缪；风险化解力强调党员干部要科学排兵布阵，有效化解风险挑战；主动担当力强调党员干部面对风险要有政治责任意识。从三者的逻辑关系看，风险识别力是前提，风险化解力是关键，主动担当力是保障。这三种能力是从不同领域和层面对党员干部提出的风

---

① 习近平在省部级主要领导干部坚持底线思维着力防范化解重大风险专题研讨班开班式上发表重要讲话强调提高防控能力着力防范化解重大风险保持经济持续健康发展社会大局稳定[J]. 党建，2019(2)：6-8.

险防控重要政治任务，要求党员干部在实际工作中着力提升、常抓不懈。

（1）风险识别力

风险识别力是党员干部从底线思维出发提前谋划、未雨绸缪的工作能力。换言之，它要求党员干部时刻强化忧患意识，始终保持高度警惕。提高风险识别力，就是要深刻认识形势变化，坚持底线思维，强化忧患意识。一要加强理论学习，尤其是学好习近平总书记对于风险识别和防控的重要论述，做到将习近平总书记的指示内化于心，外化于行，下好先手棋，打好防控仗。二要树立战略眼光，找准各种问题的风险点，做足防范和化解风险的预案，打好化险为夷、转危为安的主动战。三要见微知著、防微杜渐，做到对工作和生活中的潜在风险心中有数，对政治、经济、党建、外部环境等领域遇到的问题心中不慌。

（2）风险化解力

风险化解力是指党员干部强化自身本领以有效化解重大风险的能力。换言之，它要求党员干部不断提升能力及增长干事的经验和技巧，努力锻造防范和化解风险的强大能力。提高风险化解力就是要不断提高认识问题、分析问题、解决问题的能力，真正做到本领高强、能力过硬。一要卓越追求，努力成为自身工作领域的专家，不断提高应急处突的能力和水平，对可能发生的各种风险挑战做到心中有数、分类施策、精准拆弹，有效掌控局势、化解危机。二要严防严控，紧密结合应对风险实践，定期对风险因素进行全面排查，查找工作中的不足、存在的问题，及时予以完善，与时俱进。三要健全机制，逐步建立健全风险防控机制，建立风险研判机制、决策风险评估机制、风险防控协同机制和责任机制，主动加强协调配合，强化狠抓落实的能力。

（3）主动担当力

主动担当力是指党员干部主动提高政治站位，强化责任担当的能力。它要求党员干部面对风险挑战勇于任事、敢于担当、冲锋在前。志不求易者成，事不避难者进。各级党员干部要在一次又一次的涉险滩、闯难关中提升能力，增长干事的经验和技巧。一要敢于担当，面对大是大非的问题，各级党员干部要保持战略定力，树立责任思维，强化履职担当，守土一方，责尽一方，平安一方。二要勇于亮剑，面对矛盾敢于迎难而上，面对危机敢于挺身而出，面对失误敢于承担责任，面对歪风邪气敢于坚决斗争，做疾风劲草，当烈火真金。三要在事上练，奋斗在新时代，要当几回热锅上的蚂蚁，接几次烫手的山芋，在各项风险挑战中，以"万水千山只等闲"的无所畏惧、"五岭逶迤腾细浪"的吃苦耐劳，冲锋在前，奋斗在前。

2.3.1.8 群众工作能力

密切联系群众，重视和善于做群众工作，是党的优良传统和政治优势，是党领导人民取得革命、建设和改革成功的重要法宝，也是我们党不断焕发生机与活力、永葆先进性纯洁性的力量源泉。群众工作是我们的看家本领，我们党靠群众工作起家，同样要靠群众工作实现长期执政。群众工作能力是提高党长期执政能力的根本，是提升干部能力的重要支撑。群众工作能力，归根到底是带领人民群众完成党的历史使命、维护群众切身利益的本领和素质。群众工作能力可分为协同治理的组织力、高效亲民的服务力、办事解难的执行力。协同治理的组织力强调依靠各级力量、各级资源协同推进，沟通解决问题。高效亲民的服务力强调提供精准有效的服务，把握服务重点。办事解难的执行力强调把各项工作落到实处，确保工作的针对性、高效性。从三者的逻辑关系看，协同治理的组织力是根本，高效亲民的服务力是基础，办事解难的执行力是关键。

（1）协同治理的组织力

协同治理的组织力是指坚持以服务群众为出发点和落脚点，全力解决群众最关心、最直接、最现实的利益问题，使问题能依靠各级力量、各级资源协同解决，着力打破层级界限，实现由基层组织单体作战到上下协同作战、单一依靠行政力量到整合社会各方面力量转变的能力。着力提升协同治理的组织力，要坚持群众的主体地位，发挥其社会治理中的主体作用，激发其内生动力。增强协调治理的沟通力，一要走进人民群众心中，重点提升各方面的能力。比如提高抓重点的能力，做到"群众愁啥我做啥"。从群众最关心的事情做起，从让群众满意的事情抓起。二要按照便于实际工作开展、便于解决民生问题的要求，形成会议商议重大事项常态化制度，对党员干部在工作开展中遇到的问题、收集到的民意，及时召开会议商议解决、处理。三要建立完善长效的沟通与意见表达机制，助力意见表达、利益协调。在执行过程中，党员干部要会说，善用群众语言，缩小沟通障碍，致力于提升沟通的准确性、简洁性、活力性。

（2）高效亲民的服务力

高效亲民的服务力是指提供有效服务，把握服务重点，以人民为中心，明确服务目的，同心同德推进党群共同体建设的能力。着力提升基层干部高效亲民的服务力，一要具备服务的系统性和主动性，真正以人民为中心，为人民群众提供思想辅导、生活帮助、发展条件等。二要保证服务的精细化和专业化，紧扣实际情况，考虑服务场景，畅通诉求表达，保障服务效能。三要建立长效机制，探索党员干部服务制度化，服务内容、服务方式、服务过程规范化，助力服务型政府建设，避免将人民群众从基层服务活动中边缘化。

（3）办事解难的执行力

办事解难的执行力是指党员干部有钉钉子精神，抓铁有痕、稳扎稳打，贯彻执行，始终把用心用情用力解决好群众实际问题作为各项工作的出发点和落脚点，积极主动解决群众的急难愁盼问题。着力提高基层干部办事解难的执行力，须在群众工作实践中提升驾驭复杂局面的能力，破解遇到复杂困难束手无措的问题。一要加强学习，耐心细致地了解群众的需求需要，广泛收集意见建议，做到以民为师。二要遵循领会主旨、服从命令、担当责任、贯彻落实、评估反馈这一执行逻辑，不断提升自己的思想政治素质和业务能力，多途径了解群众的生存状态，感受群众的喜怒哀乐。三要把各项工作落到实处，确保工作针对性强、有效性高。

2.3.1.9 抓基层党建能力

我们党历来重视党的建设，根据习近平总书记重要讲话、党的历次会议及重要文件精神，大致将抓基层党建能力划分为三个层面：思想政治工作能力、组织执行能力及自我革命能力。思想政治工作能力强调在政治建设、思想建设方面的能力素养，组织执行能力凸显的是在政策贯彻落实、落地方面的能力素养，自我革命能力彰显的是自我净化、自我完善、自我革新、自我提高的能力素养。

(1) 思想政治工作能力

思想政治工作能力指的是在充分认识思想政治工作的特点、精准把握其工作规律的基础上，在理论上有充分的政治自觉，在工作中有权威的话语体系，及时准确洞察存在的思想意识变化，并有效地进行政治领导、思想引导的能力。提升思想政治工作能力，对党员干部有着极为严格的要求：一要具备极高的政治理论修养，育人先育己，持续强化"四个意识"，牢固坚定"四个自信"，坚决做到"两个维护"，坚定支持"两个确立"，形成高度自觉性和坚定性，筑牢开展工作的信心和本领；二要树立科学思维，培养且不断增强历史、辩证、系统、创新思维，提升工作科学性与预见性，强化作为的主动性与创造性，构建工作的布局与实效；三要着力提升"政治三力"，将是否具备强大的战斗力、创造力，能否发挥深厚的感召力、凝聚力，是否展现优秀的说服力、应急反应力作为思想政治工作有效开展的重要标准，形成工作的要求与基准。

(2) 组织执行能力

组织执行能力就是要求党员干部具备敏锐的洞察力、准确的判断力、优秀的领悟力、强大的组织力与执行力。也就是说，党员干部不仅要深入学习好党的路线、方针、政策，更要将这些学习成果转化为实际行动，形成行动自觉，同时更要能够团结一切可以团结的力量，落实实践工作。组织执行能力要从学习转化、组织引导、贯彻执行等多个角度强化自身本领，提高自我能力。一要将理论学习转化为行动，将学习成果落地落实，在充分理解、认识先进理念和前沿思想的基础上，将其反映在实际工作中，指导、引领党建工作的有序科学高效开展；二要牢牢掌握党建工作主动权和话语权，营造具有凝聚力强、认同度高的党建文化氛围，形成广泛的共同价值和目标追求；三要不断提升解决实际问题的能力，解决当下热点难点问题，及时发现并科学疏导内心存在的疑惑困境，洞察思想变化，提升工作效果。

(3) 自我革命能力

自我革命能力指的是党员干部充分发挥党员先锋模范作用，实现自我净化、自我完善、自我革新、自我提高的能力。抓基层党建能力,就是要以不断地自我革新进步为前提,实现能力提升,打造忠诚、干净、担当的基层高素质党员队伍。勇于自我革命,是每个党员干部本身不可或缺的红色基因。这种深入血脉的红色特质是发扬党的先进性和纯洁性,时刻抓紧做好基层党建工作的核心要素。一要信念坚定、干劲十足,自我革命要建立在理想信念坚定、政治立场坚定、政治站位高的基础之上,牢记初心使命,时刻保持同广大人民群众的血肉联系,保持时不我待、奋勇争先的精神状态,全力以赴,拼搏奋进;二要严格自律、敢于突破,将自我革命一以贯之,严守纪律规矩,对标对表,查找、检视问题;三要善于学习、勇于创新,坚持不懈地向书本、实践、群众等学习,在理论、实践、制度、文化等方面求创新,从政治、思想、道德、文化等方面促提升。

2.3.2 农村基层干部的能力要求与培训课程

农村基层干部培训作为农村基层干部队伍建设的重要抓手和举措,首要任务是培养党的事业在基层的执行员、宣传员、战斗员,必须服从组织意志和组织目标,对农村基层干部的能力要求尽管会随着党的阶段性目标任务的变迁而发生微调,但内涵和本质总体来讲不会有大的绝对变化;农村基层干部能力培训内容包括习近平新时代中国特色社会主义思想、党的基本理论教育、党性教育、专业化能力培训和知识培训的整体架构也不会有大的调整,但农村基层干部培训具体课程会保持常态更新、与时俱进。

如何理解培训课程的动态调整与培训内容、能力要求的相对稳定是准确、科学把握农村基层干部培训课程体系的重要问题。我们的理解主要体现在六个方面。一是包括农村基层干部培训在内的所有干部培训都是追求参训学员的能力提升,能力提升没有天花板,从理论上讲,具备多高的综合能力素养,决定一个干部能承担多大的责任或任务,能走多远,其中起决定性作用的是政治能力。二是能力的提升是知识学习、行为训练、工作实践等共同作用的结果。干部培训提供了一条组织路径,农村基层干部要在集中学习培训期间以及训后的工作实践中珍惜组织给予的机会,致力知行合一、学思践悟。三是以习近平新时代中国特色社会主义思想为中心内容的理论教育、党性教育、专业化能力培训和知识培训等的培训内容体系的完整系统就是为了全面提升参训学员的综合能力素养，确保参训学员想干事、会干事、干成事、不出事。培训内容的完整系统很重要，缺一不可。四是要建立涵盖以习近平新时代中国特色社会主义思想为中心内容的理论教育、党性教育、专业化能力培训和知识培训的课程体系，用课程体系来展示培训内容体系、用课程体系来具化能力结构，同时要建立课程体系的更新工作机制。五是一门具体的课程可以对应一个及一个以上的培训内容标签，可以提升一种或一种以上的能力结构，一种能力结构需要多样化的课程来锤炼、历练。六是培训课程的与时俱进、及时更新可以展现最新的文件精神、政策解读、知识科技、发展案例、基层实践等，可以更好地为参训学员提供与现实工作环境相近的教学情境，符合同因素理论的观点，有利于促进培训成果的转化。

2.4 农村基层干部培训课程建设目标和路径

2.4.1 农村基层干部培训课程建设目标

2.4.1.1 组织认同

干部教育培训是一种组织行为，服务大局、按需施教是干部教育培训的基本原则，必须始终做到党和国家事业发展需要什么就培训什么，干部履职尽责和健康成长需要什么就培训什么。因此，农村基层干部培训项目的设计和组织实施都必须体现党和国家对干部教育的意志，体现党和国家对干部素质的需求，而不能简单地迎合干部个人需求或兴趣爱好。落实到农村基层干部培训课程具体研发层面，从宏观上说必须体现、贯彻党和国家的宗旨、意志和价值观，必须满足组织需求，获得组织认同。党和国家在不同的时期中心工作会有不同，工作大局也会调整，因而组织需求也是动态的，但是围绕中心、服务大局这一原则要求却是恒定的。在农村基层干部培训课程开发过程中，应当准确把握组织需求，认真学习领会习近平总书记关于"三农"工作的重要论述、党和国家有关乡村振兴的方针政策，掌握党和国家对干部教育培训的目标要求，自觉把农村基层干部培训课程开发工作置于党和国家的乡村振兴工作大局中去谋划，开发出组织认同的教育培训课程，培养农村基层干部从事职业活动所需要的价值观、行为规范和知识能力等。

2.4.1.2 岗位匹配

岗位需求基于干部的履职岗位产生，是干部为胜任岗位工作职责而在知识、能力、态度方面应达到的要求和标准。不同层次的干部、同一层次不同岗位的干部学习需求会有所不同，即使同层次、同岗位的干部，因其所处发展阶段、所属地域等方面的差别，岗位需求也有所不同。因此，在开展农村基层干部培训课程开发过程中，应当充分考虑岗位的特殊性。对于农村党组织书记，聚焦党建引领乡村振兴方向，重点开发农村党建、支部建设等培训课程，推动农业农村发展。对于农村集体经济组织和农民合作社党组织负责人，聚焦开发党务工作、农村集体经济组织优化提升等培训课程。对于农业经营管理农村干部，突出与农业新政策、新知识、新技能有关课程的开发。对于脱贫地区的干部和帮扶干部，聚焦巩固拓展脱贫攻坚成果同乡村振兴有效衔接、易地搬迁特色产业发展、农村人居环境整治、乡村文化建设和乡村治理等内容开发培训课程。

2.4.1.3 学员乐享

参训学员的价值观念、兴趣、情绪等因素对培训效果同样有重要影响。忽视个人需求的培训很容易让干部失去学习动机和兴趣，很可能造成"要我学""被动学"的尴尬局面，难以达到理想的学习效果。因此，在农村基层干部培训课程开发过程中，应重视发挥参训学员的主体作用，聚焦学员能力短板，强化内容的实操实用，通过设计一些共同参与的团队活动，将农村基层干部丰富的社会阅历、工作经验和内心感悟融合到课程之中，提高培训内容的针对性。营造和谐、宽松的环境，使参训学员摆脱竞争和工作的压力,将"一人讲"变为"大家讲",使农村基层干部从过去的"被动接受"向"主动学习"转变。在以学员"乐享"为目标的课程里,不同的参训学员可以充分展示和吸收各自的学习、工作和生活经验,阅历迥异的学员可以在相互交往、共同学习中实现"学学相长",提升培训的效率,加大培训的效果。

2.4.2 农村基层干部培训课程的建设路径

2.4.2.1 集体学习

在农村基层干部培训课程开发过程中,课程开发团队发挥了"穿针引线"的导向作用,集体学习成为其中重要的一个环节。通过组织对干部教育培训方针政策的学习,从党的干部教育培训方针政策、党的创新理论成果、党和国家的大政方针及重要工作部署、干部工作对象及任务的变化情况、干部队伍自身的变化情况等维度实施精准研析,掌握培训需求,并据此确定培训课程开发的主题。集体学习作为课程建设路径的本质是干部培训院校从供给侧来开发课程,蕴含其中的主线是对培训的理解和认知。农村基层干部培训课程开发的基石主要来自对习近平新时代中国特色社会主义思想、习近平总书记关于"三农"工作的重要论述、干部教育和乡村振兴相关文件的深入学习,从中找寻农村基层干部培训的组织需求,并用课程来呈现组织需求。考虑到学习往往以团队的形式开展,并"伴"以头脑风暴式的研讨,故称之为"集体学习"。

2.4.2.2 问题征集

农村工作包罗万象,实践性强,作为培训对象的农村基层干部普遍具备丰富的工作经验、社会阅历,他们学习的主动性、目的性非常强,他们本身就是重要而丰富的教学资源,他们不仅是课程的使用者,也是课程资源的拥有者、开发者。因此,在农村基层干部教育培训课程开发过程中,课程开发团队应当通过电话访谈、发放调查问卷、开展教学研讨会、征求个别意见等方式,征求干部教育培训管理部门、培训项目委托方、农村基层干部培训师资队伍、农村基层干部等对于培训课程开发的意见，将他们吸收到培训课程开发过程中来，共同围绕农村基层干部培训课程开发需要的新理念、新知识、新技能等充分发表意见，以筛选、获取培训课程开发主题与方向，经过修改与完善，将农村基层干部日常工作过程中的重点难点问题开发、转化为培训课程。

2.4.2.3 需求分析

农村基层干部培训课程开发应当真正建立在需求分析的基础上，通过建立完善的培训需求调研机制，由专业教学人员、课程研发专家实施"需求分析"。一是建立健全需求调研相关制度，组建调研队伍，把需求调研贯穿于训前、训中、训后的全过程。二是建立培训需求的跟踪调研机制。培训即将结束时，通过召开学员座谈会、发放问卷调查等方式了解学员对满足培训需求方面的意见和建议。培训结束一段时间后还要继续跟踪，调研培训的效果，及时发现农村基层干部的培训需求。三是建立培训需求调研联动机制，明晰培训需求调研主体的职责及分工，切实承担起各自的培训需求调研任务。在确切掌握培训需求的基础上，进行"课程化"处理，分析要满足参训学员这些培训需求，需要设置哪些融理论知识、实践技能为一体的"课程"，实现从需求到课程的转化，真正将按需施教落到实处。

2.4.3 农村基层干部培训课程的建设

2.4.3.1 农村基层干部培训"红蓝绿三色"课程体系

苏州市农村干部学院建设了"红蓝绿三色"课程体系。

面向农村基层干部培训的"红色"课程包括党的基本理论教育与党性教育模块。一是把学习贯彻习近平新时代中国特色社会主义思想作为一条主线贯穿于干部教育始终。习近平新时代中国特色社会主义思想是马克思主义中国化的最新理论成果，是新时代加强党的理论教育和党性教育的思想武器与行动指南，是红色课程模块的"重中之重"，主要课程涵盖习近平新时代中国特色社会主义思想、习近平总书记关于"三农"工作重要论述、习近平总书记关于党的建设重要论述、习近平总书记关于党的历史重要论述等内容。此外，红色课程还包括马克思主义、毛泽东思想、中国特色社会主义理论体系等党的基本理论教育模块内容，形成科学完整、突出主业主课的课程体系。二是突出党性教育基本内容。农村基层干部党性教育培训课程开发围绕"理想信念教育""党章学习培训""党规党纪教育""党的宗旨和作风教育""党内政治文化教育""党史国史、党的优良传统和世情国情党情教育""政德教育""社会主义核心价值观教育"等八个方面的内容进行开发。

面向农村基层干部培训的"蓝色"课程以岗位为本位、能力为导向，因此蓝色课程设置以农村基层干部履职所需的基础性知识以及新知识、新技能和综合性知识等为基础。一是开设经济、政治、文化、社会、生态文明等基础性知识课程。二是开设互联网、大数据、云计算、人工智能等新知识和新技能课程。三是开设统战、民族、宗教、金融、保密、统计等综合性知识课程，使广大农村基层干部履职基本知识体系不断健全、知识结构不断改善、综合素养不断提高。

面向农村基层干部培训的"绿色"课程深入贯彻新发展理念，以精准培训提高专业化水平，使广大基层干部适应新时代、实现新目标、落实新部署的能力明显增强，干一行、爱一行、精一行的专业精神进一步提升，坚定不移走生态绿色高质量发展之路。一是聚焦全面推进乡村振兴、加快农业农村现代化，围绕产业振兴、人才振兴、文化振兴、生态振兴、组织振兴工作总要求设置课程。二是立足农村工作专业化能力提升，设置发展经济能力、改革创新能力、依法办事能力、公共服务能力、化解矛盾能力、风险防控能力、群众工作能力、抓基层党建能力等培训课程。

2.4.3.2 农村基层干部培训实干、实操、实训课程

实干、实操、实训是基于农村基层干部身份特点进行课程开发和建设的基本原则与方向。

农村基层干部实干课程开发应当按照"干什么学什么""缺什么补什么"的原则，围绕产业兴旺、生态宜居、乡风文明、治理有效、生活富裕

等乡村振兴工作总要求,围绕乡村产业发展、农村精神文明建设、农村改革、乡村建设、城乡融合、乡村治理、农村党建等农村基层干部岗位需求,突出培训的实干性。同时也要科学分析不同区域、不同村庄、不同干部要实现的具体培训目标,以目标倒推设计培训课程。集聚提升类村庄以合理规划村庄建设用地,促进村庄功能转型和空间重构,提高土地使用效率为培训重点。城郊融合类村庄以强化农村人居环境整治,完善乡村治理体系为培训重点。特色保护类村庄以文物古迹、历史建筑、传统村落以及自然田园景观等的保护、开发和利用为基础,推动乡村旅游资源综合开发为培训重点。搬迁撤并类村庄以统筹解决村民生计和加强生态保护为培训重点。其他一般村庄则因地制宜,依据村庄实际有针对性地进行培训。

农村基层干部实操课程应当立足于农村工作实践,结合当下农村改革创新发展经验,将一系列农村成功改革创新案例开发成为实操课程,发挥成功实践案例的示范引领作用。实操课程适宜以体验作为主体教学形式来呈现,在具体开发过程中,可以在市域范围内遴选一批成功的农村先进典型、涉农企业、专业合作社等作为实践基地,将一线实践者开发成为现场教学讲解员,把学员带回到实践之中,让事件或事实的当事者现身说法,介绍事实真相,阐述事件经过,讲解实践做法,呈现发展成果。引导农村基层干部投身其中,亲临其境,通过接触现场的人、观看现场的物,学习考察存在于第一线的最鲜活的实践经验、实操做法,从而对学员的实际工作产生较强的启发和指导意义。

在农村基层干部培训中,不仅要进行理论与实践教学,更应注重实训环节。实训课程开发聚焦干部专业化能力提升培训需求,按照农村基层干部履职所需的基本知识、基本能力进行科学设置,提升农村基层干部分析问题和解决问题的能力。如围绕化解矛盾能力,可以开发"四议两公开"(党支部会提议,"两委"会商议,党员大会审议,村民代表会议或村民会议决议;代表决议公开,实施结果公开)与农村基层矛盾化解课程;围绕风险防控能力,开发疫情防控与公共卫生安全、新闻采访与媒体沟通等课程;围绕群众工作能力,开发群体性事件现场处置与协调等课程;围绕抓基层党建能力,开发基层发展党员工作流程及要点、农村党支部"主题党日"活动及策划等培训课程。

2.5 小　结

根据"信念坚定、为民服务、勤政务实、敢于担当、清正廉洁的忠诚干净担当的高素质专业化干部队伍","理论教育更加深入、党性教育更加扎实、专业化能力培训更加精准、知识培训更加有效"的农村基层干部培训目标，苏州市农村干部学院坚持"务实管用"原则，搭建三色课程框架，解构农村基层干部必备的政治能力和八种专业化能力的训练路径；探索"红、蓝、绿""通识、本土、实训"纵、横两个维度，形成农村基层干部培训"实干""实操""实训"课程矩阵；探索集体学习、需求分析、问题征集三管齐下，形成组织认同、岗位匹配、学员乐享的农村基层干部培训课程开发机制，最终形成了农村基层干部培训"红蓝绿三色"课程体系。

3 农村基层干部培训师资体系

3.1 导 语

对干部培训师资的探讨不外乎四个方面。一是干部培训师资的重要性；二是干部培训优秀师资的特征和要求；三是干部培训师资及队伍建设普遍存在的共性问题；四是如何提升干部培训师资的教学水平。习近平总书记在 2015 年 12 月 11 日全国党校工作会议上指出，在党校所有财富中，教师和其他各类人才是最宝贵的财富；在党校所有资源中，优秀教师和优秀人才是最急需的资源。党校、干校作为干部培训的主阵地，可以从习近平总书记对党校师资重要性的论述中得出干部培训中师资的特殊重要性。习近平总书记对干部培训师资队伍建设也提出了很多要求，其中"党校姓党、干校姓党"是最基本的原则底线，干部培训院校教师必须具备"政治强、业务精、作风好"等基本要求，主要表现在：对党忠诚、政治坚定，良好的职业道德修养，较高的理论政策水平，扎实的专业知识基础，强大的自我学习能力，掌握培训理论和方法，等等。

要成为一名优秀的农村基层干部培训教师,既要对基层干部培训有信仰、有追求、有情怀,还须深耕"三农",懂农业、爱农民、爱农村。和一般科技工作者不同的是,干部培训教师是复合型人才,专于研究、擅长咨政,要在专业领域具备深度、广度两个维度的知识和能力结构,通过教学的形式把研究的问题说清,把得出的观点讲透。

杨睿[①]曾通过问卷调查发现,干部培训学员对于教师的基本业务能力要求非常高,期望授课教师具备专业水准、有深厚的理论功底、熟悉业务、能理论联系实际、教学经验丰富、掌握多种授课技巧。对于培训课程,要求内容系统条理、实战性强、有丰富的案例辅助,教师在授课过程中能够引经据典,语言风趣幽默,课堂气氛活跃,互动参与性强。对于干部培训师资的构成,唐小平[②]的观点是"应坚持兼职教师为主、专职教师为辅"。苏州市委组织部曾对1177名参加培训的干部群体开展调研,在"喜欢的培训师资"这一问题调查中,"领导干部""企业经营管理者、专业技术人才""大学、科研院所专家教授"等选项位居前列。对兼职教师队伍的推崇源自干部培训自有师资存在两大短板。一是"先天不足"。一些教师从"学校门"到"学校门",参加工作后又没有经历过实践锻炼,受条件限制也很少有机会进行系统培训,以致学识水平跟不上形势发展。干部教育培训师资队伍建设中存在的主要问题有:缺乏实际工作岗位的锻炼,对党员干部关心的现实热点难点问题了解不够、研究不足;能理论联系实际的高水平教师不够;缺乏生动有效的实践案例;创新教育培训方法不够;教师的知识结构不合理,教师需要跨专业的知识结构和一定的教育学、心理学理论知识;教师主动进行不断的自我知识更新不够;教师队伍中有的人自身的价值观和信仰不够坚定;教师跟踪学习研究党和国家最新政策不够及时;等等。二是"倒挂"。教师尤其是地方党校和基层党校部分教师,经历和阅历等方面不如学员。如没当过领导的在给领导干部讲领导艺术,没出过国的给经常出国的人讲国外经验,没经历复杂环境考验的在帮助每天同各类

---

① 杨睿.掌握干部培训需求 切实提高培训质量[J].理论学习与探索,2016(3):71-73.
② 唐小平.干部教育培训要有效利用社会资源:以中国井冈山干部学院为例[J].党政论坛,2009(7):57-58.

矛盾打交道的人出主意、解难题……

所以,《2013—2017年全国干部教育培训规划》提出,"市地级以下干部教育培训机构师资构成逐步过渡到以兼职教师为主"。2015年发布的《干部教育培训工作条例》提出了"按照政治合格、素质优良、规模适当、结构合理、专兼结合的原则,建设高素质干部教育培训师资队伍"。《2018—2022年全国干部教育培训规划》在表述上更加重视专业师资队伍建设,但还是鼓励发挥兼职教师的作用,提出"加强和改进兼职教师选聘和管理。出台领导干部上讲台实施意见,支持各级领导干部上讲台,鼓励退休干部返聘任教"。"不求所有,但求所用"已成为干部教育培训师资队伍建设的一致共识。李燕红[1]认为,"建立多元化的师资队伍有重要的作用",并专门提到,"可以增加一些社会企业家或者某个行业的专家作为师资队伍的重要补充",理由是"当前我国经济发展形势不断地变化,政治经济改革都在不断地深化,对于党员干部来说,企业家在接触经济发展方面的判断也有一定的作用"。

不同的培训学员主体、不同的能力培养方向,对专兼职师资队伍建设的结构存在差异。一般而言,理论教育更倾向于专职师资来传道解惑。以党性教育中的政德教育为例,李泽明[2]认为,专职教师是形成干部政德教育能力的决定力量,在政德教育教学活动中起着传授知识和指导学习的主要作用。打造专职教师队伍并不意味着兼职师资队伍的缺席,李泽民也倡导根据干部教育培训的特点和需求,选聘政治素质好、理论水平高、实践经验丰富的党政领导干部、企业经营管理人员和专家学者等担任兼职教师。农村基层干部培训的实干、实操、实训等指导要求决定了师资队伍建设有其特殊性。苏州市农村干部学院提出"用改革发展讲思想""用现实场景做示范""用实践探索求真知",就是主张在专职师资队伍建设的基础上,更好地发挥兼职教师的作用,让改革发展的实践者、一线求索的亲历者走上讲台,让"土专家""田秀才"走进课堂。同时也鼓励专职教师在教学中,

---

[1] 李燕红. 基于柯氏评估模型的基层党校干部教育培训有效性提升研究:以廉江市党校为例[D]. 南宁:广西大学,2019.

[2] 李泽明. 新时代领导干部政德教育研究[D]. 曲阜:曲阜师范大学,2021.

把改革发展的"实践做法"、一线求索亲历者的"奋进故事"转化成教学的案例，增强教学的感染力、说服力，提升培训的针对性和有效性。

张淑芳[①]通过剖析农村基层干部培训师资队伍存在的问题，发现农村基层干部培训师资队伍普遍存在着共性问题。如一些教师的理论水平、教学能力还不够高，不了解乡村基层实际现状，能够说百姓话、讲农家事、用农村案例授课的教师还比较少。解决问题的方法有两个。一是加强专业师资培养，二是加强专兼结合师资队伍建设。习近平总书记提出，要实施党校系统"名师工程"，以学科学术带头人为主体，着力培养政治强、业务精、作风好的知名教师，培养、造就一批马克思主义理论大家，一批忠诚于马克思主义、在学科领域有影响的知名专家。要通过多种途径和方式，加强拔尖人才、学术领军人才培养，加快中青年教师培养。为贯彻落实习近平总书记提出的"要加大党校教师到党政机关或基层挂职锻炼力度，实行蹲点调研制度，组织党校教研人员到基层一线深入了解实际，加深对国情党情的认识，增强分析和解决问题的能力"[②]精神要求，《2018—2022年全国干部教育培训规划》也明确提出建立健全专职教师知识更新机制和实践锻炼制度，每年有计划地安排专职教师参加学习培训、调查研究和挂职锻炼。兼职师资队伍建设，主要涉及筛选选聘、考核评价、动态调整等。唐小平[③]提出兼职教师队伍建设的五个要点基本涵盖了各个方面，具有一定的代表性。一要严格筛选，选聘德才兼备的优秀人才担任兼职教师。二要开放出口，建立兼职教师动态人才库。三要建章立制，规范兼职教师的行为。四要以人为本，增强兼职教师对学院的认同感。五要加强交流与互动，促进专、兼职教师之间密切合作与优势互补。无论是专职教师还是兼职教师，在提升干部培训师资教学水平的路径上，除了自我努力、组织培养、导师帮带外，机制的作用也引起众多关注，即通过对干部培训教师加强督察和评价，用激励和考核来推动教师提升素养、延展能力、讲好课程。

农村基层干部培训更注重政治性、实践性、针对性，这决定了师资队

---

① 张淑芳.浅谈干部教育培训问题[J].中共山西省直机关党校学报,2010(5):60-61.
② 习近平.在全国党校工作会议上的讲话(2015年12月11日)[J].求是,2016(9):3-13.
③ 唐小平.干部教育培训要有效利用社会资源:以中国井冈山干部学院为例[J].党政论坛,2009(7):57-58.

伍建设不能孤立存在，必须与课程内容、演绎形式等结合在一起。无论是从心理学还是从教育学来讲，培训的针对性、有效性与教师的身份、阅历乃至教学情境和呈现形式密切相关已得到充分论证。有部分专家认为农村基层干部培训师资队伍建设还应包括在干部培训方法创新中涌现出的深受农村基层干部喜爱的现场教学的师资队伍建设[①]。这给农村基层干部培训尤其是基层干部培训院校的师资队伍建设提供了一个新的特色发展方向，给基层干部培训院校师资队伍建设破解现实困境提供了一个新的发展思路，也让基层干部培训院校看到了专职师资队伍建设大有作为，可以在新型教学形式创新上持续发力。

3.2 农村基层干部培训师资的基本要求、能力素养和建设目标

师资队伍建设是农村基层干部培训教学体系建设的重要组成部分，也是培养锻造忠诚干净担当的高素质专业化干部队伍的前提和基础。近年来，苏州市农村干部学院以习近平新时代中国特色社会主义思想为指导，以习近平总书记关于干部教育培训重要讲话精神为基本遵循，贯彻落实《2018—2022年全国干部教育培训规划》《中国共产党党校（行政学院）工作条例》《关于实施新时代基层干部主题培训行动计划的通知》中关于"师资队伍建设"的要求，结合学院多年来在农村基层干部培训领域的探索、深耕，以"对党忠诚、政治坚定，良好的职业道德修养，较高的理论政策水平，扎实的专业知识基础，强大的自我学习能力，掌握培训理论和方法"为农村基层干部培训师资的基本要求，"有信仰、有追求、有情怀，懂农业、爱农民、爱农村，专研究、擅咨政、会教学"为农村基层干部培训师资的能力素养，以能干、会教、释疑，成为参训学员的思想导师、能力导师和行为导师为建设目标，为农村基层干部培训师资选聘和师资队伍

---

① 何兵.农村基层干部培训教学体系初探：以苏州市农村干部学院为例[J].继续教育研究，2020(5)：17-20.

建设提供了客观全面的甄选标准。

3.2.1 基本要求

"对党忠诚、政治坚定"强调的是政治素养,"良好的职业道德修养"强调的是职业素养,"较高的理论政策水平"和"扎实的专业知识基础"强调的是专业素养,"强大的自我学习能力"和"掌握培训理论和方法"强调的是教学素养:政治素养、职业素养、专业素养、教学素养共同构成农村基层干部培训师资选聘体系架构的支撑要素。

3.2.1.1 对党忠诚、政治坚定

"对党忠诚、政治坚定"是农村基层干部培训师资选聘的底线,是《干部教育培训工作条例》中"师资队伍要求"的第一标准。习近平总书记在2019年中央党校(国家行政学院)中青年干部培训班开班式上对"对党忠诚"有明确指示:"对党忠诚,就要增强'四个意识'、坚定'四个自信'、做到'两个维护',严守党的政治纪律和政治规矩,始终在政治立场、政治方向、政治原则、政治道路上同党中央保持高度一致。"[①] 同时,要求在思想上持续淬炼党性,以实干担当打磨忠诚底色。政治坚定集中体现在意识形态、政治立场、政治方向、政治原则、政治道路上的坚定。作为农村基层干部培训师资,要坚持姓党原则,突出政治优势,锤炼政治意志,涵养政治品质,塑造政治素质,自觉严守意识形态阵地,不断提高政治判断力、政治领悟力、政治执行力,把个人的价值追求同党和国家事业的发展紧密联系在一起,做与党同心同德、同向同行的新时代干部教育工作者。

3.2.1.2 良好的职业道德修养

良好的职业道德修养是农村基层干部培训师资选聘的前提。农村基层干部培训师资必须遵循与其职业特点相适应的行为规范、道德情操、道德观念和道德品质。农村基层干部培训师资应具备高尚的道德情操,志存高

---

① 习近平在中央党校(国家行政学院)中青年干部培训班开班式上发表重要讲话[N].人民日报,2019-03-02(01).

远、爱岗敬业、忠于职守、乐于奉献，要自觉将自身职业道德修养纳入职业生涯规划，转化为持久的内在信念和行为品质，将师德师风融入干部教育教学、科研工作和服务社会的实践中。要弘扬重内省、重慎独的优良传统，襟怀坦荡，追求高尚，在细微处见师德，在日常生活中守师德，养成师德自律习惯①。

3.2.1.3 较高的理论政策水平

较高的理论政策水平是农村基层干部培训师资专业素质的体现。理论政策素养涵盖对党的理论、路线、方针、政策理解的深度、广度和贯彻执行的力度。具有扎实的理论功底，自觉遵循辩证唯物主义和历史唯物主义的世界观和方法论，科学运用贯穿其中的马克思主义立场观点方法看待问题、剖析问题和解决问题，才能把党的理论、路线、方针、政策中蕴含的规律讲清楚、讲透彻；具有较高的政策水平，准确领会党的路线、方针、政策的精神实质和丰富内涵，科学把握决策部署的核心要义和实践要求，才能更好地满足新时代基层干部培训的现实需求。

3.2.1.4 扎实的专业知识基础

扎实的专业知识基础是农村基层干部培训师资专业素质的基石。农村基层干部培训师资应具备扎实的专业基础和广博的专业知识。所谓扎实的专业基础，就是精通自己所教学科或所在领域的专业基础知识，包括专业理念、专业知识、专业技能等。所谓广博的专业知识，指不仅能够熟悉和掌握所教学科或所在领域的最新动态，还要紧密结合不断发展的实践和教学实际，不断拓宽知识面，夯实知识架构体系基础。农村基层干部培训师资应以又专又博的"复合型师资"为目标，在专业领域纵深和知识横广两个维度上赋能强基，以满足基层干部能力建设专业化需求。

---

① 教育部关于建立健全高校师德建设长效机制的意见（教师〔2014〕10号）［EB/OL］. http://www.moe.gov.cn/srcsite/A10/s7002/201409/t20140930_175746.html.

3.2.1.5 强大的自我学习能力

强大的自我学习能力能够凸显农村基层干部培训师资的可持续竞争力。习近平总书记指出:"只有加强学习,才能增强工作的科学性、预见性、主动性,才能使领导和决策体现时代性、把握规律性、富于创造性,避免陷入少知而迷、不知而盲、无知而乱的困境,才能克服本领不足、本领恐慌、本领落后的问题。"① 学无定法,贵在得法。农村基层干部培训师资不仅要重视学习,更应具备善于学习的本领。一要把握学习方向。坚持干什么学什么,自觉跟上时代脚步,紧紧围绕党的中心任务,紧跟党的理论创新步伐,根据受训组织需求和干部履职尽责、个人成长需要,向书本学、向实践学、向群众学,坚持用时代发展要求审视自己、提高自己、完善自己。二要拓宽视野。努力克服知识结构单一、视野短板等局限,在学习中不断扩大知识视野、国际视野和历史视野,努力做到从现实前瞻长远、从局部洞悉全局、从现象透视本质,从而提升自身思想、理论和政治格局。三要做到学思融合。面对干部教育培训政策环境、形势任务的多重变化,面对培训学员对象多样化、个性化需求,自觉做到勤学善思、学以致用、学用相长,不断提高自身理论水平和业务能力。

3.2.1.6 掌握培训理论和方法

掌握培训理论和方法是农村基层干部培训师资教学胜任力的表现。对于农村基层干部培训师资而言,教学素养主要体现在对教学规律的把握和教学技巧的运用上。农村基层干部培训师资应自觉加强习近平总书记关于干部教育培训、干部能力建设等重要论述的深学细照,自觉加强中央关于加强和改进干部教育培训相关规划、要求等文件精神的学习研究,深刻把握干部成长规律和干部教育培训规律,自觉学习全国各大优秀干部培训院校的成功经验、同层级干部培训院校的做法举措、不同类型干部培训院校的实践探索。同时,坚持以问题为导向,深入了解农村基层干部知识需求、

---

① 习近平在中央党校建校80周年庆祝大会暨2013年春季学期开学典礼上的讲话[EB/OL]. https://www.ccps.gov.cn/xxsxk/zyls/201812/t20181216_125682.shtml.

思想动态,深入研究农村基层干部素质能力标准、专业能力结构和学习特点等,准确把握组织需求、岗位要求、干部诉求,革新教学理念,优化教学设计,创新教学方式方法,加强教学组织,完善教学体系,优化农村基层干部培训课程。

3.2.2 能力素养

农村基层干部培训师资的能力素养有别于其他干部培训师资。"有信仰、有追求、有情怀"彰显的是农村基层干部培训师资的思想特征,"懂农业、爱农民、爱农村"彰显的是农村基层干部培训师资的行为特征,"专研究、擅咨政、会教学"彰显的是农村基层干部培训师资的能力特征。思想特征、行为特征、能力特征三者构成农村基层干部培训师资选聘的核心胜任力要素。

3.2.2.1 有信仰、有追求、有情怀

"有信仰、有追求、有情怀"彰显的是农村基层干部培训师资的思想特征。思想力决定行动力,"有信仰"体现的是对职业认知维度的认同,"有追求"体现的是对职业价值维度的认同,"有情怀"体现的是对职业情感维度的认同。农村基层干部培训师资要有信仰,做习近平新时代中国特色社会主义思想的传播者、布道者。农村基层干部培训师资要有追求,向阳而生、向上而行,做乡村振兴战略的实施者、践行者。农村基层干部培训师资要有情怀,对农业、农村、农民有情怀,对农村基层干部群体有情怀,对农村基层干部培训事业有情怀。

(1) 有信仰

"有信仰"是农村基层干部培训师资对职业认知维度认同的体现。习近平总书记强调:"让有信仰的人讲信仰。"这一重要论述鲜明指出了基层干部培训师资的职责使命。"让有信仰的人讲信仰"强调"干部培训师资自身要忠于信仰"。所谓师者,传道授业解惑也。传道者传道,首先要明道、信道。明道、信道就是了然于信仰、忠诚于信仰。干部培训师资"有信仰"主要体现在两个层面,即政治信仰和职业信仰。政治信仰即坚定对马克思

主义的信仰、坚定对共产主义的信仰、坚定对社会主义的信仰，做"两个确立"的忠实信仰者、坚定传承者、自觉践行者；职业信仰即忠诚于党的干部培训事业，以高度职业责任感和自豪感热爱干部培训事业，始终保持对干部培训课堂的敬畏之心。"让有信仰的人讲信仰"强调"有信仰的干部培训师资才能讲好信仰"，身教胜于言传，干部培训师资不仅要做党的忠实信仰者、坚定传承者、自觉践行者，更要做忠诚传播者和布道者。

（2）有追求

"有追求"是农村基层干部培训师资对职业价值维度认同的体现。"有追求"体现在三个维度。一是对标新任务，增强政治责任感和使命感。要胸怀"国之大者"，以高度的政治自觉和行动自觉，在"培养造就忠诚干净担当的高素质专业化干部队伍，不断把新时代中国特色社会主义推向前进"的使命担当中奋发作为。二是对标新要求，锤炼过硬本领。要紧扣时代发展要求和基层实践的迫切需要，在服务干部成长中磨砺自我，克服干事担事的本领恐慌。既要有"内塑自造"的底气，也要有"路阻且长"的觉悟、"花开未有时"的清醒、"厚积而薄发"的定力，更要有"数十年磨一剑"的耐力和韧性。三是对标先进，常怀感念之心。以先进榜样为镜，向典型模范看齐，在思想、政治、行动上勤对照、多检视、找差距，在实践实干中增长见识、砥砺品质、锤炼作风，永葆进取之志。

（3）有情怀

"有情怀"是农村基层干部培训师资对职业情感维度认同的体现。习近平总书记指出，教师"情怀要深，保持家国情怀，心里装着国家和民族，在党和人民的伟大实践中关注时代、关注社会、汲取养分、丰富思想"[①]。家国情怀是对国家、民族高度认同感、归属感、责任感的集中体现，也是教师教化育人的内在动力。习近平总书记还指出，"有情怀"凸显在两个维度上，一是"情怀要深"，体现为"深度"。对于农村基层干部培训师资而言，"情怀要深"更体现为"农"字情怀，始终怀有对"三农"的乡土情怀，把对农民的愁与乐、乡村的兴与衰萦绕于心。二是"关注时代、关注

---

① 习近平:用新时代中国特色社会主义思想铸魂育人 贯彻党的教育方针落实立德树人根本任务[EB/OL]. http://cpc.people.com.cn/n1/2019/0319/c64094-30982234.html.

社会",体现为"广度"。"情怀要广"更多体现为对国情农情了然于胸,能够深刻领会习近平总书记关于"三农"工作重要论述背后所蕴含的深情厚爱,真切体悟党中央对"三农"工作的战略地位、发展规律、形势任务和方法举措背后坚定的人民立场,并将之转化为政治能力、专业化能力提升的内驱动能。

3.2.2.2 懂农业、爱农民、爱农村

"懂农业、爱农民、爱农村"是农村基层干部培训师资应具备的专业认知、专业品德、专业态度和情感的集中体现,是农村基层干部培训师资行为特征的显性化呈现。"懂农业、爱农民、爱农村"本质是乡土情怀,是发自内心地对农业、农村、农民的热爱,对实现农业农村现代化、推进共同富裕的殷切希望。农村基层干部培训师资要将"一懂两爱"精神根植于心,切实做到深知"三农"、心系"三农"、热爱"三农"。

(1) 懂农业

"懂农业",就是要熟谙"三农"政策与国家最新战略规划,了解农业基本理论、基础知识及现代农业生产技能、经营方法等。值得注意的是,"懂农业"传递的不仅是从理论、技术、方法等维度解读农业,还要从农业多种功能、乡村多元价值、与其他产业融合发展等多维视角全方位地"懂农业"。农村基层干部培训师资要坚持加强理论武装。深入学习习近平总书记关于"三农"工作的重要论述,自觉加强"三农"理论政策研究,要立足新发展阶段,贯彻新发展理念,融入新发展格局,主动适应乡村产业发展和转型升级要求,聚焦着力构建现代农业产业体系、生产体系、经营体系等现实问题,将理论、专业优势转化为讲好干部培训课程的优势资源。农村基层干部培训师资要坚持加速理论实践应用。要以强农兴农为己任,将理论知识向生产实践转化,更好地创新现代农业的新业态、新模式,提升农业生产、经营、管理和服务水平,为乡村产业实现高质量发展增添助力。

(2) 爱农民

"爱农民",就是要对农民群体怀有深厚情感,尊重农民主体地位和意

愿，以为农民谋福祉为根本依归。这就要求农村基层干部培训师资自觉践行群众路线，深入了解农民群体的价值需要、认知结构、思想观念等，真诚倾听农民心声、关心农民疾苦。以农民的诉求和期盼为导向，提升农村基层干部培训的针对性、有效性，切实增强投身农业农村事业的自我认同和价值推崇。

（3）爱农村

"爱农村"，就是要热爱农村生产生活，对农村的发展现状、规律特征、价值功能、社会文化结构等有深入的了解。农村基层干部培训师资要在情感上融入基层。深刻感悟习近平总书记"知之深，爱之切"的"三农"情怀，发自内心地为农村着想，接受并认同乡村文化的价值观念，脚踏实地为乡村谋发展、谋振兴。农村基层干部培训师资要在行动上融入基层。主动融入农村、下沉基层一线、深入田间地头，以乡村发展难点、痛点、堵点为导向，围绕乡村建设与规划如何落地、乡村治理如何开展、党建引领作用如何深化、人才短缺如何破题、乡村文化如何繁荣、生态如何保护等现实问题，潜心开展调查研究和实践淬炼，以提升解决乡村振兴问题的能力。

3.2.2.3 专研究、擅咨政、会教学

"专研究、擅咨政、会教学"是学习贯彻习近平总书记关于党校、干校办学治校系列重要指示，贯彻落实《中国共产党党校（行政学院）工作条例》深入推进"用学术讲政治"教学改革的实践要求，是农村基层干部培训师资专业化能力特征的高标准体现。农村基层干部培训师资应具备"专研究、擅咨政、会教学"的能力特质，形成教学带动科研、科研支撑教学、咨政反哺教学的良性循环，以适应新时代干部教育培训专业师资队伍建设要求。

（1）专研究

"专研究"是党校、干校质量立校的基础支撑，也是农村基层干部培训师资专业发展的内在路径。教学的核心问题在于透彻的理解，而透彻的理解来自研究。高质量的教学离不开科研的有效支撑。农村基层干部培训师

资应加强对专业领域的理论研究与实践探索，通过扎实的学术研究为教学输出提供强大的理论依据与学理支撑，以此拓宽教学的深度与厚度。习近平总书记指出，年轻干部既要"身入"基层，更要"心到"基层，听真话、察真情，真研究问题、研究真问题①。"真研究问题"强调的是研究问题的态度，解决的是方法路径问题。农村基层干部培训师资只有秉持实事求是的科学态度，充分发扬理论联系实际的马克思主义学风和教风，保持对现实问题的敏锐度和洞察力，保持对现实场景的多维观察和纵横研究，保持对现实变化趋势的判断力和预测力，才能发现真问题。"研究真问题"强调的是研究问题的方向，解决的是学术思维向智库思维转化、学术研究向教学成果转化的问题。农村基层干部培训师资应以服务教学和咨政育人为导向，以农村基层干部工作中的前瞻性、针对性和现实性问题为主攻方向，探究其背后的深层次逻辑和生成机制，用高质量的学术水平带动教学和咨政同频共振。

（2）擅咨政

决策咨询是党校、干校质量立校的鲜明特质，是彰显农村基层干部培训师资专业优势的竞争要素。农村基层干部培训师资要善于建言咨政，做好决策咨询工作。《中国共产党党校（行政学院）工作条例》指出，党校、干校决策咨询工作，应当聚焦党和国家中心工作、党委和政府重大决策部署、社会热点难点问题进行深入研究，及时反映重要思想理论动态，提出有价值的对策建议。对于农村基层干部培训师资而言，决策咨询可以为教学和科研提供基层探索的鲜活素材和实践启示，是解决理论与实践相脱节和"先天不足""倒挂"问题的有效途径。为切实提高决策咨询的"含金量"，提高释疑解惑的精准度，干部培训师资一是要以干部培训讲台为媒介。干部培训讲台直面决策咨询成果的推介者、运用者，干部培训师资要多向基层问策，多向群众问计，多向学员求教，既要善于从干部学员资源中提取"立题"和"解题"之道，提高决策咨询的现实性和可操作性，又要善于向干部学员推介"答题"之法，提升决策咨询成果的应用价值。二

---

① 习近平在中央党校（国家行政学院）中青年干部培训班开班式上发表重要讲话[EB/OL]. http://www.gov.cn/xinwen/2021-09/01/content_5634746.htm.

是要以科研支撑为后盾。高质量的咨询服务要以提高需求研判能力和战略谋划能力为前提，因此要进一步加强理论专业素养，潜心述学立论，切实做到学术性与现实性并重，理论性与实践性统一，推动决策咨询成果的转化应用。

（3）会教学

教学是党校、干校的重要中心工作，也是农村基层干部培训师资的职责使命。《中国共产党党校（行政学院）工作条例》以提高干部学员的政治觉悟、政治能力和执政本领，以提升党性修养、加强理论武装、加快思想解放、加速创新实践为建设目标，对干部培训师资教学提出明晰要求。这就要求干部培训师资不仅要能教学，还要深谙"会教学"之道。"会教学"主要体现为教什么、怎么教的问题。一是"教什么"，主要体现在对干部培训供给与干部多维需求融合的精准把握上，突出问题导向、专业导向、实战导向，力图破解农村基层干部所涉培训主题中最感兴趣的问题，干部群众关心的热点问题、最希望培训解决的思想理论问题等，激发广大干部想干事、能干事、干成事的热情。二是"怎么教"，主要体现在对教学规律的把握和教法的运用上。在教学规律的把握上注重逻辑自洽和内涵延展，把贯彻落实习近平总书记关于"三农"工作重要论述和党中央全面推进乡村振兴、加快农业农村现代化工作部署作为主线，把具有鲜明地域特征、时代特质、文化内涵的实践资源转化为教学场景，把基层干部优秀群体在基层实践中呈现的争先创优的经验做法、精神面貌转化为教学蓝本，把基层干部的痛点、基层群众的堵点、基层治理的难点转化为教学重点，形成贯通支撑的教学体系中的一环；在教学方法上，秉持"形式要为内容服务，形式要为培训实效服务"的理念，既坚持运用行之有效的传统方法，又积极探索专题研讨式、案例分析式、情景模拟式、典型示范式等启发式教学，激发学员参与性；在教学组织上，积极探索适应信息化、数字化发展趋势的培训模式，以智慧化教学拓宽学员视野。

3.2.3 建设目标

上述农村基层干部培训师资选聘的基本要求、能力素养，为苏州市农村干部学院师资队伍建设提供了客观全面的甄选标准。经过多年的深耕不辍，苏州市农村干部学院的师资队伍逐渐从关注教师基本能力素养到关注教师"会教""能干""释疑"综合能力提升的转变，从注重教师单一身份到注重多维专业角色即"思想导师""能力导师""行为导师"的转变。"会教""能干""释疑"分别对应"思想导师""能力导师""行为导师"，既让学员想干事、不出事，又让学员会干事、干成事，以高水平专业化师资队伍夯实农村基层干部培训教学体系建设基础。

3.2.3.1 思想导师

"思想导师"对应的是"会教"。引导干部学员弄清楚"是什么""为什么"，解决的是"让学员想干事、不出事"的问题。一是"让学员想干事"。要把统一思想作为引导学员干事创业的内在动力。引导学员自觉用习近平新时代中国特色社会主义思想武装头脑，捍卫"两个确立"、增强"四个意识"、坚定"四个自信"、做到"两个维护"，进一步提升政治判断力、政治领悟力和政治执行力。通过学习教育坚定理想信念，提升党性修养，强化为民服务的主动性。要把解放思想作为引导学员干事创业的逻辑起点。引导学员牢牢掌握马克思主义立场、观点、方法，运用科学的思想方法和工作方法，深化对共产党执政规律、社会主义建设规律、人类社会发展规律的认识。从世情、国情、党情的学习中提高观大势、谋全局的战略高度。从剖析当前经济社会发展的矛盾问题、思想理论领域的深层问题和干部群众关注的热点难点问题中提升运用战略思维、创新思维、辩证思维、法治思维、底线思维等科学思维工具的能力，促进学员思想更新、观念迭代，促进其由"不想干"转变为"主动干"，由"敷衍干"转变为"全力干"。二是"让学员不出事"。"不出事"是严守规矩，不逾底线。要强化学员干事创业的作风建设。围绕党规党纪特别是政治纪律，强化廉政建设、政德教育、社会主义核心价值观教育，增强严明政治纪律和政治规矩的思想自觉。要坚定"人民性"这一马克思主义鲜明立场和价值信仰。引导学员树立正确的历史观、民族观、国家观、文化观，学懂弄通中国共产党"是谁、为了谁、依靠谁"这一根本问题，在立足伟大实践、把握历史脉络、遵循发展规律中涵养实干担当的行动自觉，促进其从"不敢干"转变为"不怕干"，从"犹豫干"转变为"大胆干"。

3.2.3.2 能力导师

"能力导师"对应的是"能干"。要使学员弄明白"怎么做"，须解决的是"让学员会干事"的问题。一是"能干事"，即具备干事创业的关键能力。坚持"干而论道"，务实管用，瞄准新发展阶段特点、新使命任务需求和新时代基层实际，对标新时代基层干部应提高的"九种能力"，用新思想、新理念、新部署提升基层干部推动党建引领乡村振兴和基层治理的专业能力素质，用新技术、新知识、新产业拓展基层干部格局和视野。二是"会干事"，即掌握干事创业的方式方法。坚持"干什么学什么，缺什么补什么"，把提升干部能力素质与研究解决现实问题结合起来，在实战、实践、实训中锤炼干部专业知识、专业能力、专业作风、专业精神，提升方针、政策、制度执行力和治理能力，既培养"明白人"，更锻造"实干家"。

3.2.3.3 行为导师

"行为导师"对应的是"释疑"。面对学员的疑惑，能够"讲得清楚，说得明白"，解决的是"让学员干成事"的问题。"干成事"是"让学员想干事、不出事、会干事"的成果体现，强调的是实效导向。一是注重"致广大"与"尽精微"。引导参训学员既要着眼于"国之大者"，把地区和部门的工作融入党和国家事业大棋局来定位和谋划，又要在微观上"抓小"，学习庖丁解牛，在由表及里的抽丝剥茧中切中肯綮，对遇到的疑难杂症深究细研、刨根问底、举一反三，这样才能干成事、干好事。二是注重"时效"与"实效"。引导参训学员把有"时效"的培训过程看作引导点拨、求解难题、破疑去惑的过程，能够在教学互动、思维碰撞、观点交锋中廓清典型问题、找到深层困惑、探究理性归因、拉直思想问号，达到互相启发、共同受益的教学目的，取得培训实效。

3.3 农村基层干部培训师资的选聘、培养和使用

农村基层干部队伍是党的路线、方针、政策在农村基层落细落实的执行者，是释放基层党组织活力，提升组织力、凝聚力和服务力的推动者，是密切党群干群关系、打通服务"最后一公里"的践行者，其素质高低、能力好坏，既是我党执政能力建设的重要一环，也是全面推进乡村振兴、率先基本实现农业农村现代化、扎实推动共同富裕的关键。近年来，党和国家高度重视农村基层干部队伍建设，2021年4月，《中华人民共和国乡村振兴促进法》颁布，明确提出要提高农业农村工作干部队伍能力和水平，加强乡村干部培训。加强乡村干部培训，尤其要注重加强农村基层干部培训师资队伍建设。农村基层干部培训师资队伍建设不仅能够有效解决当前农村基层干部工学矛盾突出、难以接触优质教学资源等客观现实，能够帮助农村基层干部克服视野局限、思想僵化、理论束缚、方法短路等主观难题，实现从"想干事"到"会干事"再到"能干成事"的转变，更是国家实施基层干部战略性培养的重要抓手。因此，要深刻认识加强农村基层干部培训师资队伍建设的重要性，按照"政治合格、素质优良、规模适当、结构合理、专兼结合"的要求，加大师资"选、育、管"力度，不断完善和建设专家学者讲理论、领导干部讲思路、一线干部讲实践、参训学员找方法、专业教师作点评的"能干会教""干而论道"的农村基层干部培训师资体系。

3.3.1 兼职培训师资的选聘

兼职师资队伍是基层干部培训师资结构和数量的有益补充。加强兼职师资队伍建设是顺应基层干部培训新形势、新变化、新要求，破解自有师资力量不足，实现干部培训资源优化整合与共享共用的现实途径。因此，要持续不断地拓宽师资遴选渠道，通过组织条线推荐、干部群众推崇、同行专家引荐、实地走访调研、办班留存等方式，面向各级各类领导干部、

专家学者、先进模范人物和优秀基层干部等群体，组建干部培训兼职师资库。

农村基层干部有其自身特点，其来源较为多元，知识结构、专业结构、能力结构和年龄结构不够均衡。因此，在农村基层干部培训师资选聘上要对农村基层干部群体进行目标细分定位，并根据岗位特点和工作内容，确保培训师资供给侧精准对接培训需求侧。要紧扣党中央关于加强基层基础工作的系列决策部署，坚持"干部教，教干部""干中学，学中干"思维导向，着力破解基层干部"怎么想""怎么办""怎么干"的问题。

农村基层干部培训师资选聘可分为三类：一是"高校"型师资，通过对理论层层解码思"破题"之策；二是"党政领导干部"型师资，通过对政策精准解读寻"解题"之法；三是"一线基层干部"型师资，通过对实践聚力解析行"答题"之道。

3.3.1.1 "高校"型师资选聘——理论解码

选聘"高校"型师资通过理论解码"怎么想"的问题。习近平总书记指出，政治上的坚定、党性上的坚定都离不开理论上的坚定，干部要成长起来，必须加强马克思主义理论武装。① 只有从思想深处把认识问题解决好了，党和政府的各项方针政策才会转化为广大基层干部的自觉行动。因此，在"高校"型师资上首先要考量如何深化对新时代党的理论创新成果的"三个认同"，即政治认同、思想认同和情感认同。政治认同就是对习近平新时代中国特色社会主义思想和党的路线、方针、政策的认同，在意识形态问题上不动摇，在政治立场上不摇摆，在政治信仰上不含糊。思想认同就是从思想认识上对中国特色社会主义理论体系、贯穿其中的马克思主义立场观点方法的科学性、体系性、有效性发自内心地认同。情感认同就是从感情上客观、积极地感悟"国之大者"的胸怀，切实增强"四个意识"、坚定"四个自信"、做到"两个维护"，推动理想信念、党性观念、宗旨意识进一步加强，树立和践行正确政绩观。

---

① 习近平在中央党校（国家行政学院）中青年干部培训班开班式上发表重要讲话[EB/OL]. https://www.ccps.gov.cn/xxsxk/xldxgz/201908/t20190829_133864.shtml.

其次，在讲明白"三个认同"的基础上厘清"三重逻辑"，即现实逻辑、历史逻辑和内在逻辑。讲清楚党的理论创新成果形成的现实逻辑，能够帮助基层干部深入理解其核心要义、精神实质、实践要求，掌握其问题导向、价值导向和目标导向。讲清楚党的理论创新成果形成的历史逻辑，能够帮助基层干部厘清党与人民群众的"鱼水关系"，也就是"为了谁、依靠谁、我是谁"的问题。讲清楚党的理论创新成果形成的内在逻辑，能够帮助基层干部更好地构建学术思维和理论逻辑架构，提高驾驭全局并用科学世界观和方法论分析问题及解决问题的能力。

最后，"高校"型师资配置上要注重"三个融入"，即授课语言要融入基层、授课内容要融入基层、授课形式要融入基层。一是授课语言要融入基层。农村基层干部的关键词在"基层"，也就是说，要根据基层干部这一受众群体的特点，将抽象化的概念、判断、命题转化为生动具体、通俗易懂的口语化、通俗化、具象化语言，理论只有"入乡随俗"，讲明白、讲透彻、讲具体，才能为理论"解码"，为基层所受用。有的学校盲目地聘请名师、"大咖"，虽然他们讲课逻辑清晰、观点鲜明，但是基层听不懂、听不进，授课效果就大打折扣。二是授课内容要融入基层。要聚焦基层最关心、最直接、最现实的问题，从理论联系实际的角度予以阐释，把基层理论诉求转化为实践要求。尤其在当前新冠肺炎疫情加速世界多极化进程的形势下，在立足"两个大局"之下，要立破并举，把解析基层思想困惑和思维盲区作为理论解码的关键，让基层干部一听即懂，知道如何听党话、跟党走。三是授课形式要融入基层。要善于将"晓之以理""动之以情"相结合，将表达的内容和道理融入真情实感，并能够灵活多样地将"沾着泥土、冒着热气"的具有时代气息的形式载体予以生动诠释，做到与基层同频共振、同向同行。

"三个认同"强调的是"高校"型师资选聘的前提，其显性化呈现为"政治强""思想明""人格正"；"三重逻辑"强调的是"高校"型师资选聘的基础，其显性化呈现为"逻辑清""视野广""思维新"；"三个融入"强调的是"高校"型师资选聘的关键，其显性化呈现为"接地气""有温度""有力度"。对照上述标准，从党校、干校、行政学院、高校等各类师资库中选聘"政治强""思想明""人格正""逻辑清""视野广""思维新""接地气""有温度""有情怀"的专家理论学者,以理论层层解码来帮助基层干部克服思想守旧、政治理论素养偏低、基本理论知识匮乏等问题,使农村基层干部逐步实现由"经验型"向"知识型""智慧型"转变。

3.3.1.2 "领导干部"型师资选聘——政策解读

选聘领导干部通过政策解读"怎么办"的问题。"走上讲台传主义,俯身基层讲政策"是我们党在各个历史时期的优良传统和政治优势。党的十八大以来,以习近平同志为核心的党中央一以贯之地坚持领导干部上讲台制度,《2018—2022年全国干部教育培训规划》再次强调出台领导干部上讲台实施意见,支持各级领导干部上讲台。领导干部具有较高的政策理论素养和业务素质,对于促进干部学员及时、全面、准确把握新形势、新情况、新任务,了解中央、省委、市委中心工作和决策部署,凝聚思想共识、推动基层工作实效具有极强的示范带动作用。

农村基层干部培训"领导干部"型师资资质选聘主要来源有三:一是组织条线、农业农村条线、民政条线等政策管理、执行、监督等职能部门,重在对涉农政策法规、乡村发展、乡村建设、乡村治理等支农惠农政策的解读;二是农业科研院所、农业院校相关部门,重在农业政策法律法规、农业产业科技、实用技术等方面的培训;三是其他培训需求,如新技术、新知识、新产业等知识培训,以此拓宽基层干部视野。

"领导干部"型师资选聘要注重厘清三个关系,即"高校"型师资和"领导干部"型师资的关系、"领导干部教"和"教领导干部"的关系、不同"领导干部"型师资配置的关系。一是"高校"型师资和"领导干部"型师资的关系。"高校"型和"领导干部"型师资各有特长,"高校"型师资在"用学术讲政治"方面有较为明显的优势,但也有不足的地方。部分"高校"型师资存在理论水平较高但政策水平不强、专业知识丰富但实践经验不足的短板,主要表现为缺少对政策顶层设计的深度介入及对政策运用到基层实践问题的锻炼和历练。而"领导干部"型师资多为决策的制定者、政策的执行者和实践者,对政策的理解、把握、运用、消化能力强,能够有针对性地将政策要求和解决实际问题的思路加以统筹，为学员释疑解惑。"领导干部"型师资配置是对"高校"型师资供给的优化补充，能够进一步化解干部教育培训"学而不信、学而不化、学而不用"问题。二是厘清"干部教"与"教干部"的关系。"干部教"本身是领导干部帮助学员更好地解读各类政策资讯、分享学习资源和实践信息、实现交互思考的过程。"教干部"本身是对领导干部自身政策理论的领悟能力、研究水平和实践经验的综合检验，能够有效形成倒逼机制，促进领导干部形成以讲促学、以讲带学的工作作风。也可以说，"干部教""教干部"本身就是一个良性循环圈，是一个"干什么学什么""学什么干什么"的过程。三是厘清不同"领导干部"型师资配置的关系。不是所有的领导干部都适合教干部，有的领导干部擅长执行不一定善于总结，擅长思考不一定善于表达，擅长统筹不一定适合培训。因此，农村基层干部培训"领导干部"型师资的选聘要综合考量、按需匹配。不同职级职务"领导干部"型师资各有其长，职级职务较高的领导干部往往是政策的制定者或参与者，对政策理解较为深入、系统性强，同时具有丰富的领导经验和工作阅历；一般职级职务的干部往往是政策的助推者、执行者、宣传者，熟悉基层发展规律、深谙问题解决之道；专业型、技术型干部则有着较强的专业背景优势，善于案例解析、技术辅导、问题回应等。此外，还要善于挖掘"学转官""官转学"类干部，他们既具有较高的理论造诣、专业素养，又能够见之于行动、付之于实践，将党的执政能力和领导水平转化为实实在在、看得见摸得着的现实，转化为驾驭课堂的方法和技巧。

因此，在厘清上述关系的基础上，再来分析农村基层干部受众群体的目标定位，要注重"三字经"，即念好"解"字、做好"实"字、摆好"正"字。一是念好"解"字。"解"不是泛泛而谈，而是要对农村基层干部把握不准的、一知半解的政策性问题全面解读、系统解读、重点解读、分层次解读。要吃透上情，领会实质。这里涉及中央和省委关于"三农"工作系列决策部署、方针政策法规等，党对"三农"工作的全面领导、党建引领乡村振兴等关键问题，分析政策出台的形势和背景、目的意义、执行口径、操作方法等。要摸清下情，实事求是。既要紧密结合市委、市政府中心工作，又要从基层群众利益点着手，从基层干部关注点切入，降低政策执行的难度，让基层干部更好地摸清基本底数、掌握基本政策、把握基本规律，用好用足政策。二是做好"实"字。基层干部年龄结构、知识结构千差万别，对政策的领悟力、消化力也参差不齐，有的基层干部对政策法规表述的专业性、严肃性不能较好地理解，政策解读切记不能穿靴戴帽、空话套话，谨防高谈阔论流于形式，要力求通俗易懂、务实管用，帮助基层干部认清形势、把握大势，既要"埋头拉车"，更要"抬头看路"。三是摆好"正"字。领导干部要摆正姿态，既"能上"也"能下"，不讲派头、不流于形式，把授课机会当成深入基层了解干部群众思想动态、加强党群干群联系的重要渠道。

3.3.1.3 "一线干部"型师资——实践解析

选聘一线干部通过实践解析"怎么干"的问题。习近平总书记指出："武装头脑、指导实践、推动工作，落脚点在指导实践、推动工作。""善学者尽其理，善行者究其难。"① 当前大多数农村基层干部在主动服务群众意识、带动产业结构调整、带领群众增收致富、化解群众矛盾等方面多多少少还存在意识淡薄、作风漂浮、办法不多、思路不宽等问题。可见，在聚焦基层干部素质能力短板弱项上，农村基层干部培训师资的选聘不仅要考虑其专业理论功底、业务素养，更要具备基层"摸爬滚打"的实践示范效应。党的十八大以来，党中央和相关涉农文件多次提出"培养造就一支懂农业、爱农村、爱农民的'三农'工作队伍"重要论述。"懂农业、爱农村、爱农民"既是当前乡村人才队伍建设的标准要求，也是农村基层干部培训"一线干部"型师资选聘的必要条件。"一线干部"型师资选聘要紧扣全面推进乡村振兴、加强党建引领基层治理任务要求，按照"懂农业、爱农村、爱农民"的标准要求，从"三农"领域不同类型、不同区域、不同行业择优遴选政治素质高、群众威望高，致富带头能力强、带领群众共同富裕能力强的"双高双强"型先进典型，如农村基层一线工作者，"三

---

① 习近平在中央党校（国家行政学院）中青年干部培训班开班式上发表重要讲话 [EB/OL]. https://www.ccps.gov.cn/xxsxk/xldxgz/201908/t20190829_133864.shtml.

农"战线杰出代表，新型农业经营主体，懂技术、有经验的"乡创客""土专家""田秀才"等，以典型的先进模范形象效应推动干部学员履职尽责。

无论是从解决基层干部不会为、不善为问题的角度看，还是从赋予群众路线新时代的角度看，"一线干部"型师资的选聘都具有极强的针对性。一是"来自基层而应用于基层"。"一线干部"型师资从基层中来，工作推动在基层、问题来源于基层、矛盾化解在基层、情感深入在基层，从基层来的关键是能落地基层，为农村基层干部工作落地落实提供现实样本。二是"以先进带动引领、带动示范"。"让典型引路和发挥示范作用，历来是我们党重要的工作方法。"① 2018年中共中央办公厅印发《关于进一步激励广大干部新时代新担当新作为的意见》，并发出通知，要求各地区、各部门结合实际认真贯彻落实。通知强调，要围绕建设高素质专业化干部队伍，强化能力培训和实践锻炼，大力宣传改革创新、干事创业的先进典型。基层一线先进典型一是具有鲜明的时代特征，符合时代发展规律，体现时代精神；二是具有深厚的群众基础，来源于群众，根植于群众沃土；三是具有先进示范性，代表基层干部群体的精神风貌，是宣传党的路线方针政策，引导基层党员干部群众理解、支持、配合基层工作的客观需要。"教者，效也，上为之，下效之。"实践证明，抓什么样的典型，就能体现什么样的导向，就会收到什么样的效果，为我们提供了"怎样是基层需要的干部、怎样成长为基层需要的干部、怎样把基层干部培养好使用好"的现实路径。

3.3.2 专职培训师资的培养

专职培训师资队伍培养是干部培训院校核心竞争力的关键。专职培训师资应满足学员理念创新、做法先进、知识前瞻、实操可用等培训需求。当前，不少干部培训院校在专职师资队伍建设等方面存在培养理念错位、培养模式单一等问题。部分干部培训院校专职师资队伍建设起步晚、力度小、主攻方向模糊，与政府中心工作、干部教育培训高质量发展布局不相适应。如此，既加剧了培训任务繁重与师资力量不足的矛盾，也使干部培

---

① 习近平.之江新语[M].杭州:浙江人民出版社,2007:212.

训院校长远发展动力不足。专职培训师资队伍培养是一项系统工程，干部培训讲台难度较大，教师的资质、阅历、禀赋也存在差异。因此，教师的专业发展不仅需要个体认知自觉、行为自觉，更离不开群体联动、组织支持，这四种因素的相互作用，构成了专职培训师资队伍建设的动力结构。

3.3.2.1 组织层面：推动老中青教师队伍的梯队建设，发挥中坚教师的引领示范作用

"老中青"三级梯队建设分为纵向锚定进阶路径和横向联合培育平台。纵向锚定进阶路径指通过传、帮、带，构建"老中青"三级梯队式师资队伍建设，并为其提供由易到难、阶梯递进、节点跃升式路径。"老中青"三级梯队按照教师个人成长特点划分为一至三级梯队。一级梯队以名优名师为主。名优名师一般具有较高的专业授课水平和课程开发能力、丰富的授课经验和一定的授课影响力，在教科研领域具有一定的学术成果积累和开拓创新性，其教学形式一般以讲授式为主，战略培养上以理论架构、知识重构、教研一体等能力的跃升为主要目标。二级梯队以优秀骨干教师为主。优秀骨干教师一般具有一定的理论素养和教学资历，对干部培训事业具有较强的积极性和责任感，但离娴熟驾驭课堂有一定差距。因此，在进阶路径上以访谈式、结构化研讨、案例教学等新型教学形式为主，重在培养教师的教学设计和教学组织能力。三级梯队以青年教师为主。青年教师一般具有学历高、学习能力强、干劲足等优势，但教学资历尚浅，未形成个人的教学特色与风格，可塑性强。因此，在教学实操上从能熟练掌握现场教学、实境教学等基础教学形式着手，重在培养青年教师的教学认知和教学实践能力。同时，横向延伸学科配套建设，按照干部培训院校对人才容量和急缺程度及教师所学专业、兴趣特长等进一步细分师资队伍结构，采取"一对一""一对多"导师帮带制，组建集体备课小组，通过"对口"锻炼、专业实践，为有不同发展需求的教师提供更多选择。对于教师个体而言，"老中青"三级梯队建设能够加强对团队成员错位发展的积极引导，对师资个体具有的专业特长进行充分培养和使用；对于组织而言，"老中青"三级梯队建设能够打通团队内部师资的学科壁垒，促进学科交叉融合，为

培育复合型师资奠定基础；对于团队而言，"老中青"三级梯队建设能够进一步营造"教"与"学"成长共同体，由青年教师"提问题"，骨干教师"解问题"，名优名师"评问题"，形成以老带新、以新促老、相互促进的团队学习氛围。当然，为保障人才梯队结构的合理完备，使学科梯队始终保持可持续发展活力，"老中青"在结构配置上以1∶2∶3为宜。

横向联合培育平台是指立足教学教法特点，精准对接教师成长需求，着力构建与人才梯队发展相适应的人才培育平台。一是通过技术赋能拓宽教学组织再造渠道，破解教学形式"单一"等难题，如苏州市农村干部学院开设了实境课堂、开发了功能型教室等；二是通过多元平台搭建教师成长培育通道，破解教学渠道"不畅"等瓶颈，如苏州市农村干部学院大力推动"送教下基层"活动；三是通过"全流程"机制保障激发师资内生动力，破解师资成长"惰性"等困境，如苏州市农村干部学院建立了新课申报制度、名师名课培养制度等。

3.3.2.2 个人层面：加强青年教师的自学习、自组织，激发成长成才的内生动力

干部教育培训师资成长，一靠组织培育，二靠内生动力。内生动力来源于青年教师对自我进取和主观能动的认知。从青年教师的成长过程来看，其职业早期主要面临适应性与资源性需求，青年教师在这一阶段往往会面临自我发展的主观性、盲目性与干部教育培训事业快速发展不相适应的矛盾。一是体现为专业知识有效储备不足。一方面体现在知识获取不够全面上。青年教师大多学历高，多为硕士、博士，虽然接受过专业知识体系的完整性、系统性学习，但还处于向经验型教师转型的过渡阶段，对于干部成长、干部培训"两个规律"的认识研究，教学理念、内容和方式的科学把握有待进一步提升。另一方面体现在知识获取渠道单一上。知识获取有被动接受和从实践中主动求索两条渠道。目前来看，大多数青年教师由于专业知识结构广度和深度的限制，还不具备将学科教学知识有效应用到具体教学实践的能力。换言之，青年教师在学习的过程中要转变知识被动接受者的角色，能够通过在实践中验证理论继而推动实践发展，力争做知识

的积极建构者和理论实践者。另外还体现在知识迭代更新不足上。现代建构主义理论认为，学习并非个体被动的吸收过程，而是在新旧知识交错基础上主动建构的过程。随着信息化时代的发展，知识更新迭代的速度显著加快，仅依靠职前阶段性学习或职后碎片化积累，远远不足以走上干部培训讲台。干部培训如果不能做到知新知常，肯定会造成干部教育质量低效甚至产生负面作用的情况。二是体现为专业发展积极性缺失。青年教师处于教学技能探索、个人转型发展的关键期，他们追求职业成就的意识相较于中、老年教师更加强烈，但往往由于自我认知不清晰、职业认知不全面，一旦个体与组织的目标、任务冲突，也就是当职业未来憧憬与当下压力相悖则更容易产生职业倦怠，主要表现为对待教学态度消极、工作缺乏动力等。因此，引导青年教师形成自我学习的良好习惯尤为重要。通过锚定切实可行的个人成长目标、清晰的职业规划，辅以师资队伍培养进阶路径，能够帮助青年教师克服职业倦怠，解决困惑，进一步拓展成长空间。

  在对自我进取和主观能动的认知基础上，应积极引导青年教师科学掌握自我学习方法。青年教师自我学习重在解决两个问题："教学"和"学教"。"教学"指"怎么教干部"，"学教"指"学怎么教干部"，事实上，当前青年教师在教学技能探索中更多考虑的是"教学"的问题，也就是"怎么教干部""教干部什么"的问题，对于"学教"即"学怎么教干部"的供给问题则考虑得较少。结合青年教师进阶型过渡特点，更好地发挥自主学习行为的有效性，青年教师尤其要注重"学教"供给方式、方法，以适应干部教育培训事业的快速发展。青年教师在"学教"供给方式上应综合以下考量：一是从干部培训供给需求考量，青年教师宜选择基层干部群体适用的课程；二是从干部培训供给结构考量，青年教师宜选择面广量大的课程；三是从干部培训供给效率考量，青年教师宜选择能产生教研咨协同的课程；四是从干部培训供给特性考量，青年教师宜选择能彰显自身特色的、差异化的课程。青年教师在"学教"供给方法上要坚持两点：一是要"干中学"——提高"在游泳中学游泳"的能力。要有敢于"试水"的勇气，要提高在水下观察的能力，要学会在不断呛水中总结、反思、提升，这样才能"在游泳中学会游泳"。二是要"学中干"——提高"用学术讲政治"的能力,既要向上生长,也要向下扎根。向上生长是指不断更新建构学科知识,从学术框架及其学理逻辑讲政治;向下扎根是指扎根教学实践和教学反思,真正做到学以致用、用以促学、学用相长。

3.3.2.3 团队层面:强化团队协作、抱团作战的理念,放大集体备课的作用功效

《2018—2022年全国干部教育培训规划》指出:"组织教师分专题分领域开展理论攻关、集体备课,推动研究成果进课堂,着力提高教师用学术讲政治的水平。"较之于自我学习,农村基层干部专业师资队伍培养的另外一种组织模式是集体备课。集体备课是提升师资队伍专业化能力极为重要的组织形式。集体备课强调的是不同教师以提升教学质量为共同的价值导向,通过共享教学经验与教学资源构建学习共同体。从这个意义上看,集体备课实现了由"自我学习"向"学习共同体"的迭代升级。一是有助于克服自我学习的局限性。干部培训院校教师在自我学习的过程中往往容易陷入不自知,如对于政策、规律的理解和把握是否到位,教学理念、教学内容和课程架构是否适宜,所创设的教学情境是否符合学员实际等。尤其是对于初涉教学、资历尚浅的青年教师而言,集体备课缺位更容易使之不得要法。干部培训院校教师可以通过团队协作、团体备课激发教学火花,迸发创新活力,进一步弥补知识储备、教学经验及教学水平的个体差异性,优化教学有效供给。二是有助于实现资源共享、优势互鉴平台建设。集体备课强调多主体共同研究,围绕一个共同的课程开发主题,在目标定位、逻辑架构、素材选择、教学方式方法、教学模式探索、教学重点难点突破等方面凝聚集体智慧,通过思维碰撞、研讨交流、反复打磨,最终达成教学共识,课程质量基于团队能力和集体共识之上,并且在大量知识补充、实践反馈、复盘反思中不断提高。这个过程,既彰显了"学习共同体"成员的个性,又符合"学习共同体"团队的共性。

集体备课的目的是推动研究成果进课堂,因此,应综合考量课程开发难易程度、干部培训师资主观能动性等多方面因素,在人员配置、组织结构和激励机制等方面予以考量。人员配置上,一般而言,集体备课小组以

3~6人为宜。人数过多，协调沟通有难度，思想难以达成共识，易流于形式；人数过少，组织力量不够，动力不足，进度把握难。组织结构上可分设三种资源配置：一是课程设计者，主要负责建构课程需求分析、课程建设理念、逻辑架构搭建、教学组织形式等；二是课程资源建设者，负责课程显性和隐性资源建设，包括相关政策文件、数据、案例等支持，确保课程内容的创新性、前瞻性、实操性与课程逻辑架构的一致性；三是课程执行者，负责将课程设计、资源建设内容完整且高质量地呈现，以学员为中心，进一步丰富课程资源、优化课程体验、落实教学反馈，推进课程迭代更新。集体备课小组成员可以同为课程设计者、课程资源建设者、课程执行者，最终目的是力争人人都可独当一面。在激励机制上，一是强化组长负责制。组长负责统筹协调，如调动组内成员的积极性、对组外资源的协调支持、跟进开发进度、帮助解决突出问题等。二是鼓励"同课异构"机制。教学本身是个性化建构过程，鼓励青年教师将"模仿"，即通过观察他人的间接经验以增进自身对教学的应变和驾驭能力作为教学入门的有效途径，更要在此基础之上进行有意识的、深思熟虑的反思式学习，积极探索教学理念、内容、形式、方法等创新路径，逐渐形成自主教学风格，成为教学活动的自觉者，以达到"化异为同"的目的。

3.3.2.4　行为层面：建立知识更新、实践锻炼的机制，补足教师成长的能力短板

《2018—2022年全国干部教育培训规划》强调要安排专职教师参加学习培训、调查研究和挂职锻炼，建立健全专职教师知识更新机制和实践锻炼制度。教师实践性知识的获得是干部培训师资专业能力提升的关键。要进一步拓宽青年教师接触基层一线的渠道，完善教师知识更新和实践锻炼机制，增强青年教师的实践本领。一是选派专职教师到上级干部培训院校、兄弟院校、知名高校参加业务知识培训，通过系统的学习、研讨交流、外出观摩等，提升政策、理论、知识迭更的"热度""维度""广度"，定期组织学习探讨和同行交流，进一步解放思想，认清形势，总结经验。二是选派专职优秀青年教师到一线单位、基层乡镇挂职锻炼，了解基层工作、

熟悉基层情况，从基层土壤中汲取养分，为开展农村基层干部培训教学及理论研究积累实践经验和素材。根据其个体差异建立分级、分类、分阶段挂职锻炼机制。应尽量围绕教师的专业领域、科研方向安排相匹配的基层单位和岗位，使其挂职锻炼的内容能最大化地转化为教师的教学能力、科研素材、工作思路等。三是鼓励和选派专职师资到村、社区、街道、乡镇等基层单位开展深度调研，加强与干部培训院校现场教学基地、科研基地、共建单位以及其他乡镇（街道）、村（居）、企业（社会组织）等基层单位的联系沟通，通过师资送教、专题送课、服务送智等多种渠道和方式，提高教研咨一体化水平。四是积极参与培训实施，可采用带班制、跟班制、学员论坛等方式融入培训学员，增进对基层的了解，实现教学相长。五是积极拓展和加强与周边地区高校、党校、培训机构的联合办学，建立教师进修学习交流合作机制，实现地域优势互补、学科优势互补，共建学术平台。

3.3.3 农村基层干部培训师资的使用

习近平总书记高度重视干部教育培训师资的统筹使用。《2018—2022年全国干部教育培训规划》强调建立健全符合干部教育培训特点的师资准入和退出机制、师资考核评价体系等。农村基层干部培训师资的使用要坚持动态管理原则，如建立教师入库制度、意识形态管理办法、教学质量评估制度、师资退出机制等，全过程严格管理培训师资，以形成组织认同、岗位匹配、学员乐享的优质师资库。

3.3.3.1 建立健全农村基层干部培训师资准入机制

建立教师预入库机制，在"一师一档"中实施准入管理。师资库选聘入库要经过课题拟定、教师遴选、培训班试用、入库申请、领导审批等入库程序，并根据培训师资特点建立"一师一档"。"一师一档"主要以呈现基础性要素、发展性要素和弹性要素为准入条件。基础性要素主要指师资入库刚性条件，如严格意识形态管理、师德师风建设、职业道德和准则等；发展性要素体现师资类型及授课优势，如"高校"型师资、"党政领导干部"型师资、"一线基层干部"型师资及授课特色等;弹性要素凸显师资加持特质,如教学荣誉、学术成果、特殊实践经历等。

3.3.3.2 建立过程管理机制

建立意识形态管理办法和教学质量评估制度,在"一课一评议""一项目一报告"中实施过程管理。根据学员测评、旁听课程反馈等将教师划分为 ABC 三个等级,对应"优秀""良好""保持跟踪"三个层次。A 等级教师优先推荐至重点班次、主体班级授课;关注 B 等级教师授课变化情况,推荐 B 等级教师至适宜培训班级授课;重点跟踪 C 等级教师授课情况,谨慎选择 C 等级教师授课对象。

3.3.3.3 建立师资退出机制

一方面,将教学内容和教学水平受到普遍质疑和投诉的师资及时调整出师资库,对教学存在错误政治倾向、意识形态偏差等问题的师资一票否决,不予使用。另一方面,建立健全农村基层干部培训师资考核评价体系。建立"分类评价、多维评价、综合评价"考核评价机制。分类评价是指按照教师职称、梯队、教学方式等分层、分类设置考评标准。多维评价是指按照勤勉状况、履职能力、学员满意度等多个维度构建科学合理的考核评价体系。综合评价是结合培训项目委托方、参训学员、干部培训院校等多个评估主体,综合采用教学质量巡视、在线测评系统、学员座谈会和学员教学评价网上信箱等评估工具进行跟踪反馈和修正。

3.4 小 结

根据"对党忠诚、政治坚定,良好的职业道德修养,较高的理论政策水平,扎实的专业知识基础,强大的自我学习能力和掌握培训理论和方法"农村基层干部培训师资的基本要求,"有信仰、有追求、有情怀,懂农业、爱农民、爱农村,专研究、擅咨政、会教学"农村基层干部培训师资的建设目标，苏州市农村干部学院在师资"选、育、管"上下功夫，坚持"干部教、教干部"，拓宽师资遴选渠道；坚持精益求精，强化师资培养培育。通过精品课选拔、骨干教师成长、教师阶梯式培养模式等提升专兼职教师水平，让更多的"土专家""田秀才"等"一线"干部走上讲台；坚持完善制度，动态管理。建立教师入库制度、意识形态管理办法、教学质量评估制度、师资退出机制等，全过程严格管理培训师资，最终形成了"政治合格、素质优良、专兼结合、能干会教"的"一线师资体系"。苏州市农村干部学院农村基层干部培训师资有三个标签："能干""会教""释疑"；苏州市农村干部学院农村基层干部培训师资有三个身份："思想导师"（让学员想干事、让学员不出事）、"能力导师"（让学员会干事）、"行为导师"（让学员干成事）。

4 农村基层干部培训方法体系

4.1 导 语

《2018—2022 年全国干部教育培训规划》明确提出,"根据培训内容要求和干部特点,改进方式方法,开展研讨式、案例式、模拟式、体验式等方法运用的示范培训。推动国家级和省级干部教育培训机构案例库建设。探索运用访谈教学、论坛教学、行动学习、翻转课堂等方法"。受训对象决定教学内容,教学内容决定教学方式方法[①],农村基层干部群体的特殊性决定了培训方法的特殊性,其中"务实管用"是必须遵循的基本原则。笔者提及的培训方法更多是干部培训院校视角下的教学方法,和挂职锻炼、在线学习等培训方法存在差异,如非特别说明,教学体系语境下的培训方法均指教学方法,二者含义一致。

教学方法是为实现教育目标而采取的组织形式、策略和手段,是影响干部教育培训质量的关键因素,也是干部教育培训机构的核心竞争力和教

---

① 肖小华.在干部教育培训中加强融合式教学创新[J].党政论坛,2019(8):49-52.

学特色的重要体现①。培训方法的单一性一直受到培训研究工作者的关注和重视。如王慧丹②发现,教育培训往往只是满足于教师课堂上的"宣"和"教",对于真正的传播效果、育人效果、工作实践的关心反而较少,导致理论和实际脱节。下面就大家关注度较高的部分培训方法的相关研究做些简单梳理。

结构化研讨注重主题和过程设计,具有保证全员平等发言、突出水平思维、提高决策可接受程度的优势,大量学者对结构化研讨进行了深入研究。许丽琼、葛全胜③对华中农业大学在干部教育培训项目中运用结构化研讨进行了全面总结和分析,丁娜、高力力④对在林业干部中应用结构化研讨做了深入探讨和思考,丁娜⑤还从催化师的独特视角进行调查分析,提出了在干部教育培训项目中如何完善结构化研讨方法的建议,这些研究主要集中在结构化研讨的作用、流程和优化等方面,对干部教育培训中结构化研讨的普及做了有益探索。

对案例式培训方法的研究主要集中在案例式培训的内容、作用和优化路径上。案例式培训是一项系统工程,包括案例的筛选与编写、情境的创设、角色扮演与小组讨论、演练总结与评估等环节。案例式培训方法强调的是通过模拟真实问题,让学员综合利用所学的知识进行诊断和决策,从而提高学员分析问题和解决问题的能力。夏泽民、宋军、石建莹⑥强调了案例式培训方法应当在公务员培训中重点应用的原因及案例式培训方法对教师本身的作用。弓顺芳⑦探讨了案例式教学在党校教育培训中存在的问题,

---

① 肖小华.在干部教育培训中加强融合式教学创新[J].党政论坛,2019(8):49-52.
② 王慧丹.基层妇女干部培训浅议:以新疆妇干校为例[J].新西部,2018(27):57-58.
③ 许丽琼,葛全胜.结构化研讨在干部教育培训项目中的应用实践:以华中农业大学为例[J].继续教育,2018,32(10):54-57.
④ 丁娜,高力力.结构化研讨在林业干部教育培训项目中的应用及其思考[J].中国林业教育,2016,34(1):32-35.
⑤ 丁娜,吴涛.完善结构化研讨方法在干部教育培训项目中的应用:基于催化师的独特视角进行的调查分析[J].中国浦东干部学院学报,2015,9(3):109-113.
⑥ 夏泽民,宋军,石建莹.公务员培训与案例式培训的选择[J].陕西行政学院学报,2008(1):23-25.
⑦ 弓顺芳.案例式教学在党校教育培训中的运用与优化研究[J].无锡商业职业技术学院学报,2020,20(3):108-112.

并给出了优化党校案例式教学效果的路径。张帆[①]提出了应用案例式方法培训财政干部的创新方案，强调了案例式教学能够全方位调动学员学习积极性的优势。林鹏[②]同样从优化路径角度，提出了改进党校案例式教学的建议。

模拟式培训是通过模拟事件的角色、环境和发生发展的过程，让学员经过亲身体验和感受，研究分析事件各要素之间的关系，把握事件发展的客观规律，掌握有关理论和技能的一种培训方式。模拟式培训本质上是开放的，富有创造性的，要求每个学习者都是知识理解和意义建构的主体，强调在问题解决过程中平等交往、合作学习。高选[③]强调了情景模拟式培训的教学方式和公务员培训教学中模拟式培训的基本教学过程，并对模拟式培训的注意事项做出说明。浙江行政学院课题组[④]认为模拟式培训是一种实现教学互动的有效方式，能创造氛围、激活思维，也能活化知识、增强能力，又能体验角色、升华原理。冀德荣、孙建龙、姚君波、贠轲娜[⑤]通过对西安市干部教育培训的调查研究发现，学员对模拟式教学的偏好位列前三，因此建议增加模拟式教学的培训课程比例。这些研究主要集中在模拟式培训的具体特征、作用和改进方案等方面，对干部教育培训中模拟式教学的提升改善进行了思考和研究。

体验式培训作为现代培训理论与方法体系中一种新兴的培训方式，通过创设情境，使学员充分参与、积极互动，在深刻体验和深入反思中，达到分析问题、解决问题、提高能力、调整态度、改变行为等目的。赵国艮、梁炎[⑥]认为体验式培训能够弥补传统培训中的不足，从现实操作层面上看，对干部培训实践具有重大的指导作用和重要的现实意义。王洁[⑦]介绍了体验

[①] 张帆.创新财政干部教育培训工作方法的探索与思考[J].经济研究参考,2013(70):15-17.
[②] 林鹏.提高党校案例式教学质量的几点思考[J].才智,2017(19):76,78.
[③] 高选.公务员培训的情境模拟教学[J].发展,2009(10):77-78.
[④] 浙江行政学院课题组.情景模拟:卓有成效的体验式培训[J].天津行政学院学报,2004(4):37-41.
[⑤] 冀德荣,孙建龙,姚君波,贠轲娜.对西安市干部培训教育的调查与思考[J].领导科学论坛,2016(19):24-25.
[⑥] 赵国艮,梁炎.先行后知:干部体验式培训路径[J].决策,2021(5):64-66.
[⑦] 王洁.体验式教学在农村基层干部培训中的应用[J].乡村科技,2020(14):39-40.

式教学在农村基层干部培训中的应用场景，并进行具体分析。刘春艳[1]认为体验式教学尚处于初步探索阶段，没有成熟的研究成果可供借鉴，故此强调了提升体验式教学的相关方法和路径。这些研究主要集中在体验式培训的应用模式、流程和提升路径等方面，对干部教育培训中的体验式教学进行了深入探讨和研究。

访谈教学是以主持人和嘉宾对话的形式，围绕一个教学主题开展访谈，采取一问一答形式的教学形式。这种教学形式用生动活泼又严谨求实的方式，为党的干部教育事业注入了新鲜的血液，通过解读人物和故事，展示中国共产党人的忠诚信仰、坚定党性和优良作风，极大地提高了教学的感染力。姚玉珍[2]探讨了访谈教学的特点，主要体现为具有新颖性、互动性、真实性、聚焦性、情感性、针对性等。李进[3]认为访谈教学有别于传统的党性教育方式，集讲授式教学、示范式教学、互动式教学的优势于一体，对于提升学员参与程度、激发学习热情和增强党性教育课堂效果有着积极作用。马静[4]从制订课程方案、实施访谈和结合学生兴趣开展访谈教学的角度，探讨了访谈式教学在基层党校课程中的实际应用。根据关于访谈教学的相关研究文献可知，学者主要关注访谈教学的特点、意义和实际应用，这有助于在干部教育培训实践中提升访谈教学的授课效率。

对论坛教学的研究主要集中在教学流程、实施效果和总结思考等方面。论坛教学是在经过主持人对所讲授内容进行选择、提炼、加工的基础上，课堂采取教师讲授、问题提出、学员互动等方式，就某一具有探讨性的问题开展广泛而深入的讨论和分析，进而得出结论的一种教学方法。祁祁[5]阐述了论坛教学的特点和教学流程等，具体说明了论坛教学设计和推进的具体操作。余梅、卢记生[6]介绍了学生论坛教学的主要形式和实施效果。李忠

---

[1] 刘春艳.体验式教学法在干部培训中的应用[J].辽宁行政学院学报,2015(11):86-89.
[2] 姚玉珍.访谈式教学在党性教育中的应用：以中国井冈山干部学院为例[J].中国井冈山干部学院学报,2022,15(1):123-130.
[3] 李进.访谈式教学在党性教育中的意义[J].党课参考,2020(18):119-122.
[4] 马静.访谈式教学在基层党校课程中的应用[J].办公室业务,2019(1):29.
[5] 祁祁.论坛式教学在党员干部培训中的应用[J].中共成都市委党校学报,2017(2):51-53.
[6] 余梅,卢记生.开展学生论坛教学活动的研究与实践[J].文学教育(下),2014(1):46-47.

彬①通过对比传统课堂的现状，阐述论坛教学的基本特征，为当下教与学方式的转变开辟一条新途径，提出提升论坛教学的思考与探索。学者关于论坛教学的研究主要集中于论坛教学的教学流程、实施效果和总结思考等方面，对提升干部教育培训中的论坛教学具有借鉴意义。

行动学习强调学中干、干中学，是一种将学习与行动紧密结合起来的学习方式，是解决实际工作中难题的有效方法。肖慧②从教学设计视角分析了行动学习法的产生来源，阐述了干部教育培训中应用行动学习的多元主体参与的定位、模式、效应，并进行干部教育培训中应用行动学习的个案分析，最终得出行动学习的路径设计。史赟③从案例视角基于"上海烟草集团2019新任科级（部门中层）管理人员专项培训"，着眼于行动学习法，融合在线辅导、沙盘模拟等新兴培训技术，详细解析了培训全流程。卢威④从实践视角阐明了行动学习法在广西壮族自治区党委组织部组织的集体备课中的实践成果。学者们通过在行动学习的教学设计、案例研究和实践成果等方面的研究，为完善行动学习方法、创新教学培训方式提供了不竭动力。

翻转课堂是一场涉及教学理念和教学方式的深层次变革，通过将课上和课下内容的互换，把宝贵的集体学习时间用于知识的应用和转化，有利于按需施教，提升干部教育培训的针对性、有效性。实施翻转课堂，既要遵循一般教学规律，又要符合干部教育培训的特点，需要加强顶层设计，突出目标导向和过程导向，加大资源统筹力度，不断激发教学人员的创新动力。张薰尹⑤介绍了翻转课堂的概念，分析了翻转课堂的模式和方法，并提出关于翻转课堂的完善方案。杨芳⑥强调了将翻转课堂引入干部教育培训

---

① 李忠彬.谈"论坛"式教学的"破"与"立"[J].学周刊,2013(25):34－35.
② 肖慧.论行动学习在干部教育培训中的有效应用:基于多元主体参与视角[J].传承,2020(2):115－119.
③ 史赟.浅谈行动学习法在新任中层干部培训中的应用[C]//.上海市烟草学会2020年度优秀论文集,2021:188－223.
④ 卢威.基于行动学习的团队备课模式的探索[J].中共桂林市委党校学报,2021,21(4):55－58.
⑤ 张薰尹.新型教学方式翻转课堂的模式和方法[J].现代职业教育,2021(20):150－151.
⑥ 杨芳.翻转课堂与干部教育培训[J].党政论坛,2020(8):41－43.

的意义和价值,认为在干部教育培训中引入翻转课堂,不仅有利于按需施教,提升培训的质量和效果,还能有效激发教学潜能,促进教学改革创新。陈永青①说明了干部教育培训现状与干部培训教学改革的迫切性,认为将国际流行的慕课与翻转课堂结合的"混合式学习"模式在干部培训教学应用中具有优势。学者们对翻转课堂的价值和应用前景等的深入探讨,将翻转课堂的教学方式从大学校园的适用空间延展至干部教育培训的领域。

事实上,不同培训方法均有其较为特定的适用性,受培训内容不同和参训学员差异的影响,并不存在一种"神丹妙药"包打天下的情况,但激发学员主体作用发挥的目的是一致的②,同时,不同培训方法的组合、融合也是培训方法创新的方向之一。王慧丹提出了参与式教学,强化学员在受训过程中的主动性,改变过去那种一个主题、固定内容,全听"我"说的培训模式,将"启发式""研讨式""角色模拟""案例教学""考察观摩""实践锻炼"等综合运用到课堂上。王慧丹提出的参与式教学,类似通过教学组织流程和形式进行创新,形成不同教学形式的组合,这和肖小华的观点比较接近。肖小华认为,教学内容决定教学方式方法。以情感、态度、价值观为主的教育内容,要取得教育效果,就必然要努力实现学员"知、情、意、行"的统一,而这始终是干部教育培训中面临的一个难题。"知、情、意、行"的统一,既需要外部灌输,也需要学员自身的感悟以及建立在此基础上的意志和行为。这一目标的实现,单靠一种或少数几种方式方法是难以实现的,需要综合使用多种方式方法,以及加大各种教学方式之间的融合才可以实现③。这些研究把对单个培训方法的关注延展到不同培训方法的组合。

对培训方法的探讨不仅聚焦在集中学习培训阶段上,重视训后的跟踪服务和指导成为培训方法创新的一个新阵地。形成培训后的党员干部成长的记录机制,并对其在培训效果及培训后的工作状态进行适当的记录,通过这个记录来反馈培训中的效果,也能通过这种方式与党员干部建立一定

---

① 陈永青.在干部培训教学中应用"混合式学习"的思考[J].行政与法,2015(3):60-65.
② 王慧丹.基层妇女干部培训浅议:以新疆妇干校为例[J].新西部,2018(27):57-58.
③ 肖小华.在干部教育培训中加强融合式教学创新[J].党政论坛,2019(8):49-52.

的沟通联系渠道,有利于激励党员干部在工作中把培训过程中的理论及收获真正运用到实践中,或者在具体工作中遇到困难时可以通过培训时的同学关系或者请教教师的方式来解决实践中的问题。采用这种方式,需要多方的合力,在李燕红看来至少需要三方合力,即党校、组织部和党员干部个人①。苏州市农村干部学院的"陪伴式教学模式"和濮阳农村党支部书记学院的"导师帮带制"就是实践中的典型案例。"陪伴式教学模式"是基于云计算思维构建的以提升干部教育培训针对性、有效性为目标的"随时在线"的教学相长互动式培训模式。通过整合专家师资资源来组建陪伴团队,随时解决学员提出和探讨的工作、思想问题,随时为学员提供知识、技术、经验的"在线"支持,真正做到学员缺什么补什么、干什么学什么,全面提升学员政治能力和专业化能力。"导师帮带制"把帮带导师、帮带对象培训纳入培训计划,围绕"谁来帮、帮什么、如何帮、如何促"等打造课程,开发濮阳市"导师帮带"云平台,实现线下线上帮带工作同步开展;开设"师说"讲堂,由帮带对象就帮带工作、帮带体会等进行交流。注重将"导师帮带制"与具体业务活动相结合,开展专项活动、集中推进活动、评比活动,以及联系服务群众、网格化管理、村集体经济发展等工作,彰显"导师帮带制"作用。无论是"陪伴式教学模式"还是"导师帮带制",都在积极探索如何提升农村基层干部培训的针对性和有效性,如何用实训课程提升实践能力,用工作实绩检验培训实效、评估培训质量。这种研究把集中培训中的对单个培训方法或是多个培训方法的组合的关注延展到训后,实现了对培训链条的全程关注,是对干部教育培训规划中提出的源头培养、跟踪培养、全程培养的贯彻和落实。

---

① 李燕红. 基于柯氏评估模型的基层党校干部教育培训有效性提升研究[D]. 南宁:广西大学,2019.

4.2 农村基层干部培训方法创新的目标和路径

方法,"行事之条理也",是人类认识世界和改造世界应普遍遵循的方式、途径和程序的总和。对于干部教育培训而言,教学方法是为达到既定的教学培训目标,遵循干部成长规律和干部教育培训规律,将教育培训内容内化为干部的素质能力而运用的方式和手段。"教学有法,但无定法,贵在得法",教学过程中不存在适用于所有教学情境的教学方法,优秀教师往往能因材施教,而不是自始至终使用"万能的教学方法"。好的教学方法,不仅能够生动有效地传授政治理论和专业化知识,还能够极大地调动和激发参训学员的积极性、主动性、参与性,从而达到培训的质量要求。特别当干部教育培训的目标、任务、内容确定以后,能否恰当地选用好的教学方法,就成为能否实现预期教育培训目标的决定性因素之一。

培训方法有广义与狭义之分,广义的培训方法是党组织推动干部成长的教育培训方式,典型的有脱产培训、党委(党组)中心组学习、网络培训、在职自学等方式。狭义的培训方法是指干部教育培训机构在实施干部培训过程中,为提升教学培训质量而采用的教学方法,也可以是一种或多种教学方法的综合运用。

4.2.1 历史探索

从中国共产党干部教育培训历史看,教学方法创新一直备受重视,并积累了宝贵经验与做法。1929年,毛泽东同志在古田会议决议中明确提出了启发式、讨论式等"十条教授法"和18种开展党内教育的方法,这些方法推广使用后广受欢迎,使党员干部教育培训有了实用方法,掀起教学相长的学习热潮,极大地提升了党员干部的专业素质,壮大了党的力量。1941年,中央《关于延安干部学校的决定》明确提出:"在教学方法中,应坚决采取启发的、研究的、实验的方式,以发展学生在学习中的自动性与创造性,而坚决废止注入的、强迫的、空洞的方式。"在这一时期,延安的干部培训院校通过教育培训原则和内容方法等方面的创新，采用"教、学、做"合一，启发、研讨、实习和调研融合的教学方法，极大地提高了党政军各领域干部的本领，使中国共产党成为抗日战争的中流砥柱。改革开放以后，随着形势与任务的变化，中国共产党干部教育培训工作进入了新的历史时期。1983年中组部印发的《全国干部培训规划要点》、1984年中央批准的《关于加强干部培训工作的报告》，都强调要结合干部工作实际，强化教学方法的研究。此后，中央每隔5年都会颁布全国干部教育培训规划，对教学方法的研究和创新做出新部署、提出新要求。2010年颁布的《2010—2020年干部教育培训改革纲要》，要求改进讲授式教学，推广研究式、案例式、体验式、模拟式等现代教学方法，大大增强了干部教育培训的吸引力、感染力，切实提高了干部教育培训科学化水平，更好地为科学发展和干部成长服务。

党的十八大以来，干部教育培训方法创新呈现出勃勃生机。《干部教育培训工作条例》明确引导和支持干部教育培训方式方法创新，提出干部教育培训应当根据内容要求和干部特点，综合运用讲授式、研讨式、案例式、模拟式、体验式等教学方法，实现教学相长、学学相长。《中国共产党党校（行政学院）工作条例》指出，党校（行政学院）应当努力创新教学方式，大力推行研究式教学，综合运用讲授式和案例式、模拟式、体验式等互动式教学方法。《2018—2022年全国干部教育培训规划》明确指出，根据培训内容要求和干部特点，改进方式方法，开展研讨式、案例式、模拟式、体验式等方法运用的示范培训。探索运用访谈教学、论坛教学、行动学习、翻转课堂等方法。2021年中共中央组织部等下发的《关于实施新时代基层干部主题培训行动计划的通知》也把培训方式方法创新作为基层干部培训务实管用的重要法宝之一，培训方式方法创新对干部教育培训时代性、针对性、有效性提升的重要性不言而喻。

4.2.2 农村基层干部培训方法创新目标

4.2.2.1 提升课堂吸引力,让学员"坐得住"

兴趣是最好的老师,课堂吸引力是提升教学效率的重要因素之一。参训学员是干部教育培训活动的主体,能否调动参训学员学习的兴趣,对于保障教育培训效果至关重要。就当前农村基层干部培训实践而言,虽然近年来在培训方法上有所创新,但讲授灌输式的培训方法仍然占据主流地位,虽然这种方式能够做到大量学员同时培训,且操作简便,过程易于把控,但对于教师的授课水平依赖严重,缺乏灵活性,如果讲授水平一般,就会导致课堂单调无趣,进而出现参训学员不愿意出勤、听课不认真、课堂互动不参与等现象,严重影响培训效果。因此,应根据不同的培训内容,积极探索适合参训学员的教学新途径与新方法,侧重对学习兴趣、学习主动性等方面的培养,使参训学员在学习培训过程中"坐得住"。

4.2.2.2 增加课堂感染力,让学员"听得进"

"教育不是灌满一桶水,而是点燃一把火。"对于干部教育培训而言,教师不仅要有"一桶水"的积淀与功底,更要有点燃"一把火"的智慧与激情。因此,要点燃学员心中这支火把就必须要增加教学过程的"感染力",确保培训内容,特别是政治理论与党性教育内容能够让参训学员"听得进",实现"入脑入心、见行见效",最终促进教学效率和质量的提升,保障学习效果。增加教学感染力可以从教师授课语言的运用、教学内容的选取、现代科技的辅助、教学流程的优化设计等几个方面着手。以教学语言的运用为例,教师在授课过程中,语言应该更加通俗化,将理论性知识转变为参训学员喜闻乐见的形式去呈现。

4.2.2.3 强化课堂渗透力,让学员"学得会"

理论与实践应当相互渗透融合。培训方式方法创新的最终目标是保证参训学员"学得会",通过教育培训,实现专业化工作能力的跃升。因此,在农村基层干部培训方式方法创新中应当坚持问题导向、实践导向，聚焦乡村振兴中的热点难点问题，突出实战实训，倡导"干而论道、务实管用"，通过"手把手教、干部教、教干部"等方式，参训学员能学有所获、学有所悟、学有所用。

4.2.3 农村基层干部培训方法创新路径

4.2.3.1 教学情境塑造

情境是由外界、景物、事件和人物关系等因素构成的某种具体的境地。从培训方法创新来看，教学情境的塑造依然是最直观、最有效的路径之一。一是创设生活化教学情境。"教育即生活"是教育的本质之一，要提升教学效果，教师应在教学中灵活引入贴近学员生活实际的素材，创设生活化的教学情境来进行教学。如可以从参训学员熟悉的生活现实或者工作现实出发，把培训内容与学员日常生活现实联系起来，借助于一定的情境，让学员能够学以致用，进而激发其学习兴趣和探究热情，达到"用心感受、理解知识"的效果。二是创设现实性教学情境。好的教学情境应具有真实性与体验感，让参训学员身入其境，通过亲眼所见、亲耳所闻，产生真切感，深切地感受学习过程，提高教学效果。

4.2.3.2 现代技术应用

随着信息时代的到来，物联网、大数据、移动互联网等新一代信息技术在干部教育培训中正得到越来越广泛的应用，传统培训方法受到前所未有的冲击与挑战，干部教育培训课堂出现向信息化、智能化方向发展的趋势。对于干部培训来说，应当坚持科技赋能，用现代化装备和技术改造原有培训方式，增强培训的时代性与科技感。部分干部培训院校为保障农村基层干部专业化能力实训需要，围绕应急处突、农村议事协商、工作思维创新、数字治理应用等打造、建设了各类主题的实训教室，并充分应用智慧屏、交互软件等设备和技术，设计了专门的实训课程。

4.2.3.3 教学组织（教学程序）再造

教学组织再造包含两方面的内容：一是单一教学方法内部流程改造与提升。以讲授式教学为例，传统的"教师教、学员听"的教学模式已经越来越难以适应干部教育培训需要，因此，必须打破原有的讲授式课堂流程，以参训学员为中心，以满足学员的需求和课堂满意度为目标，对现有课堂"教"与"学"的流程进行再思考和彻底的再设计，比如可以将讲授式教学流程中知识传授和交流研讨两个阶段的顺序颠倒，课前通过组织学员研讨等形式将工作中的难点问题提出来，教师在授课过程中，通过知识点讲解、案例呈现等形式帮助学员答疑解惑，启迪创新思维。二是不同教学方法的融合创新。实践证明，传统的、单一的培训方法已经无法满足干部教育培训时代性、针对性、有效性要求，应在综合多种传统培训方法的基础上进行集成创新，形成诸如结构化研讨、现场教学、电影党史课、红色故事会、情景教学等培训方法，实现培训效果的最佳化。

4.3 农村基层干部培训常用培训方法和教学组织形式

苏州市农村干部学院对干部教育培训的培训方法和教学组织形式进行了诸多探索创新，形成了具有自身特点的结构化研讨、红色故事会、实境课堂、电影党史课、情景模拟等培训方法。坚持科技赋能，用现代化装备和技术改造原有培训方法，建设了"自强不息，探路先行"实境课堂，打造了媒体沟通、议事协商、创新学习、科学决策、数字化能力提升等五个实训室，提升基层干部培训实战化水平。坚持叠加转化，把培训单纯的"听、看"转化为"听、看、说、思、训、赛"的360度学习，形成教师主导、学员主体、教学相长的生动局面。苏州市农村干部学院抓住苏州首次被中组部确定为全国基层干部培训试点城市之一、学院被确定为全国基层干部培训试点院校之一的契机，以高度的思想自觉、政治自觉、行动自觉，做好主责主业，立足于高质量、特色化、专业性发展，梳理、总结了面向基层干部的新颖务实的"多维"培训方法，汇编成集，共收录了教学效果良好、使用频次较高的培训方法和教学组织形式合计45种。本节整理了部分适用于农村基层干部的培训方法和教学组织形式以飨读者。

4.3.1 讲授式教学

4.3.1.1 讲授式教学的含义和特点

讲授式教学主要是教师通过语言向参训学员传达信息、传递思想、传授知识，帮助学员坚定理想信念、提高思想认识、提升业务能力等的课堂教学方法。讲授式教学有两大优点，即通俗化和直接性。教师的讲授能使深奥、抽象的课本知识变成具体形象、浅显通俗的东西，从而排除学生对知识的神秘感和畏难情绪，使学习真正成为可能和轻松的事情；讲授法采取定论的形式直接向学员传递知识，避免了认识过程中许多不必要的曲折和困难，这比学员自己去摸索知识可少走不少弯路。讲授式教学通过教师为主导的讲授，教师控制整个课堂，掌握教学进度，同时能容纳大量听众，使学员在短时间内吸收新知识、接受新理念、学习新经验。在讲授式教学方法基础上，创新教学组织形式，融入课前测试、互动教学、访谈教学等环节，可以让讲授式教学课堂更加灵活、多变。在运用讲授式教学时，要注意把握其科学性、思想性、形象直观性及启发性，从而进一步提高课堂教学质量。一般来说，讲授法可用于传播新思想、介绍新知识等，优点是教学组织方便，教师主导作用能充分发挥，教学的经济性突出，是干部培训中普遍运用的一种形式。

4.3.1.2 讲授式教学的教学组织形式创新——讲授式+互动教学

（1）简介

"讲授式+互动教学"即在讲授的过程中融入互动体验，在实施互动体验后以讲授式作为总结、提升。在"讲授式+互动教学"课堂，一要注重理论知识的传授，使学员知其然、知其所以然、知其所以必然。二要在一定教学目标指导下设计活动、游戏或情境，使课堂更具趣味性。三要注重学员的分享和提问，使学员与教师的思想和情感得到碰撞、交流，促进思考与成长。

（2）教学目的

"讲授式+互动教学"课堂，学员在分享与提问中，创新思维能力得到锻炼与提升，可以进一步增加学员之间的了解，矫正思维的惯性和偏差，使教师和学员、学员和学员之间产生良性互动。

（3）教学流程

讲授式教学。教师做相关专题辅导，时长约占课程总时长的70%~80%。

互动交流。学员根据教师主题辅导，结合自身思考，向教师提出问题，教师答疑解惑，时长约占课程总时长的20%~30%。

归纳总结。学员代表可先进行归纳总结，教师在学员归纳总结的基础上，进一步提升与总结。

4.3.1.3 讲授式教学的教学组织形式创新——测试+讲授式+互动教学

（1）简介

"测试+讲授式+互动教学"是指以讲授式教学为主体，在讲授式教学前开展知识能力测试或围绕教学主题调查参训学员最期待学习的内容，教师根据测试或调查情况，调整讲授结构、培训内容、案例选择等。教师在完成讲授式教学后（通常时长约占课程总时长的50%），利用教学软件工具，由教师出题，对学员进行实时测试，检验学员学习掌握情况，教师根据学员测试结果再次进行针对性教学。上述教学环节结束后，小组讨论，每组利用教学软件工具给教师提出大家共性存在或期盼得到解决的难题，教师进行答疑解惑。整个教学环节完成后，由所有学员利用教学软件工具给教师提出问题，教师利用课后时间对问题进行整理，并书面汇总问题答案发给学员，供学员继续深化学习。

（2）教学目的

"测试+讲授式+互动教学"把学员测试、教师讲授、学员研讨、学员互动、教师答疑等进行系统集成，调动学员和教师两个主体的课前、课中、课后三个环节的教学相长，立足实际问题、解决实际困难，提升培训针对性和有效性。

（3）教学流程

教师进行课前测试或调查。

教师根据课前测试或调查调整优化讲授内容和讲授框架并实施教学。

教师进行课中测试并进行补充教学。

小组讨论，小组代表与教师互动。

教师做教学小结。

学员提出课后期望解决的问题。

教师汇总问题，给出答案，发给所有学员训后自学。

4.3.1.4 讲授式教学的教学组织形式创新——讲授式+访谈教学+互动交流

（1）简介

"讲授式+访谈教学+互动交流"是以学员问题导向为基础的访谈教学作为教学核心，在教师（通常为专职师资）的引导和主持下，融合专家（通常邀请一线干部兼职师资担任）的讲、教师的教、学员的问等，最大化地实现教学相长、学学相长。一是坚持问题导向。学员在课前把期待知道的培训内容事先发给教师和专家，让专家的讲授和教师的教学更有针对性。二是坚持务实管用。教师会把课前学员的提问进行汇总分析，由教师代表学员向专家有针对性地进行提问，让提问更有代表性和实践性。三是坚持教学相长。学员在听专家讲、教师教的过程中，可能会迸发出新的思想火花或思维启迪，学员可以把最新的疑惑向教师、专家提出，由教师、专家从理论和实践两个维度给出解答。

（2）教学目的

"讲授式+访谈教学+互动交流"采用了双师资制，在确保学员问题导向的基础上，教师的理论与专家的实践得到有机融合，同时也很好地补足了专家作为实战派干部不善教学的短板，用教师和专家的团队合力来提升干部培训的针对性和有效性，提升学员科学发展的能力水平。

（3）教学流程

围绕教学主题，课前收集学员问题，交给教师、专家。

专家把收集的问题进行汇总归类并备课。

专家围绕教学主题进行专题导学。

教师代表学员把汇总归类的问题向专家进行提问，教师和专家共同就相关问题从理论和实践两个维度进行教学。

学员与教师、专家自由互动交流。

教师做总结评议。

4.3.2 访谈教学

4.3.2.1 访谈教学的含义和特点

访谈教学吸收和借鉴了当前各类媒体访谈节目的特点。它是指在课堂教学中，教师（主持人）围绕特定的教学目标和主题，邀请访谈嘉宾用互动交流的形式开展教学，并赋予双方平等对话的机会和自由发言的权利，有针对性地为学员解疑释惑，甚至直接给出学员在工作中遇到难题的解决思路。

访谈教学不再是传统课堂教学中的"满堂灌"——授课者单向输出信息和听课者被动接收信息，而是充分依靠教师（主持人）、访谈嘉宾和学员三者能动性来共同达成课程目的。针对不同的对象，可以设置多种主题的访谈教学，访谈嘉宾可以是先锋模范、村（居）一线工作者、基层匠人等各领域的优秀代表，访谈类型主要分为党性教育、能力建设两大类，其中能力建设类又可分为实时互动现场和即时远程连线两种形式。

4.3.2.2 访谈教学之党性教育篇

（1）简介

访谈教学是一种由教师（主持人）、嘉宾、学员代表三者之间开展交流互动的新型教学形式。访谈教学有三大特点：学员教学参与度高、内容针对性强、培训整体满意度高。从内容上看，选择身边的先锋模范典型进课堂，用身边人、身边事来教育学员，让党性教育能看得见、摸得着，更具体、更实在、更管用，进而达到内化于心、外化于行的目的。从教学设计上看，为使课堂顺畅、紧凑，教师（主持人）要把握好每个环节、细节，使之环环相扣。

（2）教学目的

访谈教学之党性教育篇借鉴当前媒体普遍推出的访谈节目的形式，再加上教师（主持人）在教学中塑造教学情境、及时予以点评，并在理论上加以总结、提升，使学员对理想信念和宗旨意识有更加深入的认识和理解。

（3）教学流程

背景资料模块。主要通过播放、展示体现受访嘉宾个人及工作的基本情况、先进事迹的视频和图片资料来呈现。

教学访谈模块。教师（主持人）与嘉宾就设定的主题进行访谈互动。

互动交流模块。采用学员提问、嘉宾解答的方式实施。

嘉宾寄语模块。主要内容为嘉宾对学员成长、工作岗位及当地建设提出殷切展望。

4.3.2.3 访谈教学之能力建设篇

（1）简介

能力建设类的访谈教学在苏州市农村干部学院的实践中多用于基层干部培训。嘉宾选择上，邀请苏州市优秀农村基层干部进行现场说法、传授真经。教学内容上，围绕谋长远促发展、带班子促成效、抓关键破难题、保民生暖民心等方面，为参训学员提供苏州经验、苏州样本、苏州方案。访谈教学改变了基层干部培训师资培养的路径，通过教师（主持人）与访谈嘉宾的搭台唱戏，使培训的针对性和有效性不依赖教师个体，而是依赖团队合力和教学设计。

（2）教学目的

通过干部教干部，同行学同行，手把手教，面对面谈，参训学员理顺党建引领乡村振兴、党建引领基层治理现代化的工作思路，学习解决问题的实招，增强干事创业的信心。

（3）教学流程

教师（主持人）介绍相关的背景、授课的主题和预期的效果，介绍课堂上每个环节的具体安排。

嘉宾解读政策、阐释观点和交流做法。

学员与嘉宾互动交流。

教师（主持人）对嘉宾的观点进行总结提炼，对访谈教学的效果进行评述。

4.3.2.4　访谈教学之能力建设（即时连线）篇

（1）简介

访谈教学除了教学现场是第一现场外，还可以在教学中融入即时连线环节，接续第一现场的广延性和持续性，构建出一个流动的课堂空间，让学员获取和感知到一种再造的时空环境，形成连线嘉宾的"在场感"。连线嘉宾作为叙事主体，与教师共同推动时空的转换和流动，访谈现场时空与连线嘉宾叙事时空可即时连接与拓展。

（2）教学目的

访谈教学中的即时连线环节，提供了多元的教学情境，激发学员课堂学习的热情，实质上开放了访谈教学的时空边际，形成了交互式、自组织设置教学流程的创新发展形式，学员被赋予时空跃迁的权利，能够主动参与课堂时空的窗口转换。

（3）教学流程

教师（主持人）介绍相关的背景、授课的主题和预期的效果，介绍课堂上每个环节的具体安排。

现场嘉宾解读政策、阐释观点和交流做法。

学员与嘉宾互动交流。

现场通过视频、语音方式即时连线场外嘉宾，与学员进行线上互动。

教师（主持人）对嘉宾们的观点进行总结提炼，对访谈教学的效果进行评述。

4.3.3 论坛教学

4.3.3.1 论坛教学的含义和特点

论坛教学是真正实现研究、探讨、教学的有机统一，充分发挥学员主动性和积极性的一种教学方式。开展论坛教学，一要抓好论坛前的选题与准备。教师通过分析学员最关注的经济社会发展热点、难点和重点问题，确定学员论坛的主题，同时精心布置学员论坛会场，营造各抒己见、畅所欲言的研讨氛围，使所有学员相互辩论、相互讨论、充分表达。二要抓好论坛中的参与和引导。论坛通常分为指定发言和自由发言两个阶段，精心挑选指定发言人，精心挑选主持人引导学员从不同角度围绕主题论述，激发大家思维，提炼论坛成果。三要抓好论坛后的反思和成果提炼。论坛结束后，指导学员对论坛内容进行反思，以公开发表研究论文或上传内参的形式反映论坛成果，一方面进一步深化和提升论坛的教学成果，另一方面可以切实为提高党性、服务奉献、创新工作做出贡献。

4.3.3.2 论坛教学之学习理论篇

（1）简介

论坛教学之学习理论篇是根据某一主题展开的自由论述。学习理论篇是指学员围绕某一主题交流培训期间的所学、所感、所悟。不同学员对同一门课程、同一个教学基地、同一种问题会有"横看成岭"和"侧看成峰"的差异，正因有差异化和多样性，才有经验上共享、学习上分享、思想上交换的必要性。开展论坛教学有利于促进学员之间互动交流、激荡思想，相互取长补短，促进彼此提升。

（2）教学目的

学员围绕论坛主题，结合培训期间的学习实际，进一步加强理论武装，坚定理想信念，激发学习与工作的积极性和主动性。学员进一步树立优良的工作作风，把培训成效体现在思想、工作和实践中。教师引导学员不断提高解决实际问题能力，成为想干事、会干事、干成事的好干部。

（3）教学流程

分组研讨，确定论坛的交流主题。

各组学员代表围绕主题发言。

教师（主持人）组织台下学员自由发言。

教师（主持人）做总结提炼。

布置学员完成学员论坛简报。

4.3.3.3　论坛教学之工作实践篇

（1）简介

论坛教学之工作实践篇主张学员带来工作实践中的鲜活案例，要求不讲成功案例，只讲失败的遭遇。通过失败的案例，来告诫其他学员吸取教训，并能在今后的工作中借鉴思考，顺利破解工作实际中的难题，从而提升工作能力。论坛以问题为导向，为理论联系实际、学以致用提供整合知识、交流经验的平台，由各组学员代表围绕论坛主题，从不同层面、不同角度分别进行交流发言。

（2）教学目的

论坛活动的开展，促进学员提高思想认识，共享经验成果，发动参训学员集思广益，坚持问题导向、目标导向，共同探讨高质量发展的新思路，引导参训学员立足自身岗位，聚焦难点、鼓励创新、参与实践，为推进当地经济社会高质量发展贡献力量。

（3）教学流程

确定论坛主题。如：我是怎样破解难题的？我在工作中有什么困惑？

各组学员代表围绕主题发言。

教师（主持人）组织台下学员自由发言。

教师（主持人）做总结提炼。

布置学员完成学员论坛简报。

4.3.4 现场教学

4.3.4.1 现场教学

现场教学就是把教学地点搬出课堂外,深入实践地点、历史发生地进行教学。在现场教学的流程或环节中,可以综合运用讲授式、研究式、案例式、体验式、模拟式等教学方法,以"现场"为核心,围绕教学主题和教学目的,以学员为主体,提高学员认识、分析和解决问题的能力,提升学员工作履职能力。现场教学应整合讲授式、研究式、案例式、模拟式、体验式等教学方法的优点,融参观考察的直观性、专题教学的理论性、学员论坛的启发性、课题研究的自主性、案例教学的仿真性、情景模拟的体验性、讨论交流的互动性于一体,形成满足不同类别干部教育培训需求的培训模式。现场教学不存在单一固化的现场教学流程、环节,差异化的现场教学流程是现场教学培训模式的重要组成。

4.3.4.2 现场教学的教学组织创新——参观考察+入户调查

(1) 简介

现场教学中的调查式教学,是指参训学员在教师的带领下,分组深入基层,与现场教学点居民、一线工作人员互动交流,亲身体验当地经济社会民生等发展成果和经验做法,实现"看"与"听"、"被动接受"与"主动参与"的融合,进而实现预期教学目的。以苏州市农村干部学院在蒋巷村开展现场教学为例,为了让学员更好地感受蒋巷人"天不能改,地一定要换"的精神,了解蒋巷村的艰苦奋斗历程,体验"幸福新家园,和谐文明村",教师将学员带入村民家中,学员根据自身关注点,同村民进行交流、展开调查,丰富学习感受。

(2) 教学目的

在现场教学中巧妙灵活地运用调查式教学,为培训学员搭建一个学习调研的体验平台,营造学员与基层干部群众交流互动的教学氛围,不仅有助于学员更深入地了解当地实际情况,亦有助于学员开阔眼界,启迪思路。

（3）教学流程

根据学员的培训需求，教师进行科学合理的教学设计，突出教学主题和重点。

出发途中，教师要事先做好调查式教学的相关说明，包括教学要求、分组安排、活动开展注意事项以及确定小组长等。

现场教学点工作人员要事先安排好入户调查的人员（家庭）。

各小组组长要善于把小组成员的关注点进行汇总，按照教学要求，配合教师组织完成教学活动。

以组为单位，汇报调研收获和体会。

以组为单位，提交调查研究报告。

4.3.4.3　现场教学的教学组织创新——参观考察+互动研讨

（1）简介

"参观考察+互动研讨"的教学方式，重点在研讨，核心在思考，起点是思考问题，落脚点在解决问题。研讨式教学必须在两个基础之上才能开展，一是理论学习的知识储备，二是现场视觉听觉的感性认识的基础铺垫。"参观考察+互动研讨"主要包括三个环节：一是参观考察，把现场作为教学地点；二是和现场教学点相关工作人员进行互动；三是学员研讨和教师总结、点评、提炼、升华。

（2）教学目的

"参观考察+互动研讨"的教学方式旨在把现场看、现场听、现场讲有机结合，最大化地激发学员学习培训的主观能动性。其中，现场听，不仅听现场教学教师教，也听现场教学点相关工作人员教。现场讲，不仅讲自身的关切，提出问题，还讲收获体会，寻求答案。该方式能够大大提高参训学员的参与性和主动性，与干部教育培训从知识传授型向问题解决型转变的培训需求高度吻合，能进一步提升学员的综合素质能力。

（3）教学流程

教师进行导学，介绍现场教学的主题方向、教学目的，预先提出若干问题让学员带着问题看、带着问题学、带着问题想。

现场参观，教师根据教学设计在现场的不同教学位置进行教学讲解。

学员与现场教学点的相关工作人员互动。

学员研讨。

教师总结、点评、提炼、升华。

4.3.4.4 现场教学的教学组织创新——参观考察+访谈教学

（1）简介

"参观考察+访谈教学"是指在学员参观考察的感性认识基础上，教师作为主持人，围绕某个主题面向基地代表、学员代表开展访谈，激发学员的主动参与度，进而达到解放思想、转变观念等教学目的的教学过程。其组织形式类似于电视节目中的深度访谈、对话等栏目。访谈对象多为现场教学点负责人、工作人员或村民。现场教学教师要善于开启嘉宾和学员的心智，激发学员提问的热情，并围绕教学主题提炼、提升嘉宾的讲话内容和观点，从学员的关切点和关心的问题入手，在提升学员理性认识的同时，实现感性与理性、理论与实践的融合。

（2）教学目的

将访谈式教学方法融入现场教学，突出教师与访谈嘉宾的"交流"、学员与访谈嘉宾的"互动"。将教学从传统程序化的知识灌输式和报告式转变为适合干部学习特点的高度参与式，极大地调动学习主体的主观能动性。同时，通过学员提出问题、嘉宾解决问题、听众研究问题，学员能获得直观、生动、形象的教学体验。

（3）教学流程

学员参观考察。

教师围绕现场教学主题，与嘉宾进行对话访谈。

教师作为催化师，开展学员与嘉宾的互动。

教师提炼、总结。

4.3.4.5 现场教学的教学组织创新——参观考察+案例教学

（1）简介

"参观考察+案例教学"把"现场"素材加工为教学案例，将案例式、情景模拟、研究式等教学方法融入现场教学体系,通过对案例的解读、研讨,寻找解决问题的方法,实现干部教育培训从知识传授型向问题解决型转变。"参观考察＋案例教学"主要分三大部分。一是教学导入,围绕教学主题,开展类似课堂讲授式教学。二是观摩体验,现场参观。三是案例研讨,发放教学案例,开展案例教学。"参观考察＋案例教学"本质上是双案例,一是现场参观的现实案例,二是以现场案例为基础,延展深度和宽度的"虚拟"研讨案例(由教师专门撰写)。

（2）教学目的

根据培训对象、教学目的和教学主题,利用现场教学点的素材,综合多种形式的方式方法,设计教学环节,优化教学流程,从而创造能够吸引学员主动参与的教学氛围,采用能够激发学员主动参与的教学手段,塑造教学情境。

（3）教学流程

开展导学。

观摩体验。

发放案例。

案例研讨。

4.3.5 模拟式教学

4.3.5.1 模拟式教学的含义和特点

模拟式教学是学员在相关模拟情境中通过特定"角色"扮演,来学习并练习如何应对相关问题的教学方式。模拟式教学主要有两种:一种是常规工作模拟,包括召开基层党员大会接收新党员、民主评议党员、党员转正,召开党支部组织生活会、党支部委员大会,开展主题党日,等等。这类工作有规范的程序、明确的要求,情景模拟的目的是解决实际工作中流程不熟悉、程序不规范等问题。另一种是非常规的工作模拟,如舆情控制、矛盾化解、对违纪党员开展教育及处分、筹备组织一堂廉洁党课、主题活动的设计与展示等,这类工作没有统一标准,情景模拟的目的是提高基层干部的履职能力。这里仅针对农村基层干部介绍部分模拟教学的组织形式。

4.3.5.2 模拟"四议两公开"

（1）简介

社会治理是基层工作的重点。"四议两公开"对解决中国基层社会治理问题有着重要的参考价值。党的十九大提出构建全民共建共治共享的社会治理格局，基层治理是当前推进社会治理体系和治理能力现代化的重点、难点。"四议两公开"模拟教学通过让学员扮演村（居）"两委"干部、村（居）民代表、党员代表等多个角色，生动展示"四议两公开"的制度流程，真正让参训学员看得明白、学得深刻，进一步提升村（居）干部抓基础、抓基层的工作能力，推动基层民主决策管理，推进基层社会治理现代化。

（2）教学目的

开设落实"四议两公开"制度的情景模拟课堂，把涉及群众利益的集体项目议事决策过程通过情景模拟的方式呈现，让"四议两公开"这个无形的抽象的制度用可观可触的教学形式展现出来，从而不断提升广大党员干部、村（居）民代表、群众的思想认识，充分意识到"四议两公开"的重要性，认识到这项制度的有效实施可以避免"一言堂"，实现"群策群力"，让基层各项事务更加公开透明，转变村（居）干部的管理理念和工作方法。

（3）教学流程

课前进行分组，每组选定"两委"干部、村（居）民代表、党员代表等角色扮演者，教师分配任务。

教师做"四议两公开"主题导学。

"四议两公开"实操演练。

学员互评，教师点评与总结。

4.3.5.3 模拟"村民会议（村民代表会议）"

（1）简介

村民会议是村民实现直接民主的基本形式。按照《村民委员会组织法》

的规定，召开村民会议，应当有本村 18 周岁以上村民的过半数参加，或者有本村三分之二以上的户的代表参加，所做决定应当经到会人员的过半数通过。村民会议由村民委员会召集。有十分之一以上的村民提议，应当召集村民会议。该课程通过模拟"村民会议"，促使村干部学习掌握会议制定规章权、议事决策权、民主监督权等会议流程和内容，充分发挥村民会议在农村基层治理中的作用。

（2）教学目的

"村民会议"模拟教学活动可以增强参训学员对会议决策的认识，熟悉并掌握会议决策的流程、方式、重点等，提升理论知识与工作实际有效联系的能力。

（3）教学流程

分配角色，确定主题，提前拟好模拟提纲，进行预演。

学员按照村民会议召开流程（宣布会议召开—提出会议议题—讨论和审议—表决与通过）进行实操演练。

教师总结、评述。

4.3.6 其他创新型培训方法

4.3.6.1 电影党史课

（1）简介

电影党史课以"电影+党课""授课+观影"的形式，全方位、立体化、多视角地还原中国共产党的百年峥嵘岁月。首先组建集体备课小组，完成基层党组织观看指定电影前的专题"微课"，讲好电影的历史背景，准确评价党史上的重要会议、重要人物和重要事件。在教学设计中结合本土元素，传承发扬本土化的红色基因、革命薪火和文化积淀；融入自己的观影体会，触动激发观影者的心灵洗礼、精神感召、奋进力量。

（2）教学目的

以电影为载体学习党史，通过这种形式新颖、生动形象的学习教育方式，使党史学习教育深入群众、深入基层、深入人心。在观影前，电影党史课讲师团解读党史,把讲道理和讲故事结合起来,通过学、思、见、悟入情入景,使党史学习教育成效入脑入心。通过组织学员深入体验、感悟革命传统和革命精神,推动党史学习教育走深走实,在光影中学习党的历史,做到学史明理、学史增信、学史崇德、学史力行。

(3) 教学流程

教师解读红色电影,讲述党史故事。

学员观影。

教师主持学员开展观影体会研学。

4.3.6.2 红色故事会

(1) 简介

红色故事会是众多干部培训院校培训方式方法创新的成果之一。苏州市农村干部学院目前拥有七大系列主题,内容涵盖红色初心的理想信念、历史先贤的家国情怀、"两弹一星"元勋的爱国奉献、"三大法宝"的苏州精神、苏州改革开放的时代先锋、无私奉献的时代楷模、廉洁文化的苏州故事等,全院共有20多位教师参与其中。红色故事会用先进的典型感染人,用鲜活的事例影响人,用崇高的精神激励人,筑牢理想信念、锤炼坚强党性,用历史的火炬照亮前行道路,提振干事创业的精气神,奋力打造苏州向世界展现社会主义现代化的"最美窗口"。

(2) 教学目的

红色故事是让参训学员最直接、最具象接触红色精神的一个载体,更是常学常新的生动课堂。讲好红色故事,旨在有效实现红色资源价值转化,把理想信念的火种、红色传统的基因一代代传下去,让学员增强新时代的红色文化自信,为新时代、新征程积蓄起更强大的发展力量。

(3) 教学流程

导学引入。

演绎红色故事。

结语升华。

4.4 小　结

《2018—2022年全国干部教育培训规划》明确要求，"根据培训内容要求和干部特点，改进方式方法，开展研讨式、案例式、模拟式、体验式等方法运用的示范培训"，"探索运用访谈教学、论坛教学、行动学习、翻转课堂等方法"。苏州市农村干部学院按照文件精神要求，加强干部成长规律和干部培训规律研究，把成人教育理论、金字塔学习理论、培训转化理论、培训效果评估理论等科学原理和规律运用到农村基层干部培训中来，打造、完善务实管用的农村基层干部培训"多维方法"体系。坚持融合创新，集成多种传统培训方法，形成了具有自身特点的结构化研讨、现场教学、电影党史课、红色故事会、情景教学等培训方式。坚持科技赋能，用现代装备和技术改造原有培训方式，建设了"自强不息，探路先行"实境课堂，打造了媒体沟通、议事协商、创新学习、科学决策、数字化能力提升等五个实训室，提升基层干部培训实战化水平。坚持叠加转化，把培训从单纯的"听、看"转化为"听、看、说、思、训、赛"的360度学习，形成以教师为主导、以学员为主体，教学相长的生动局面。苏州市农村干部学院农村基层干部培训"多维方法"体系的建设目的为：激发农村基层干部学习动力、创设农村基层干部工作情境、促进农村基层干部能力转化；指导理念为：没有完美的培训方法，只有适宜的培训方法运用（根据干部特点），只有科学的培训方法组合（根据培训内容）；创新路径为：教学情境塑造、现代技术应用、教学组织再造。

5 农村基层干部培训现场教学体系

5.1 导 语

5.1.1 现场教学的内涵

现场教学综合了参观考察的直观性、专题教学的理论性、学员讲坛的启发性、课题研究的自主性、案例教学的仿真性、情景模拟的体验性、讨论交流的互动性[1]，受到各级各类干部培训学院的高度重视。不断创新教学内容和教学形式，坚持课堂教学、专题研讨和现场教学相结合，在教学中坚持把科学发展的经验转变为干部教育培训的课程，把科学发展的实践者转变为干部培训的师资，把改革开放的一线转变为干部培训的课堂，是很多干部培训院校积极探索和创新的培训模式之一。

现场教学作为一种教学实践活动，在基础教育、职业教育、高等教育

---

[1] 欧阳慧.干部教育培训现场教学情境与主题整合探究[J].世纪桥,2010(5):21-22.

中的应用与研究较多,杜威的"实用主义"、苏霍姆林斯基的"自然教育"、陶行知的"生活教育"等都体现了现场教学思想的本质。现场教学最早始于医学院学生的生理解剖和临床教学,后来是地质矿冶学院在教学实践中开展现场教学。从教育学的角度看,现场教学是以现场教学情境为媒介,以问题为起点的教学双方共同探讨的教学形式。通俗地讲,现场教学就是把课堂设在具有经济社会发展典型经验和实践特色的地方,通过参观考察、主题演讲、研讨交流、互动答疑等,提高学员认识、分析和解决问题能力的培训方法。

近年来,中央提出大规模培训干部,大幅度提高干部素质,并倡导异地培训、分段式培训,加强领导干部对解决现实问题、开展社会实践等的学习培训,各级党校、行政学院和干部培训院校纷纷试行现场教学。中国三大干部学院也都对现场教学有专门研究,其中中国延安干部学院王健等提出的"现场体验课的案例教学"①,虽然文字表述有所差异,但其内容、实质和现场教学是一致的。

开展现场教学的基本思路是:通过课堂理论教学和案例教学,在学员具有一定理性认识的基础上,把学员带到现场教学基地,了解其发展历程、参观其发展成果、交流其思路举措,通过感性认识带来的顿悟促进领导干部解放思想、转变观念;通过互动交流带来的感悟创新领导干部工作的方式方法;通过深入研讨带来的领悟提升领导干部分析问题、解决问题的能力。

5.1.2 现场教学的三个要素

提高培训实效是开展现场教学的初衷,现场教学必须根据培训需求不断创新,不同类型的干部培训院校应积极探索和开展具有自身特色的现场教学模式。现场教学大致可分为五类,即观摩学习型现场教学、教训总结型现场教学、问题诊断型现场教学、决策审定型现场教学、综合型现场教学②。其中观摩学习型现场教学最为常见。细究、解构"现场教学","现

---

① 王健,贾婷,王娜娜,徐新涛.现场体验课教学案例的编写及在教学中的应用[J].中国延安干部学院学报,2009(2):109-112.
② 刘振华,俞鼎起,邵旦萍.现场教学法研究[J].天津行政学院学报,2008,10(5):47-50.

场""教""学"是现场教学的三个关键要素。

5.1.2.1 "现场"要素

根据前述刘振华等的观点,"现场教学法通过现场察看、现场介绍、现场答问、现场讨论和现场点评等教学环节实现教学目的",现场教学的每一个环节都与"现场"密切相关。从培训空间维度看,教学活动的进行不是在学校,不是在课堂,而是在事物发生发展的现场;从培训时间维度看,现场教学以具有示范性、典型性的现场教学点发展时序为轴线,将走过的历程、面临的问题、形成的经验等作为教学内容。时空维度对现场教学的要求可简化为"可看""可学",对应的培训需求就是看得懂、学得会。"可看"指具有可看性。现场教学点要有具体物化的建设成果,要有视觉上的冲击力,能给人以耳目一新的感觉,起到"百闻不如一见"的效果。适宜的现场教学点往往具有两个特征:发展的过程具有示范性;发展的成果具有可视性。尽管"可看"在一定程度上停留在表面,但对于观摩学习型现场教学,这是实现"解放思想、开阔眼界"等培训需求的重要部分。"可学"则是在"可看"基础上向"耐看"的延展,是现场教学的核心组成。一般来说,现场教学点需要具备以下若干基本要求:1本发展的教案,现场教学点在经济社会等各项事业发展方面必须有可供学习考察的典型性或代表性,已经总结、形成了具有特色的经验或做法;1个展览馆,现场教学点需要有生动直观的发展历程和发展经验的展示载体;1部录像片,现场教学点需要有形象活跃的多媒体展示平台;1个会场,现场教学点需要有可供学员交流研讨的场所;1个讲解员,现场教学点需要有1名讲解员,带领学员参观考察现场,全面介绍现场教学点的发展历程、工作举措、经验做法等;1次交流互动,安排1名现场教学点领导和学员进行交流探讨,为学员答疑解惑。

5.1.2.2 "教"的要素

区别于一般意义上的参观考察,现场教学不只是提供教学的"现场"情境,更为重要的是综合了参观考察的直观性、专题教学的理论性、案例教学的仿真性等诸多优势，现场教学中的"教"完全不同于其他教学方法。从"教"的主体看，承担现场教学"教"这一职能的工作人员有3位：教师、现场教学讲解员、现场教学点领导（现场教学讲解员、现场教学点领导可合称为现场教学基地教员），他们分别扮演着各自的角色。教师扮演的角色为现场教学活动的组织者、交流研讨的主持人、点评总结的发言人；现场教学讲解员一般带领学员参观考察，介绍现场教学点的发展历程、软硬件设施、各类活动载体等；现场教学点领导主要和学员交流研讨，为学员答疑解惑等。从"教"的内容看，现场教学的内容更多的是述说性的案例、总结性的工作举措、点评性的分析等。从"教"的形式看，现场教学包括观看影视资料、听取教师讲授和讲解员介绍、与现场教学点领导交流等。

现场教学教师在现场教学中扮演重要角色。现场教学教师在开展现场教学前要帮助学员"预习功课"，事先介绍现场教学的安排、现场教学点的总体概况等，预先提出若干问题让学员带着问题看、带着问题学；到达目的地后，现场教学教师和现场教学讲解员一起陪同学员参观考察，开展教学，接受学员提问，并控制整个参观考察的进程；在交流研讨环节中，作为主持人，现场教学教师需要调动现场气氛、活跃学员思维，让大家畅所欲言，激发头脑风暴；现场教学点的安排结束后，现场教学教师结合培训主题、现场教学进行过程中的具体情况，进行总结性点评。现场教学并非真正意义上的类似于课堂教学的"教"，更多的是一种引导、启发。

5.1.2.3 "学"的要素

现场教学的培训模式从传统程序化的知识灌输式和报告式转变为适合干部学习的高度参与式，调动了学习主体的主观能动性，其教学效果主要是来自学员的亲身体验、感受和交流①。调动学员的主观能动性，使之积极参与到现场教学中来，是现场教学取得实效的根本所在。参与程度的高低，是评价现场教学成功与否的重要标志。

---

① 匡胜.提升干部院校现场教学水平的思考：以中国井冈山干部学院为例[J].中国井冈山干部学院学报,2009,2(3):113-117.

捷克教育家夸美纽斯说过,一切后教的知识都要根据先教的知识。让学员在现场教学开展前熟悉整个过程、相关资料,预习现场教学内容,带着问题学、带着问题听、带着问题看、带着问题问。一般现场教学包括如下六个流程:预习现场教学点的相关资料、教师讲解和介绍、现场参观考察、与现场教学点领导座谈交流、教师总结点评、培训班组织研讨等。

教师的讲解和介绍,包括现场教学的流程、现场教学点的概况以及预留相关问题等,都有助于学员对现场教学相关内容的熟悉。现场教学重视感性认识对学员的能力培养,通过塑造特定的教学情境让学员参与其中,加上现场教学点讲解员的精心介绍、教师的现场辅导等,张弛有度、寓教于乐,让学员感知感悟,主动学习。学员学习过程是在原有认知的基础上,在多向双边互动过程中完成的①,与现场教学点领导座谈交流是最能激发学员热情的环节。在现场教学点的参观考察、座谈交流结束后,"教"与"学"两个要素并未结束,教师需要对现场教学点的整个教学安排做一个总结、点评,回答学员提出的问题,这本身也是学员"学"的过程。现场教学点的教学安排结束并不意味着现场教学的结束,现场教学最后一个重要环节是组织研讨,激发头脑风暴,将大家的智慧汇集,启迪分析现实问题的方法,寻找解决现实问题的思路,提升、强化培训实效。相比"现场""教"这两个要素,"学"的要素更为关键,激发学员参与现场教学的各个环节,让学员有效参与是现场教学的难点和重点。

5.2 农村基层干部现场教学的语境和情境

5.2.1 现场教学中现场的四种语境和现场教学流程设计

不应将现场教学与讲授式、研究式、案例式、体验式、模拟式教学等教学方法进行归类或比较,现场教学应该有更为丰富的内涵和实践意义。在现场教学的流程或环节中,应该综合运用讲授式、研究式、案例式、体

---

① 傅卫民.探索现场教学 提高教学效率[J].职业教育研究,2008(1):144-145.

验式、模拟式教学等教学方法,以"现场"为核心,围绕教学主题和教学目的,以学员为主体,提高学员认识、分析和解决问题的能力,提升学员的工作履职能力。现场教学应整合讲授式、研究式、案例式、模拟式、体验式等教学方法的优点,集参观考察的直观性、专题教学的理论性、学员论坛的启发性、课题研究的自主性、案例教学的仿真性、情景模拟的体验性、讨论交流的互动性于一体,形成满足不同类别干部教育培训需求的培训模式,不存在单一固化的现场教学流程、环节,差异化的现场教学流程是现场教学培训模式的重要组成。

5.2.1.1 现场教学的四种语境

现场是现场教学的核心,对"现场"二字不同的语境解读会得出不同的现场教学认知,以"现场"为载体,融合不同的教学方法会得出不同的现场教学流程。

(1)"现场"为教学地点

教学总是在一定的地理空间上开展或实施的,教学地点在教室往往被称为课堂教学。现场教学,顾名思义就是把教学地点搬出课堂,深入实践地点、历史发生地进行教学[1]。在现场教学点设置教学课堂中来[2],把学员置身现场,面对活泼泼的现实,把学员关注的问题带到现实[3]。现场之所以能成为教学地点,成为现场教学基地,则是因为现场拥有可以带来感官体验和视觉冲击的"教学环境",包括自然环境、建筑、设施,以及现场教学基地发展成果图片、视频资料等。

(2)"现场"为教学素材

作为教学地点的"现场"以及作为教学环境的"现场",实物形态和环境背后还深深地刻着历史的进程和时间的脉络,这里的"现场"提供了教学的素材。在现场教学过程中,一棵树、一座房子、一块石头等背后都可

---

[1] 骆平,周巧生.对社会主义学院现场教学的思考:以重庆社会主义学院为例[J].重庆社会主义学院学报,2013(2):91-96.

[2] 董颖.现场教学在党校培训中的优势、问题及优化策略[J].安徽冶金科技职业学院学报,2012,22(4):53-56.

[3] 魏兆水.对"现场教学"的一些思考[J].兵团党校学报,2012(4):71-72.

能凝聚着发展的历史痕迹，通过现场教学点工作人员的解说、介绍，学员能熟悉现场教学基地的发展轨迹、发展思路和做法。

（3）"现场"为教学教案

"现场"作为教学素材，只是历史的简单再现，从教学角度看，针对教学对象的差异，对教学素材进行加工，实现素材向教案的转变是实现现场教学教学目的的关键环节。对同一个现场教学点而言，"现场"是固化的，"现场"素材是单一的，但教案是多样的。教案的多样化源于教学对象的差异化、教学目的的差异化，从而形成了对现场素材的加工视角和加工深度的差异化。

（4）"现场"为教学案例

干部教育培训实效性有赖于学习主体的主观能动性，教学效果主要来自学员的亲身体验、感受和交流。把"现场"素材加工为教学案例，将案例式、情景模拟、研究式等教学方法融入现场教学体系，通过对案例的解读、研讨，寻找领导干部解决问题的方法，实现干部教育培训形式从知识传授型向问题解决型转变。

5.2.1.2 基于"现场"语境认知的现场教学流程设计

教学是围绕一定教学对象，实现一定教学目的的过程，现场教学流程设计必须按照三个基本思路来探讨。一是现场教学流程设计是讲授式、研究式、案例式、体验式、模拟式教学等教学方法的组合，不能把现场教学与其他教学方法隔离、割裂；二是现场教学流程设计要根据教学对象差异、教学目的差异体现现场教学的层次性；三是现场教学流程设计中的"现场"体验是环节中不可缺少的部分，也是"现场教学"在形式上的"标签"。从"现场是教案"的语境理解，任何一个现场教学流程都需要教学教案，即有着现场教学鲜明特色的教案，因而下文不再从"教案"的现场视角开展相关论述。

（1）现场观摩体验式，"现场"主要提供教学地点

在学员具有一定理性认识的基础上（相关主题的课堂教授），把学员带到现场教学点，了解其发展历程，参观其发展成果，通过感性认识带来的

顿悟促进领导干部解放思想、转变观念。就教学方法而言，这属于体验式、参观观摩型现场教学。

现场观摩体验式现场教学的流程：教学导入、参观观摩。对现场教学点的最大要求就是要有视觉冲击力。教学导入可以通过多种形式实现：前期课堂理论教学；参观观摩前在教室开展课堂讲授；前往现场教学点途中解说；等等。参观观摩的内容包括现场教学基地的建设成果、视频资料、图片展览等。

（2）现场交流互动式，"现场"既是教学地点，也是教学素材

现场交流互动式流程是在现场观摩体验式流程基础上，加入其他类型教学方式的融合，包括交流式、调查式、访谈式等。

交流式教学是指在现场教学基地开展学员与基地讲解员或领导的交流互动。

调查式教学是指在现场教学基地组织学员分组、深入基层，与基地居民（普通一线工作人员）开展调查交流。

访谈式教学是指在现场教学基地，教师作为主持人，面向基地代表、学员代表，围绕某个主题开展访谈，其他学员旁听（可对感兴趣的方面进行提问）。

交流式、调查式、访谈式教学尽管在形式上存在差异，但通过交流掌握更多现场教学基地发展的思路举措和相关信息，提升领导干部理论认知和工作方式方法的教学目的是一致的，学员主动参与到教学中去的核心要素是一致的。教师在其中发挥的作用主要是组织、协调、主持、总结，承担归纳总结、答疑点评的教学责任。

（3）现场研讨分析式，"现场"是教学地点，是教学素材，也是教学案例

观摩体验式重在体验，重在感官刺激，包括看、听，更多地属于被动接受。交流互动式重在交流，核心在"问"，在"问"中主动参与教学。研讨分析式重在研讨，核心在"思考"，起点是思考问题，落脚点是解决问题。目前在干部教育培训中，结构化研讨和案例式教学是较为常见的研讨分析式教学方法。

现场研讨分析式流程可以将观摩体验、交流互动和研讨分析进行排列组合，如"观摩体验"+"交流互动"+"研讨交流"、"观摩体验"+"研讨交流"，其中"观摩体验"是现场教学的标签，不可缺少。研讨分析式现场教学正是在观摩体验的基础上，将教学地点设置在现场教学基地，积极开展研讨分析的一种教学方法。

在现场研讨分析式现场教学流程中，结构化研讨和案例式教学都必须进行教学设计。针对经验学习型现场教学特点，结构化研讨的研讨步骤最好为现场教学基地的经验总结、经验学习、存在哪些问题、问题如何解决等。案例式教学必须围绕教学主题、教学目的编写教学案例，在案例研讨问题设计上要做到"三结合"，一是结合学员特点，二是结合干部教育培训特点，三是结合教学目的。

5.2.1.3 基于现场语境认知的"三化四现场"和"三学两讲解"

"现场教学"从未在干部教育培训相关文件中拥有与研讨式、案例式、模拟式等培训形式（教学方式方法）同样的地位，没有被纳入教学方法的范畴，这是因为"现场教学"不是一种单列的培训形式，而是基于教学地点在现场、教学素材来自现场的不同培训形式的组合。现场教学使用了"体系"的语境，是由现场教学包含的内容相对系统、全面决定的，主要包含现场点的选择、现场教学设计、现场教学组织管理、现场教学讲解艺术、现场教学讲解词撰写、现场教学师资队伍建设等繁杂内容。

苏州市农村干部学院针对农村基层干部的特点，以现场参观体验为基础，把不同培训形式灵活排列组合融于"现场教学"，创造性地提出了现场教学"三化四现场"的理念和"三学两讲解"的做法。

"三化"是"教学化""主题化""专业化"三者的简称。"教学化"指现场教学和课堂教学一样属教学范畴，区别于课堂教学讲授灌输式，现场教学可定义成"课堂与现场""理论与实践""听觉与视觉""教学与研学"融合一体的新型培训形式。"主题化"指教学总是围绕特定教学目的、结合特定教学主题来开展，现场教学必须拥有明晰的教学主题。"专业化"指教学研究、实践应用的专业化，人才队伍、师资建设的专业化，教学组织、教学设计的专业化。

"四现场"指"现场"为教学地点、教学素材、教学教案、教学案例。现场教学和其他培训形式最大的不同是其自身是一个微系统，即自身需要进行系统设计。现场教学提供"可看"元素的同时，也集合了"可听""可学""可讲""可用"等培训功能。"现场"在教学中不同的认知和定位，会延伸出现场教学不同的流程设计，即现场教学是在参观体验（此处"现场"的培训功能主要为教学地点、教学素材）的基础之上，把专题讲授、案例教学、互动研讨、访谈教学等各种形式进行组合运用，嵌入教学的整个流程，这时"现场"变成了教案、案例，现场教学才真正成为教学。

"三学两讲解"呈现的是现场教学的具体流程和实务操作。"三学"指"导学""深学""研学"。"两讲解"指"点讲解"和"线讲解"。时序安排上，前期为"导学"，在出发赴教学现场点的车上进行；中间为"深学"，在教学点现场开展；后期为"研学"，将学员分组，在返程车上开展研讨并做教学总结。"点讲解"由现场教学教师静态地位于现场某个空间位置进行教学，以现场具体物化的载体为教学道具，讲授物化载体背后的历史凝聚或人文价值。"线讲解"主要指学员参观体验过程中，现场教学教师对途中所见进行讲解并做教学铺垫。"点讲解"在教学内容的设计上通常采用"一个'子'主题""一个案例""一个结论"的"三个一"模式。"点讲解"中，教学成分为主；"线讲解"中，感性介绍为主。

5.2.2 现场教学的情境管理

"情境"一词最早出现在心理学、教育学方面的相关研究中，情境的塑造是为了更加高效地推动学生的学习认知。在教育学中，教学的过程总是在一定的情境下实现的，这个情境包括教学物理环境和教师在教学过程中塑造的心理环境。物理环境主要包括教学活动赖以进行的物质基础，分为设施环境、自然环境、时空环境。如校舍建筑、教学工具等可以称为设施环境。天气气候、温度湿度等可以称为自然环境。时空环境主要指教学的空间依附性和时间连续性，教学总是在一定空间下进行的，教学过程是一个时间持续进行的连续过程。心理环境主要包括两方面，一是学生在学习过程中产生的相互联系、相互影响进而组成的心理环境，二是教师在教学过程中创设的情感氛围，把教学看成一种师生之间的情感活动。教学的物理环境和心理环境共同构筑了教学情境的现实和虚拟的双重属性，现实属性的组织管理和虚拟属性的塑造管理构成了现场教学情境管理的两个重要方面。

5.2.2.1 现场教学情境的四个组成部分

干部教育培训现场教学情境的丰富性主要表现在两个方面。一是现场教学拥有与教学相关的大量实物道具。从空间维度对比中不难发现，现场教学的教学活动开展不是在学校，不是在课堂，而是在事物发生发展的现场。现场不是一个简单的地域或位置概念，还包括各种物化的成果、展品等。二是现场教学物化的成果、展品背后凝聚着非实物形态的做法、经验或教训等，是教师教学情感创设的素材、学员感知顿悟的重要内容。从时间维度看，现场教学以具有示范性、典型性的现场教学基地发展时序为轴线，将走过的历程、面临的问题、形成的经验等作为教学内容，通过教学主体的多元互动（学员与学员间的交流启发、现场教学基地工作人员与学员间的对话互动、教师与学员间的答疑点评）实现教学目的。上述两个层面构成了现场教学情境的现实与虚拟的双重属性，大致可以分成四个主要组成部分：物化形态，指学员可以看到的现场教学基地的实物成果，包括自然环境、建筑、设施等；物化形态形成的历史凝聚，指现场教学基地发展的时间脉络，主要以展板、视频或文字材料的形式出现；物化形态形成的人文价值，主要指以现场教学基地作为发展典型总结出来的经验做法，这一成果是多方面的，在现场教学过程中根据教学目的、教学主题的不同侧重点存在差异，主要由教师向学员讲授，传达教学信息，实现教学目的，在该教学过程中，教师是虚拟情境塑造的主体；多元教学主体互动形成的情感交流，这是由多元教学主体交流研讨、答疑点评过程中产生的相互影响、相互促进的虚拟情境。（表5.1）

表 5.1 现场教学情境形态表

现场教学情境形态	教学形式	学员参与程度
物化形态（设施环境、自然环境等）	参观观摩、现场体验	被（主）动，看
物化形态形成的历史凝聚（展板、视频、资料等）	听取讲解、情况介绍	被动，听、看
物化形态形成的人文价值（经验做法、教案、虚拟情境等）	教师讲授	被动，听
多元教学主体互动形成的情感交流（虚拟情境）	互动交流、案例研讨、答疑点评、情景模拟等	主动，听、说、悟

从现场教学情境形态表中可以看出，现场教学过程中存在三个多样性。一是现场教学情境形态的多样性；二是教学形式、方式方法的多样性；三是学员参与程度的多样性，看、听、说结合，主动与被动融合。现场教学形式的多样性来自现场教学情境的复杂性，情境是现场教学的核心。

5.2.2.2 现场教学情境管理的四个方面

现场教学的效果由情境决定，情境是需要管理的。情境管理指将构成现场教学的诸多情境要素资源整合，服务于现场教学的主题。现场教学情境管理可以从其四个组成部分来分别探讨。

（1）物化形态的情境管理

现场教学基地的物化形态在表现形式上主要指自然环境、设施、建筑等，物化形态的情境管理主要体现在三个方面。一是现场教学基地的选择。如观摩学习型现场教学基地要有具体物化的建设成果，要有视觉上的冲击力，能给人以耳目一新的感觉，起到"百闻不如一见"的效果。二是学员参观考察过程中，参观考察路线的设计优化。三是学员参观考察流程中的有效组织管理。尽管物化形态中的"可看性"在一定程度上停留在表面，但对于观摩学习型现场教学，这是实现"解放思想、开阔眼界"等培训需求的重要物质载体和现场教学现实情境的重要组成。

（2）物化形态形成的历史凝聚的情境管理

作为发展典型的历史进程和时间脉络，现场具体物化的建设成果背后凝聚着特殊的情境。这种情境往往通过现场教学基地的发展成果图片、音频视频资料等展示给学员,属于物化形态的教学情境;或者通过现场教学的工作人员的讲解和介绍传递给学员,属于虚拟形态的教学情境。这里情境管理的主体有两个:教师和现场教学基地工作人员,教学方式主要是现场教学基地工作人员的解说和介绍。情境管理的内容体现在两个方面。第一,现场教学参观考察过程中,学员不断移动,物化形态的教学情境不断发生变化,一棵树、一座房子、一块石头等背后都可能凝聚着发展的历史痕迹,需要通过教师或现场教学基地工作人员把信息传递给学员,塑造虚拟的教学情境。何时讲、何地讲、讲什么都是情境管理的重要内容。第二,讲解、介绍过程中,教师或现场教学基地工作人员通过语音语调、内容表达、肢体语言等与学员产生情感交流同样是情境管理的要素。

(3) 物化形态形成的人文价值的情境管理

现场教学基地的发展轨迹只是原原本本地历史还原,是现场教学的素材,在讲解过程中有意识地从教学主题、教学目的出发,总结现场教学基地在经济社会等各项事业发展方面的经验和做法,把素材变成教材,实现观摩学习型现场教学基地"可看"基础上向"耐看"、向"可学"的延展,是现场教学的核心组成之一。这里情境管理的主体主要是教师,管理的内容主要体现在三个方面。第一,现场教学基地取得的成绩背后拥有多方面的成功经验和做法,如农村基层党建、集体经济发展、新农村建设等,教师要根据教学主体、教学主题和教学目的,有选择性地进行筛选和情境塑造。同样的现场教学基地,不一样的现场教学主题,差异的本质就在于相同的只是教学环境,现场教学情境却大相径庭,这是教师情境塑造的重要内容。第二,讲授过程中教师语音语调、内容表达、肢体语言等与学员产生情感交流的教学情境设计塑造和管理。第三,教师讲授过程中要为后续现场教学环节(情景模拟、案例教学等)的情境塑造埋下伏笔和留出空间。

(4) 多元教学主体互动形成的虚拟情境管理

从教育学角度看,干部教育培训必须以学员为主体,以解决问题为目的,在教学过程中通过提高学员的主动性和参与度,提升教育培训的实效性。调动学员的主观能动性,使之积极参与到现场教学中来,是现场教学取得实效的根本所在,参与程度的高低,是评价现场教学成功与否的重要标志。现场教学绩效评价关键看学员的参与性,关键看多元教学主体互动过程中情感交流塑造的虚拟情境能否激发学员的主动参与度,进而解决工作难题,提升履职能力。多元教学主体互动包括学员与学员间、学员与教师间、学员与现场教学基地工作人员间的交流探讨,情境管理的主体是教师,情境管理的主要内容包括两方面。一是根据培训对象、教学目的和教学主题,利用现场教学基地的素材,把素材变成教材、变成教案、变成教学案例,综合多种形式的教学方法,设计教学环节、优化教学流程,塑造教学情境。二是营造能够吸引学员主动参与的教学氛围,采用能够激发学员主动参与的教学手段,使用各种教学设备,塑造教学情境。

5.3 现场教学基地建设

　　基地是开展某种活动的基础性地点,是某种活动的集中性支撑点。基地既可以是具体的空间概念,也可以是虚拟的语境范畴。现场教学基地是干部培训院校开展现场教学活动的特殊教学地点。"干部培训院校"是教学活动的实施主体,"现场教学"是教学活动的主要内容。"特殊"的含义较为丰富,是"教学内容"与"教学地点"的统一,是"知"与"行"的融合。现场教学基地是富含干部培训资源的"现场","特殊"的意义在于对"现场"的全面深入理解。现场是教学地点、教学素材、教学教案、教学案例,"现场"作为特殊的教学地点,拥有设施环境、自然环境等物化形态教学情境,展板、视频、资料等物化形态背后的"信念价值""宗旨作风""经验做法"等历史凝聚塑造的虚拟教学情境[①],以及在"特殊"地点创新教学形式引致的教学主体互动形成的情感虚拟教学情境等。"现场"提供了可供挖掘、开发的教学素材,对素材"浅加工"将形成教案,对素材"深加工"将形成案例。

　　现场教学基地建设更多地被纳入了干部培训的工作范畴,对它的研究

---

① 何兵.关于干部教育培训现场教学的情境与情境管理的探讨[J].国家林业局管理干部学院学报,2014,13(1):29-32.

深度和广度远不如对现场教学本身。但现场教学基地是现场教学的客观载体，"皮之不存，毛将焉附"的定律法则同样适用此处。下面以苏州市农村干部学院的实践为例，对现场教学基地建设进行具体阐述。

5.3.1 主体

干部培训院校是现场教学教学活动的组织主体，教学活动的组织主体和现场教学基地的建设主体有交集，但非重叠。一般而言，现场教学基地使用的主体即教学活动的组织主体为干部培训院校，而建设主体主要有三大类型。干部培训院校是主要建设主体、干部教育管理部门即组织部门及基层地方政府为重要建设主体，部分基地自身也存在成为干部培训院校现场教学基地的动力。三者的建设目的存在差异，干部培训院校主要立足教学形式创新和教学活动优化，如苏州市农村干部学院把蒋巷村打造成农村基层党建、乡村振兴等主题的现场教学基地。组织部门及基层地方政府或相关单位主要立足打造先进、塑造典型、扩大影响，如苏州市委组织部干教处于2018年前后在全市范围内围绕"五大发展理念"和"党的建设"打造了二十个现场教学基地。基地的动力主要来自自身主营业务市场拓展的经济利益驱动和追求自我宣传扩大影响力的社会利益驱动，如沙家浜从"红色旅游"发展成旅游业务和培训业务并举的格局，主动与干部培训院校对接，希望成为党性教育现场教学基地。

5.3.2 评估

现场教学基地打造的动议一般由干部培训院校的教务部门负责，在苏州市农村干部学院则由教学培训处负责。教务部门从供给和需求两个端口寻找现场教学基地的潜在目标。供给端需要关注本土干部教育培训资源的最新情况，要善于从主流媒体宣传中发现端倪；需求端需要科学全面地掌握干部教育培训的最新文件精神要求以及培训项目委托方的培训需求。潜在目标能否真正发挥作用，成为干部培训院校的现场教学基地，则需要从资源禀赋、交通通达、空间线路等方面多角度评估。

5.3.2.1 资源禀赋

现场教学基地若要具备开展干部教育培训的资源，需要同时符合两方面的要件：一是目的属性，即必须满足干部培训的目的——提高领导干部的政治能力和专业化能力；二是形态属性，包括有形资源和无形资源。农村基层干部培训现场教学基地发展类型必须符合"三农"发展方向；发展成绩获得国家级荣誉或入选国家层面的典型案例等，发展经验有较强的示范性、代表性和影响力，可复制、可推广；具备能展示特色亮点、发展模式的可供参观的发展项目（如科技型农场、设施农业项目等）或实训空间，拥有一个全方位呈现发展历程、展示发展模式的展馆，一套以发展模式为主要教学蓝本、案例教材的文字材料或宣传读本，一部展示发展历程、经验做法的影像资料片，等等。

5.3.2.2 交通通达

现场作为教学地点在现场教学活动设置中的重要性毋庸置疑。现场教学基地与干部培训院校尽管同处于统一的平行时空，但空间距离客观存在，因此需要使用交通工具（通常是大客车）把学员转送到现场教学基地，交通的通达性是一个无法回避的客观现实问题。交通的通达性有两个层面的因素必须考虑。一是大型客车能否顺利抵达目的地，二是交通出行所需的时间。苏州市农村干部学院曾对学员就交通出行时间的接受程度开展问卷调查，较为理想的临界阈值为1∶1，即教学时长要大于交通出行时间。如往返交通出行时间为2小时，那么教学时长大于2小时则学员较能接受，反之则会影响学员的满意度。出行时间既是客观的时间概念，同时也有心理时间属性。如果在车程中开展较为有效的"车轮上的课堂"，学员对车程时间的忍耐度将会提升。事实上，在现场教学设计中，会赴多个现场教学基地开展教学，为提升学员的满意度，整个交通出行需要科学设计。一般而言，在赴第一个现场教学基地和从最后一个现场教学基地返校两个节点的交通出行时间，学员忍耐度较高，对两个现场教学基地之间的交通出行时间忍耐度相对较低。

5.3.2.3 空间线路

现场教学的流程包括空间线路设计和教学设计。空间线路设计主要指学员在开展教学过程中的移动路径。教学总是在一定的地理空间上开展或实施的,现场教学,顾名思义就是把教学地点搬到课堂外,深入实践地点、历史发生地进行教学。"现场"体验是现场教学环节中不可缺少的部分,也是现场教学形式上的"标签"。正常培训班次的人数一般有四五十人,这样规模甚至以上团队去基地现场体验,必须考虑两大因素。一是行走路线依赖的道路是否能够容纳开展教学所必需的队伍形态,因此空间的开放性是基地建设必须考虑的要点之一;二是行走路线是否过于曲折,道路安全性能否保证。苏州市农村干部学院在教学实践中发现,最佳的行走路线是不走"回头路",依次依序体验整个教学安排。

5.3.2.4 物理情境

在对潜在目标进行评估时首先考察物理情境,在满足物理情境的基础上,通过教学设计催生心理情境。苏州市农村干部学院在现场教学中提出"点讲解"和"线讲解"。"点讲解"主要指现场教学教师静态地位于现场某个位置,以现场具体物化的载体为切入点,讲授物化载体形成的历史凝聚或形成的理论价值。"线讲解"主要指考察过程中,边走边讲解,为途中所见做教学铺垫。现场教学基地应具有"点""线"双重物理情境,其中,"点"的物理情境是核心。

5.3.2.5 配套设施

现场教学基地与干部培训院校存在的客观空间距离、学员的生物性特征以及气氛烘托和情感渲染对现场教学的重要性,决定了现场教学基地必须拥有更多的包括软硬件和人员在内的配套设施和条件。评估阶段必须考虑的要素包括依托于资源禀赋的特色存在如历史遗存的物化载体或精神价值,现场教学开展所需要的图文展示载体、音像视频材料、大型停车场、用于视频播放或研讨教学等的教学设施和场所、方便学员使用的卫生设施等。用餐场所尽管不是现场教学基地必备的配套，但在整个教学安排中，必须考虑现场教学基地附近或是交通线路途中是否有合适的能够满足学员团体用餐的场所。

5.3.2.6 教学队伍

区别于一般意义上的参观考察，现场教学不只是提供教学的"现场"情境，更为重要的是综合了参观考察的直观性、专题教学的理论性、案例教学的仿真性等诸多优势，现场教学中的"教"完全不同于其他教学方法。从"教"的主体看，在苏州市农村干部学院的实践中，承担现场教学"教"这一职能的工作人员有三类：讲解员、现场教学基地专家或领导、现场教学教师，他们分别扮演着各自的角色。现场教学教师扮演的角色为现场教学活动的组织者、交流研讨的主持人、点评总结的发言人、"点讲解"的教学实施者；讲解员一般带领学员参观考察，介绍现场教学基地的发展历程、软硬件设施、各类活动载体等；现场教学基地专家或领导主要和学员交流研讨，为学员专题讲授、答疑解惑等。对潜在目标进行教学队伍评估主要考察是否有合适的讲解员和相关的领导或专家为学员提供现场教学服务。现场教学教师作为干部培训院校专职师资是在潜在目标符合遴选要求、干部培训院校和基地达成建设意向后才开始后续教学工作的，不属于基于"潜在目标"的教学队伍评估内容。

5.3.2.7 合作条件

潜在的现场教学基地并没有为干部培训院校提供教学服务的工作职能，也并非天然具有为干部培训院校提供教学服务的能力和条件。纵然具有开展现场教学的基本条件，也必须投入较大人力物力才能满足干部培训院校开展现场教学的需要。因此，能否找到合适的利益契合点是潜在目标评估的关键。在现场教学基地建设中，不乏部分基地先期经由组织部门或基层地方政府强力推动，硬件建设完善，教学设施齐全，满足开展教学的基础条件，但因为缺乏利益契合点，干部培训院校在使用过程中的服务保障不尽如人意。通常可以从四个利益契合点来激发基地的主观能动性。一是帮助基地总结经验做法，扩大社会宣传。二是利用干部培训院校的专家智库优势与基地共建，帮助解决实际发展难题。三是按照市场化原则给予基地一定的经济补偿。四是适当考虑给参与现场教学的基地相关工作人员学习培训机会和劳务报酬津贴。

5.3.3 建设

经过教学教务部门的初步评估，潜在目标符合现场教学基地要求后，将会按照教学要求进行硬件提升和软件建设。

5.3.3.1 硬件提升

硬件方面，苏州市农村干部学院总结为四个基本教学条件——1条线路、1个展馆、1部视频、1个会场①。硬件建设要尽可能体现时代性、科技性、互动性。时代性、科技性是基地物理情境塑造的需要，互动性是现场教学中教学方式方法创新的需要。软件方面，内容更为详尽，包括理论价值的挖掘、教学流程的设计、教学讲稿的撰写、教学艺术的探索、队伍建设的推进、教学质量的评估等。与硬件建设主要依靠基地不同的是，软件提升需要干部培训院校唱主角，借助基地资源和基地共同完成。

5.3.3.2 软件建设

（1）教学设计

现场教学的教学地点在"现场"，但并不意味着所有教学活动都在"现场"开展。从干部培训院校出发抵达基地，直至离开基地返回的时空里，都可以且必须设计安排教学活动。苏州市农村干部学院把现场教学总结为"车轮上的课堂"，要求"时空"里的每一个节点都精心设计，形成教案。苏州市农村干部学院的主要做法为"三学两讲解"。"三学"指"导学""深学""研学"。"两讲解"指"点讲解""线讲解"。时序上，前期为"导学"，在启程赴基地的车上开展；中间为"深学"，在基地现场开展；后期为"研学"，在返程车上将学员分组，开展研讨并做教学总结。"点讲

---

① 何兵.简析干部教育培训现场教学的三个关键要素[J].成人教育,2012,32(9):97-98.

解"在教学内容组织上要求采用"一个'子'主题""一个案例""一个结论"的"三个一"模式。"点讲解"中,教学成分为主;"线讲解"中,感性介绍为主。"导学"中首先要介绍教学主题和教学重点,同时也需向学员具体阐述当天现场教学安排内容的三层逻辑关系,一是现场教学与课堂教学的映衬关系,二是现场教学与课堂教学的互补关系,三是当天现场教学中不同子教学主题和教学基地安排的逻辑关系。"教学"环节中要深刻把握"现场"不仅是教学地点,还是教学素材、教学教案、教学案例,应基于现场参观体验基础上把专题讲授、案例教学、互动研讨、访谈教学等教学方式方法进行排列组合,运用到现场教学中,形成"参观体验"+"案例教学"、"参观体验"+"访谈教学"等的教学特色。

(2) 主题凝练

教学总是围绕特定教学目的、结合特定教学主题来开展的。现场教学要根据教学主题挖掘现场教学基地,同时也要根据基地特色凝练、明晰其教学主题。一个现场教学基地可以拥有多个现场教学的主题,一个现场教学主题也必须建立多个发展类型各异的现场教学基地。如太仓市东林村是苏州市农村干部学院的现场教学基地,拥有的现场教学主题包括农村基层党建、循环生态农业、农村集体经济发展等;农村集体经济发展现场教学主题需要挖掘不同发展类型的现场教学基地供参训学员学习参考。基地的单一主题和基地的多元主题并不矛盾冲突,相同的"现场教学点"不同的"现场教学主题"源于相同的是现场教学环境,不同的是现场教学情境,相同的是现场教学素材,不同的是现场教学教材和现场教学主题。

(3) 教学讲稿

教学是个性化的艺术呈现,现场教学同样如此,语音语调语速、肢体语言的使用、教学方式方法创新等都会产生不同的教学效果,但个性化演绎不能排除普适性讲稿存在的重要性。基地讲解员、基地专家或领导、现场教学教师等都需要规范的教学讲稿。苏州市农村干部学院给出了教学讲稿的规范要求。现场教学讲稿内容可分为宏观、微观两大部分。宏观上,主要指实现培训意图和目标等的讲解内容;微观上,主要指现场教学设计理念、教学实施、基地建设等相关的讲解内容①。前者对应的教学内容为中央最新要求、组织工作要求、个人岗位需求、个人知识需求等。后者对应的教学内容为培训设计逻辑架构、基地实践经验、现场情境的介绍等。苏州市农村干部学院现场教学讲稿用词遵循"系统化、通俗化、情景化"的"三化"原则。"系统化"主要指局部教学要服务整体培训方案;"通俗化"主要指善用语言的灵活表现方式对抗现场教学空间开放性带来的干扰;"情景化"主要指善于做好现场物质载体的利用和现场教学时间、进程的控制。

(4) 队伍培养

基地作用的正常发挥要依赖队伍建设的有效性,包括现场教学基地中的讲解员、基地专家或领导,以及干部培训院校现场教学教师。基地并无培养讲解员的职能和条件,干部培训院校要定期对所有基地讲解员开展专题辅导培训,要把最新的理论研究成果与基地讲解员、基地专家或领导共享。干部培训院校现场教学教师的培养是队伍建设中最核心的一环。苏州市农村干部学院在现场教学教师队伍建设上做了很多有益尝试。一是探索以"资源库"建设为抓手建立平台共享工作机制。每位有志于现场教学的教师都可以通过网络共享获取基地研究成果、视频资料、标准化的教学教案以及教学路线、讲解文本等。二是探索以试讲准入为抓手建立考评激励工作机制。参与试讲的教师必须递交三份文本材料:教学教案(含教学设计)、试讲课件、教学设计中"点讲解"的讲解词。三是探索以提升服务为抓手建立"1+X"工作机制。"1"指教学培训处,"X"指单个教师。教学培训处作为现场教学管理服务部门,最重要的工作职责是搭建团队学习、集体备课平台,激励、引导有志于现场教学的教师成为师资团队中的一员。

---

① 何兵.干部教育培训中现场教学的讲解艺术探究[J].国家林业和草原局管理干部学院学报,2019,18(3):42-44.

5.3.4 基地使用、评价与管理

5.3.4.1 基地挂牌

梳理基地标准和原则，经过评估并完成教学设计、讲稿准备、队伍建设后，基地即可投入正常使用。基地挂牌是基地开展现场教学阶段性评估工作的终点，更是后续运营使用的起点。挂牌是标志性仪式，是干部培训院校和基地双方对基地建设的重视，基地从此成为干部培训院校现场教学基地大家庭中的一员。整个现场教学基地前期工作一般由干部培训院校教务部门大力推动，但背后是干部培训院校领导重视的组织保障。基地建设涉及的环节多、工作重、业务繁，基地与干部培训院校并无更多的利益结合点，这使得无论是基地前期的谋划、推动还是基地后续的使用、管理，以及现场教学的内容开发、师资建设、教学方式方法创新等，如果没有领导的重视支持而仅依赖教务部门，则很难见到成效。因此，干部培训院校要重点关注、高度重视现场教学基地建设。

5.3.4.2 基地使用、评价与管理

挂牌仪式举行后，基地正式投入使用。基地使用、评价与管理主要包括三个方面。一是保障现场教学正常开展的培训工作管理，属于教务工作，主要包括由专人负责现场教学的教务统筹，联系基地，安排现场教学教师，落实教学过程中的用车、用餐等培训工作；二是基地资料、教学讲稿等档案管理，属于教研工作，根据最新文件要求或培训需求，定期更新基地资料和教学讲稿；三是基地开展质量管理，属于教学工作。质量管理包括对学员学习培训的绩效评估、对讲解员讲解的质量评估、对现场教学教师的教学能力评估、对基地的综合评议评估等四个方面。其中后三个评估主要通过面向学员的调查问卷来实现，对学员学习培训的绩效评估由干部培训院校或培训项目委托方通过提交学习报告、开展学员研讨论坛或通过试卷测试等方式来进行。苏州市农村干部学院提出了"一基地一档案""一年一评议"的档案管理制度，通过"一基地一档案"实时把控最新的资料信息，

通过"一年一评议"定期对基地进行综合评价并及时反馈给基地和相关人员，对基地实施动态调整的退出机制。

5.4 现场教学的讲解艺术探究

5.4.1 现场教学讲什么

现场是现场教学的核心要素，但从说文解字的角度看，只是"教学"二字的修饰或约束。讲解从内容上看，仅仅着眼于现场环境的描述、现场历史的回顾、现场经验的总结等远远不够。而现场教学本身只是培训方案设计中的一部分，必须服务于干部教育培训的目标。现场教学最大的忌讳是只见树木不见森林，就现场而现场，为现场而现场。现场教学讲解内容可分为宏观、微观两大部分。宏观上，主要指实现培训意图和目标等的讲解内容；微观上，主要指现场教学设计理念、教学实施、基地建设等相关的讲解内容。前者对应的教学内容为中央最新要求、组织工作要求、个人岗位需求、个人知识需求。后者对应的教学内容为培训设计逻辑架构、现场基地实践经验。在教学的时长分配上，现场基地实践经验的讲解是重心，其他内容是教学的升华，是"现场教学"成为教学的必要条件。

5.4.1.1 结合最新中央精神

现场教学的本质是教育，是为组织培养忠诚干净担当的高素质专业化干部队伍服务的。教学主题有差异，现场教学必须始终把最新中央精神融入教学中这一点不能改变。从培训项目委托方的要求看，宣讲最新中央精神是应有之义；从现场教学基地的实际看，基地任何成绩的取得都离不开中央精神的指导；同时，学习现场教学基地如何全面贯彻落实中央精神的经验，也是现场教学讲解内容的重要组成部分。

5.4.1.2 结合地方工作重心

培训是通过参训学员主体的学习，进而实现个体的再塑造、再改造，使之满足组织需要的活动。组织的需要体现于两大层面，即思想理论层面和工作实践层面。如果把思想理论层面泛化为最新中央精神，工作实践层面则主要体现为如何服务好地方经济社会发展。现场教学讲解必须有的放矢，工作实践层面的靶子就是地方工作重心，现场教学教师需要从参训学员的地域属性和身份属性出发，精心备课，让讲解内容更好地服务地方工作重心。

5.4.1.3 结合参训学员关切

干部培训作为成人教育的分支，同样遵循成人教育规律。问题导向同样是现场教学讲解内容需要关注的要点。学员问题导向可以看成是地方工作重心的微观体现。现场讲解要善于从现场的教学素材中提炼学员关切的内容，并帮助学员找到问题的答案或是找到解决问题的路径。

5.4.1.4 结合知识理论成果

如果把上述三个层面看成是现场教学的广度，此处的知识理论成果可以看成是现场教学的深度，深度和广度的结合才能有效展示现场教学的立体维度。教学终究不是描述现象，现场教学教师如果不能把相关领域的各类专家研究成果进行综合展示，现场教学带来的思考和深度则大打折扣。

5.4.1.5 结合基地实践经验

现场教学是广义的案例教学，通过借助现场的情境、借助现场物质载体传递的教学要素，通过教学设计、多元展示，进而实现对现场作为案例的解剖。解剖更大意义上是一种解构。通过对现场基地实践即案例的解剖，重新构建对参训学员有着重要意义的教学结论即经验做法。没有基地实践经验的讲解，就失去了现场教学作为特色的教学应用；没有现场参观、体验等形式塑造现场教学的特殊情境进而让学员增强主体吸收的机能，就失去了现场教学存在的必要。

5.4.1.6 结合培训逻辑架构

现场教学终究只是干部教育培训最为微观的旁枝末节。在架构上，现场教学服务培训方案的整体设计，进而服务干部培训的主旨意图。现场教学讲解必须讲清楚现场教学在整个培训架构中的地位和作用，是课堂教学某一主题的补充或是培训方案某一主题的展现。同时，从基地安排视角看，时间周期内的现场教学由若干个现场教学基地组成，现场教学讲解中，同样需要把若干基地安排的逻辑关系讲清楚。

5.4.2 现场教学如何讲

现场教学讲解有三难——塑造教学情境难、利用现场元素难、对抗现场干扰难。现场教学正是通过塑造教学情境实现了与普通的参观考察的切割，讲解过程中要通过反复的直接或间接的"教学"暗示才能实现客观现实教学环境向主观虚拟教学情境的有效转换。对现场元素的利用，既是塑造教学情境的需要，也是对抗现场干扰的举措。通过精选现场元素作为教学的案例引入，进而得出教学的结论是利用现场元素的意义所在。现场教学中，现场充满对教学的各种干扰。于教学主体而言，缺乏课件等展示道具，于教学客体而言，缺乏记录等记忆方法，教学过程对抗干扰的工具严重缺失。只有通过类似音乐主旋律的反复呈现，即在教学过程中，需要对逻辑主线进行反复讲解，才能有效实现现场教学目标。

5.4.2.1 现场教学要立足教学

现场教学中，现场提供的是教学情境、教学素材、教学案例，教学本身需要现场教学教师通过讲解的方式来实现。从字面看，"讲解"有讲有解、先讲后解。因此，现场教学必须把握"讲解"规律，即在对现场基地描述性的"讲"后，必须上升到教学层面得出教学结论，即"解"。"讲"的是基地基本情况，"解"的是基地经验做法以及上升到普遍价值的其他教学结论。

5.4.2.2 现场教学要利用现场

现场教学是以现场教学情境为媒介、问题为起点的教学双方共同探讨的教学形式。现场教学教师要善于借助教学道具——现场的建筑、道路、绿化、展板、视频——来介绍物化载体背后凝聚的现场教学基地发展的时间脉络和发展历程，进而得出现场教学基地作为发展典型总结出来的经验做法即教学结论。

5.4.2.3 现场教学要创新形式

现场教学从来不是独立的单一教学形式，而是"现场"情境下的多元教学方式的融合。把"现场"作为教学地点，把"现场"的发展历程、经验做法作为教学素材、教学蓝本，把访谈教学、案例教学、互动教学、研讨教学等形式融入现场教学，即通过教学形式的创新进而提升学员参与现场教学的主动性和积极性尤为重要。

5.4.2.4 现场教学要善于表演

现场只是教学情境的物化客观存在，现场教学教师在讲解过程中同样塑造着虚拟主观情境。现场开放性形成的特殊物化情境与教室相比，有着更多的不可抗拒的干扰。现场教学教师通过表演，即肢体语言和口语技巧可以有效克服干扰，滤化嚣杂的现场环境。这通常也被称为情境管理。语言的口语化、排比化、讲解中的自问自答、自问他答，语音语调的富于变化都是其中的重要内容。

5.4.2.5 现场教学要优化时空

现场教学的参与主体较多，有现场教学教师、现场教学基地的相关人员等。现场教学教师是最为重要的主体，是整个教学秩序的设计者和控制者。现场教学教师讲解，需要对时间进行优化分配，需要对空间进行秩序管控，同时还需要在讲解内容上与基地相关人员的介绍形成有差异化的无缝对接，共同服务于整个现场教学。

5.5 小　结

　　立足"现场"的参观、调查、分析和研究，在参观考察、观摩体验的基础上，苏州市农村干部学院将多种教学方法如观摩体验、结构化研讨、案例研讨、入户调查、对话访谈等进行排列组合，形成现场教学流程，打造特色现场教学。苏州市农村干部学院坚持"无研究不教育"原则，持续梳理教学主题、明确教学目的、评估教学价值，并按照教学主题突出、发展过程清晰、教学师资适配的现场教学标准，使现场教学成为课堂教学的延伸和深化，使学员知其然、知其所以然。苏州市农村干部学院现场教学建设的理念是：现场教学不是教学方法，而是教学地点在现场、教学内容围绕现场的不同教学方法的多元组合；现场教学建设的目标是：教学化、主题化、专业化，现场教学是教学不是参观考察，现场教学有教学主题不是走马观花，现场教学有教学标准不是"自由懒散"；现场教学的标签是："双师三步法"，开展现场教学有两类主体——学院现场教学教师、基地现场教学教员（由讲解员、基地专家或领导组成），开展现场教学有三个步骤——导学、深学、研学；现场教学基地的标签：教师教学、教师教研的"两型"现场教学基地。

附录 1

现场教学讲解词①
——以苏州市农村干部学院"姜巷村"现场教学为例

一、教学主题

美丽乡村建设②

二、教学重点

学习姜巷村美丽乡村建设过程中的"三个三",即做好三件事、建好三条线、管好三类人。三件事分别是经济发展、硬件配套和服务升级;三条线是指污水管线、河道线和电线;三类人是老人、小孩和外地出租户③。

三、导学④

各位学员,今天我们要参观的是苏州市71个美丽乡村示范点之一的昆山市姜巷村⑤。

今天我们的教学主题是美丽乡村建设。教学重点是学习姜巷村美丽乡村建设过程中的"三个三",即做好三件事、建好三条线、管好三类人。三件事分别是经济发展、硬件配套和服务升级;三条线是指污水管线、河道

---

① 该讲解词写于2015年,是笔者推动现场教学"三化四现场""三学两讲解"而组织撰写的第一份讲解词,数据未做更新。主要借此向读者诠释现场教学讲解词撰写的思路、理念和特点。
② 作者注:给出教学主题,整个现场教学围绕教学主题开展。
③ 作者注:给出教学重点,要求重点突出,尊重现场教学特殊性,符合现场教学特点,宜采用通俗易懂的语言进行代入。
④ 作者注:导学规定动作——行程安排、教学主题、教学重点、教学点情况简介。导学自选动作——不同教学点的逻辑关系、现场教学与课堂的互补映衬关系、针对教学主题和培训班地域特色介绍现场教学安排的意图及其他与主题相关的知识等。
⑤ 作者注:第一时间告知学员行程安排。

线和电线;三类人是老人、小孩和外地出租户。今天的现场教学,我们就围绕这"三个三"展开①。

最近一个时期,"美丽乡村建设"一词频繁出现在中央、地方等各级各类宣传媒体上,成了时下热门的时髦词汇。2015年中央一号文件中更是明确提出,中国要美,农村必须美,繁荣农村,必须坚持不懈推进社会主义新农村建设……而苏州的美丽乡村建设,作为城乡一体化发展的重要延伸,早已落地生根,走在了全国发展的前列。今天我们要参观的姜巷村,更是通过近10年时间的不懈努力,把村庄建设成为基础设施完善、公共服务均等、村风村貌完整、居住环境优美,让村民能够安居乐业的美丽家园……②。

下面,我们先来了解一下姜巷村的基本情况。姜巷村地处昆山市西南,紧邻昆山高新技术产业园区,2001年区域调整时由原来的旗南、五四、姜巷3个村合并而成,辖区面积4.3平方公里,有11个自然村,其中9个已经动迁,目前保留下来的有24个村民小组,户籍总数710户2570人,其中老年人有830多人,约占总人口的1/3,存在一定程度上的人口老龄化问题,另外还有外来人口300多人……③

下面,我们距姜巷村还有××分钟车程,大家稍作休息,到时让我们一起走进姜巷村,实地感受一下我们苏州美丽乡村建设的丰硕成果。

四、深学④

点讲解一:美丽村庄建设从做好三件事开始

教学位置:姜巷村社区服务中心

---

① 作者注:介绍教学主题和教学重点。
② 作者注:结合文件精神、政策要求,介绍安排的科学性和合理性,这里可介绍三个关系,一是介绍与课堂教学的映衬,二是介绍与课堂教学的互补,三是介绍当天不同现场教学点安排的逻辑关系。
③ 作者注:介绍现场教学基地的基本情况。
④ 作者注:深学是现场教学的核心内容。规定动作:每个点讲解(或随车教学)要突出教学元素,强调教学位置、教学重点;每一小部分要有教学小结,每个点讲解结束要有教学结论。自选动作:讲解词条理性要强;表述形象生动,注意结合现场情境;一个观点、一个案例、一个结论的组合最佳。

各位学员，我们目前所在的教学位置就是姜巷村的社区服务中心①，教学重点是：美丽乡村建设从做好三件事开始。哪三件事呢？第一件事：经济发展大步走；第二件事：硬件设施中看更中用；第三件事：软件服务提升新高度。在这里我们要了解的是这个村庄是怎么发展起来的，现在又是如何运作的。下面先讲第一件事②。

第一件事：经济发展大步走

我们都听过这样一句话："要想富，先修路"，这句话似乎已经成为中国广大农村基层干部心中"发展的硬道理"。其实在姜巷，"要想富，先规划"，这句话可能听起来不是那么通顺，但我们可以用数据来说话。从2006年起，姜巷村全面开展新农村建设，在建设中，姜巷村始终坚持"旧村改造与自然村落保护并进"的基本原则，在优化功能布局上动脑筋、下功夫。

姜巷村是一个农业保护村，不可以建设工厂，可是原有的农地分布又十分分散，产出也不高，更有些土地常年荒废在那里，严重制约了村庄的经济发展。姜巷村就从这里入手，鼓励农户按照1∶1的方式，将土地进行置换，将房前屋后、河边桥前的零碎土地集中起来，化零为整，这样做有两个好处：一是提高土地利用率，盘活土地存量，提升土地质量；二是村里的环境面貌得到很大程度上的改善，村里的主干道自然地将居住区和农业生产区分离开来，道路两旁鲜花簇拥，翠竹成荫。有了土地，下面就是解决如何提高土地收益的问题，姜巷村又成立了农村土地股份专业合作社，鼓励农户以土地入股，将土地打包租给种粮大户、农业公司等，这样农户不种地也可以拿到分红。2014年姜巷村完成村级集体经济450多万元，农民人均收入32000元。

姜巷村距离著名的阳澄湖不远，根据现有资源，姜巷村看准了生态旅游这块市场，立志打造四星级乡村旅游业，在村庄的外围规划了2400亩的农业生态园，这是一个集观光、采摘、垂钓、生态美食于一体的现代农业

---

① 作者注：突出教学位置的本质是强化现场教学的教学属性。
② 作者注：给出教学重点。教学重点一定要在现场教学过程中反复呈现、重复呈现，以强化学员记忆。

生态园，它成为人们休闲度假的新去处。经过3年多的建设，目前生态园的发展运营良好，吸收了部分村民就业，去年共支付农户土地入股分红150万元，人均增收1200元。姜巷村通过发展现代农业，引导农民走上了可持续发展的道路，让农业成为有奔头的产业。

我给大家介绍这些，就是想告诉大家，美丽乡村建设不只是花钱，更重要的内涵是要如何挣钱①。

第二件事：硬件设施中看更中用

我们所在的社区公共服务中心，占地3800平方米，建筑面积1300平方米，按照六大服务功能配置齐全，这里有党员活动室、人民调解委员会、卫生服务站、合同指导站、公共服务中心等，提供各种与居民生活息息相关的服务，居民不用出村，就可以办理公共交通卡、游园卡、残疾证以及缴纳数字电视费、水电费等，非常方便。服务中心的外围建设有健身场所、露天戏苑、老年门球场、停车场等，公共设施一应俱全。各位学员请看右手边的公告栏，从上面我们可以看到姜巷村2015年第二季度财务公开报表、上一年度合作社分红情况，以及上一年度村招待费使用情况等，内容十分详细。

2012年，姜巷村针对村中老人占总人口30%的实际情况，经村委会召开村民听证会，决定建造姜巷村阳光老人服务中心。服务中心设在原东亚木器厂内，占地面积4500平方米，建筑面积3000平方米。投入资金250万元左右，建设住房、食堂、老年活动中心、康复中心、医疗服务中心等，可设床位160只，可以解决村中孤寡老人的生活问题。此外，姜巷村还建有姜巷小学，方便村民子女就近入学。

我给大家介绍这些，就是想告诉大家，这些完善的基础设施，体现出的是姜巷村硬件设施建设的基本原则：中看更中用。一切建设均以方便村民日常生活、提升村民生活品质为中心，不搞形象工程、面子工程，切切实实为村民而建、为村民所用②。

---

① 作者注：要有点睛之笔，换言之，讲解讲解，前面是讲，最后要"解"。讲解内容一定要提升至教学观点和结论。

② 作者注：同上，有点睛之笔，换言之，讲解讲解，前面是讲，最后要"解"。

第三件事：软件服务提升新高度

硬件到位了，软件当然也不能落后，在姜巷村，农民养老保险、农村医疗实现了全面覆盖，因动迁产生的失地农民全部纳入社会养老保险和医疗保险体系；村里还建立了"因病致贫救助基金"和苦难帮扶照顾制度，村集体每年出资100多万元，对特殊人群给予生活补助。生活富了，就想着在精神上丰富一点，在姜巷村，除了农家书屋外，还有姜巷戏苑、健身场所以及配有宽带网络、投影仪等现代设施的文化共享屋……

我给大家介绍这些，就是想告诉大家，美丽不只是外表，更重要的内涵是和谐与幸福①……

三件事讲完了，这里，我有个教学结论：我们都知道，经济基础决定上层建筑，姜巷村正是从经济出发，站稳脚跟再前进，从硬件设施到软件服务，始终以村民为中心，一步一个脚印，扎扎实实做好三件事，才能够在美丽乡村建设的道路上一直走下去②。

点讲解二

（略）

点讲解三

（略）

五、研学

各位学员，我们目前所在的教学位置就是车上，是我们现场教学"三学两讲解"中继"导学""深学"之后的第三个环节"研学"。整个研学分两个环节，第一个环节是我对姜巷村美丽乡村建设做一个小结。第二个环节是我给大家留个思考题，我们每个小组选派代表发言交流③。

首先我做个教学小结④。通过上面的介绍，我们认为，姜巷村之所以能

---

① 作者注：有点睛之笔，换言之，讲解讲解，前面是讲，最后要"解"。
② 作者注：每个点讲解结束后都要有教学小结。
③ 作者注：介绍研学流程。
④ 作者注：对单个现场教学基地的现场教学作总结。

够建设成为"经济强、百姓富、环境美、社会文明程度高"的新农村样板，得益于建设早期的规划定位，以科学规划为前提，以经济发展为重点，以完善基础设施和公共服务为抓手，着力改善村庄环境面貌，保留了姜巷村特色的自然景观、历史文化、传统习俗等资源，通过做好三件事、建好三条线、管好三类人，为我们呈现出了一个极具个性同时又温婉可人的江南水乡。姜巷人的努力与智慧，使得我们今天能够站在这里，看得见青山绿水，记得住美丽乡愁，在苏州城乡一体化快速发展的今天，让城市更像城市，让农村更像农村。

我的思考题是：姜巷村建设美丽乡村的经验，哪一部分让您最有感触？好，我把话筒交给各位学员。我们首先欢迎第一组代表做交流①。

（略）

下面我做教学总结②……

---

① 作者注：小组交流发言和教学点评。
② 作者注：如果当天安排了多个点位的现场教学，需要对全部的现场教学做教学总结。

6 农村基层干部培训教学设计体系

6.1 导 语

6.1.1 培训教学设计

培训理念作为灵魂和核心,教学设计作为基石先导,培训课程、培训方法①、培训师资作为基本要素,是农村基层干部培训教学体系构建中最为重要的五个方面。教学设计以培训理念为指引,把培训课程、培训方法、培训师资等要素进行排列组合,进而实现培训意图和工作目标。

对干部培训教学设计的研究包括对培训课程、培训方法、培训师资、培训教材、培训案例等资源建设的研究,以及如何通过对培训课程、培训方法、培训师资等要素进行优化组合进而实现对培训需求的精准把握,提

---

① 本章中的培训方法等同于培训教学方法。

升培训针对性、有效性的研究。"教育干部的培训是一门科学"①，对干部培训的研究吸引了大量专家学者的关注，究其原因无外乎两个方面。一是干部培训的特殊性，"中共的干部教育培训体系是中国国家治理体系的重要内容"②；二是干部培训的复杂性，干部培训涉及"教育管理规律、成人学习规律、市场供求规律和干部成长规律，坚持党管干部的原则"③，寥寥数语道明了干部培训的复杂多元视角。干部培训作为一门以实践为主要特征的科学，研究方向主要集中在对干部培训实践的探索和规律的总结上。肖小华把培训内容和培训方法"拼装"在一起，合称培训课程，并开展了系统框架的研究。肖小华指出，干部培训课程体系是指干部教育培训过程中，由若干不同课程按照一定的逻辑关系构成的有机整体④。培训内容和培训形式是课程体系也就是教学设计中最为核心的两大元素。何兵对干部培训方式方法创新进行了研究⑤，并倡导在教学设计中设置不同的教学方法促进整体最优。部分学者立足于不同的教学方法如案例教学、现场教学、情景模拟、结构化研讨、访谈教学等在干部教育培训中的应用做了很多有益探索。如杨建慧⑥对干部培训应用多元化教学的重要性做了有益探索，但未对多元培训形式组合的培训教学设计体系整体架构给出具体答案。刘彦琴、杨枝华、张一尔⑦等还提出了培训设计评估的理念，认为应在教学设计前进行相关评估工作。培训设计评估的重点内容是培训需求适配度评估和培训计划科学性评估。具体评估指标包括四个方面：一是组织需求分析；二是培训对象的知识评估；三是培训对象的能力评估；四是培训计划的科学性评估。知识、能力的评估是为了更好地测度学员完成培训学习后的知识增量和能力增量。

---

① 郭丽娟.教育干部培训规律的认识与思考[J].国家教育行政学院学报,2011(10):72-75.
② 俞可平.中共的干部教育与国家治理[J].中共浙江省委党校学报,2014,30(3):5-11.
③ 郭丽娟.教育干部培训规律的认识与思考[J].国家教育行政学院学报,2011(10):72-75.
④ 肖小华.干部培训课程体系建设探讨[J].党政论坛,2017(3):46-47.
⑤ 何兵.关于干部教育培训现场教学的情境与情境管理的探讨[J].国家林业局管理干部学院学报,2014,13(1):29-32.
⑥ 杨建慧.干部培训中的多元化教学[J].中国井冈山干部学院学报,2014,7(5):129-133.
⑦ 刘彦琴,杨枝华,张一尔.干部教育培训项目评估的研究和思考[J].继续教育,2016,30(1):25-28.

培训教学设计把培训食材（培训资源）做成了饕餮大餐。我们将从资源库建设、培训教学设计的理念原则、培训教学设计的工作流程来探讨农村基层干部培训教学设计体系。

6.1.2 培训资源库建设

干部培训院校资源库建设是强化干部培训院校内涵式发展、提升干部培训实效的重要抓手。培训资源库通常包括课程库、师资库、方法库、基地库、案例库、教材库等。

6.1.2.1 资源库建设依据

资源库建设应秉持"培训标准引领"和"培训需求驱动"的双重建设目标，即以建立农村基层干部培训资源库建设标准与满足农村基层干部个性化、多样化、差别化培训需求为导向，充分发挥"能学、辅教"的功能定位，坚持"系统谋划、统筹推进、动态调整、持续更新"机制，以实现资源库建设从静态的"库"发展为动态的"流"。

6.1.2.2 资源库建设逻辑

资源库建设有其内在逻辑，课程库、师资库、方法库、基地库等四库是资源库建设的基础要素，案例库和教材库是基于"四库"之上的专业化衍生。资源库逻辑建构有两层，第一层逻辑即"一表"带"四库"、"四库"带"一表"。"一表"带"四库"即以"没有一张相同的课程表"协同推进课程库、师资库、方法库、基地库更新迭代。"四库"带"一表"即用课程库、师资库、方法库、基地库适配构建"课程表的唯一性"。"一表"带"四库"、"四库"带"一表"两者本质是通过厘清教与学之间的内在逻辑关系，即什么类型的课程契合什么类型的教学主题、授课对象，什么类型的师资适宜什么类型的课程，什么类型的教学方式适宜什么类型的师资，什么类型的基地适宜什么类型的教学方式，什么类型的课程契合基地的教学主题，等等，对基础要素相互耦合的各个方面进行结构和功能的综合考量、分类和整合，进而实现培训资源的重构和集成。第二层逻辑即各资源库之间的并列逻辑与递进逻辑。课程库、师资库、方法库、基地库四者之间相辅相成，互为支撑，协同推动优秀课程资源、基地资源向高质量案例资源和教材资源转化。其中，师资作为课程设计、方法运用、基地呈现的建设者和执行者，是资源库建设的核心，因此要重视师资库在资源库建设中的独特作用，实现在资源建设中培养师资队伍，在资源使用中锻炼师资队伍。

6.1.2.3 资源库供给机制

培训资源的供给系统是干部培训质量和水平的集中体现。为提升资源服务支撑力，资源库建设应具备完备的供给机制，如资源开发、资源更新和资源动态评估等。

（1）课程库建设：建立课程来源有出处、课程结构有阶梯、课程管理有机制的生成与更新机制

一是课程建设来源。坚持问题导向、目标导向、需求导向，以习近平新时代中国特色社会主义思想为指导，动态跟踪党中央、国务院决策部署，省委、市委中心工作大局，针对不同层次、类别、岗位基层干部需求，在思想淬炼、政治历练、党性锤炼、专业训练、实践锻炼等方面设计开发系列课程。

二是课程建设结构。根据国家、省、市等干部教育培训规划指示要求，基于"模块化"课程体系的建构思路，将内容体系分成以习近平新时代中国特色社会主义思想为中心内容的党的基本理论教育、党性教育、专业化能力培训、知识培训等四大模块，形成通识类课程、本土化课程、实训类课程等阶梯式结构。

三是课程动态管理。建立由学员、教师（或者专家）、跟班管理人员、教学管理部门等多方参与的考评考核机制，对课程的意识形态导向、课程逻辑结构、课程基本内容等进行质量评估和督察管理。

（2）师资库建设：建立师资建设路径、选聘标准、准入退出等生成与更新机制

一是师资建设路径。师资建设路径分为专职师资和兼职师资两条建设

路径。兼职师资队伍面向各级各类领导干部、专家学者、先进模范人物和优秀基层干部群体，建设路径以组织推荐、同行引荐、走访调研等形式为主；专职师资建设路径主要从"选、育、管"等维度系统考量。专兼结合构建"政策解读型""理论解码型""实践解析型"三类专家师资库。

二是师资选聘标准。以"对党忠诚、政治坚定，良好的职业道德修养，较高的理论政策水平，扎实的专业知识基础，强大的自我学习能力和掌握培训理论和方法"为基本要求，以"有信仰、有追求、有情怀""懂农业、爱农民、爱农村""专研究、擅咨政、会教学"为能力素养，以能干、会教、释疑和成为参训学员的思想导师、能力导师、行为导师为建设目标，形成"政治合格、素质优良、专兼结合、能干会教"的一线师资体系。

三是师资管理机制。制定师资准入、管理、退出制度，通过"一课一评议"。"一师资一档案"等形式实施过程管理，推进优秀师资共享机制。

（3）基地库建设：建立现场教学基地开发、建设、维护等生成与更新机制

一是基地开发原则。坚持"三突出一满足"，即突出地方特色：具有较强的典型性、示范性和影响力，具有"宣传地方形象、激扬时代精神、展现窗口担当"的功能价值；突出时代发展：符合新时代、新任务、新发展需要，体现当地党的建设和经济社会发展的最新成就；突出"无研究不教育"：具有较强的研究性和实践性，既面向学员教学，又面向教师研究，达到拓展思维视野、拓宽工作思路、明晰实践路径的目的。满足"五个一"条件：有一个固定的教学场所、有一个明确的教学主题、有一支专业的讲解队伍、有一套生动的展出内容、有一部反映基地特色的影像资料片。

二是基地建设标准。坚持"五个统一"，即统一标准条件、统一挂牌设点、统一教学要求、统一管理制度、统一考核评估。其中"统一教学要求"要求教学主题突出、发展过程清晰、教学师资适配，是基地建设标准的核心。教学主题突出即教学情境紧扣教学主题，突出学以致用，并能够呈现"一点多主题，一主题多点"的现场教学开发格局；发展过程清晰即能够明晰发展历程、经验做法与成果启示；教学师资适配，是对师资教学的具体要求，既要做好"规定动作"，更要做优"自选动作"，"规定动作"即做

好"三学两讲解","自选动作"即做优"六个结合",结合最新中央精神、结合地方工作重心、结合参训学员关切、结合知识理论成果、结合教学点实践经验、结合培训逻辑架构。

三是基地建设保障。坚持以"八库建设"为主要内容的资源保障机制。"八库"即主题资料库、现场教学点资料库、视频资料库、教学教案库、现场教学点联系库、考察线路库、师资建设库、讲解词库等,推动基地库建设与课程库、师资库、教材库等协同联动。

四是基地动态维护。通过"一基地一档案"实时把控基地动态,通过"三下沉"即"送教""送课""送智"探索运行维护机制,通过"一年一评议"定期对基地予以质量评估和动态调整。

(4) **方法库建设:建立教学路径创新、数字技术赋能、教学模式重构等生成与更新机制**

苏州市农村干部学院根据干部培训教学需求进行培训方法开发,推动传统培训方式融合创新,坚持干而论道、务实管用,对不符合时代要求、实践需求,不适宜承担教学培训任务的培训方法予以动态调整。目前初步形成具有自身特点的结构化研讨、现场教学、电影党史课、红色故事会、情景教学等培训方法;运用现代装备和技术改造赋能培训载体建设,如"自强不息、探路先行"实境课堂、数字乡村发展专项能力实训室等;推动培训方式体系系统化集成,如"现场教学"+"入户调查"+"访谈教学","新闻媒体沟通"+"情景模拟"等,并将适用领域拓展到各个主题模块。

(5) **教材库建设:建立教材建设路径、建设标准、管理维护等生成与更新机制**

一是教材库建设来源。教材库由通用教材和特色教材组成。通用教材是指国家级干部教育培训机构牵头建设的统编系列教材,特色教材是指地方党校、干校结合本土化资源优势,开发彰显培训特色、务实管用的本土化特色教材。通用教材通常更多侧重于思想性、指导性、知识性,特色教材通常侧重于现实性、实操性、应用性。

二是教材建设标准。第一,坚持贯穿一条主线,把习近平新时代中国特色社会主义思想贯穿其中，突出政治性。第二，注重逻辑性，逻辑性体现在两个层面，即教材建设的内在逻辑性以及与现有培训教材的关联逻辑性。第三，注重问题导向、实践导向，准确把握农村基层干部成长规律，增强教材的针对性和适用性，深入理解干部教育培训规律，增强教材的科学性和实效性。第四，注重时代特征。结合新发展阶段、新使命任务需求和新时代基层实际，反映干部教育培训理论研究的最新成果、党的理论创新在基层的最新实践。

三是教材管理机制。"编好教材"：整合优化支撑教材编写的配套资源，联合组织条线各职能部门、基层单位等，为教材建设提供整体合力。"用好教材"：建立健全教材建设分级负责机制，明确责任主体，规范教材使用。"活用教材"：构建高水平教材研究平台，健全研究成果交流机制等。

（6）案例库建设：建立案例建设路径、案例评析、案例应用转化等生成与更新机制

一是案例建设路径。坚持以问题为导向，针对组织需求、岗位需求、个人需求深入开展调研分析，有针对性地开发案例。通过不同渠道、不同方式广泛征集可复制、可推广、可借鉴的创新举措、工作思路、先进经验，总结、提炼成案例。

二是优秀案例评选标准。案例素材应具有典型性、实操性或探索性，能够从不同维度剖析存在的困难与问题，探索发展解决路径，展现党的理论创新和实践发展成果。

三是案例应用转化。立足于案例牵引，加强典型案例的持续跟踪、研究，将案例转化为实训课程，将案例的实践者转化为一线师资，将案例库转化为案例教材。

6.1.2.4 资源库共享机制

充分发挥干部培训资源的聚集、互补、协同效应，促进党校、干校资源与区域培训资源互联互通，构建系统化的资源库共享体系，保障资源的可持续建设和平台功能的不断迭代更新。

此外还应建立资源库建设专人专管机制，由资源库建设专员负责落实

课程库、师资库、基地库、方法库、案例库、教材库的资源入库、资源使用、数据分析、评价结果反馈以及资源动态调整等，以保障建设内容的可用性、高效率。

6.2 培训教学设计的理念原则

6.2.1 培训工作方案设计与培训方案设计

"好干部不会自然而然产生。成长为一个好干部，一靠自身努力，二靠组织培养。干部的党性修养、思想觉悟、道德水平不会随着党龄的积累而自然提高，也不会随着职务的升迁而自然提高，而需要终生努力。"[1]《2018—2022年全国干部教育培训规划》明确提出，建立健全干部教育培训与干部选拔、管理、监督部门之间的信息沟通机制，健全完善干部教育培训主管部门与培训机构、干部所在单位之间的协调会商机制，精准把握培训需求，共同制订实施干部培训培养计划。干部教育培训与干部培养、队伍建设是紧密联系在一起的。干部教育培训文件明确规定了开展什么培训、谁需要培训、怎么实施培训等要求，干部教育培训职能主管部门也会制订年度干部教育培训工作要点计划，通过干部教育工作领导小组统筹，推进本地区各条线、单位的干部教育培训工作。

培训工作方案设计指培训项目委托单位根据干部教育培训的相关文件规定、干部教育培训管理部门的工作要求和干部队伍建设的工作计划，制订包括培训目标、对象选调、机构遴选、主题方向、课程内容、任务要求等的工作方案。培训目标、对象选调、机构遴选、主题方向、课程内容、任务要求等相互关联，其中培训目标是基础，是对干部教育培训文件精神及各地区党委、政府文件精神的贯彻落实。如落实重大政治任务的中央全会精神宣讲而开展的培训项目、聚焦党委政府中心工作而开展的专题培训

---

[1] 习近平在全国组织工作会议上强调 建设一支宏大高素质干部队伍 确保党始终成为坚强领导核心[J].党建,2013(8):4-5.

项目、根据年度培训工作计划而开展的分类分级的主体培训项目等。每个培训项目在正式实施前，都需要撰写培训工作方案，明确培训要实现的目标、计划调训的干部人员、计划开设的培训主题方向、保障培训实效的督察考核要求以及计划委托的干部培训机构情况。各级党校（行政学院）、干部学院是干部教育培训的主渠道、主阵地，部门行业干部教育培训机构、干部教育培训高校基地、各级干部党性教育基地发挥着重要作用。

随着干部教育培训社会化的推进，特色化干部教育培训机构不断涌现，《2018—2022年全国干部教育培训规划》提出了完善社会培训机构参与干部教育培训机制的要求。各地党校干校在接受培训项目委托、组织实施培训过程中，也积极探索与外地干部教育培训机构开展交流协作，推动优质培训资源共享，或是开展两段式培训即培训的主体部分在本地党校干校、培训过程中开展为期一周左右时间的异地教学。培训项目委托单位也会把培训周期较短的培训班次直接委托外地特色化干部培训机构实施。以苏州市农村干部学院承接的培训项目为例，60%左右的培训班次都是由苏州市以外的组织部门或机关单位组织实施的。

6.2.2 农村基层干部培训教学设计中的模块思维和系统思维

培训方案设计也被称为培训教学设计，是由干部培训机构根据培训项目委托单位的培训工作方案，为实现培训目标而制订的具体实施的培训方案，也被简称为培训课程表或培训日程表。很多干部培训院校为突出专业化、特色化水平，会撰写、制作标准的培训方案文件，包括方案设计的理念原则、需求分析、逻辑结构、专项说明等，培训课程表（培训日程表）作为方案的附件列在最后。真正最有价值的就是培训课程表（培训日程表），培训方案文件是用文字把培训课程表（培训日程表）的底层设计思路、逻辑表达清楚。

6.2.2.1 培训教学设计中的模块思维

模块化是一种将复杂系统分解为更好的可管理模块的方式。模块化设计讨论最多的是在软件开发领域，简单地说就是程序的编写不是开始就逐条录入计算机语句和指令的，而是首先用主程序、子程序、子过程等框架把软件的主要结构和流程描述出来，并定义和调试好各个框架之间的输入、输出链接关系。逐步求精的结果是得到一系列以功能块为单位的算法描述。以功能块为单位进行程序设计，实现其求解算法的方法称为模块化。模块化的目的是降低程序复杂度，使程序设计、调试和维护等操作简单化。改变某个子功能只需改变相应模块即可。模块化思维是指我们不能把工作看成是一锅糨糊，不分主次，而是要根据自己工作职责和工作内容的特点，把自己的工作内容切分成相对独立的一些模块，然后根据模块的特点和重要性来采用不同的处理方式，高效地把工作做好，节约出宝贵的时间。模块化思维的好处非常多，可以帮助我们把复杂的工作分解，分而做之，降低难度，还可以帮助我们更好地把握工作中的重点和主次，合理分配时间和精力。

农村基层干部培训教学设计从表象看是培训课程的简单堆砌，实质要考虑很多不同模块的细则要点，且每个模块都有一个相对完整的逻辑框架，符合模块化的基本原则，需要充分运用模块化思维方式来思考、设计培训方案，避免陷入茫然失措、丢三落四、顾此失彼的窘境。

农村基层干部培训教学设计要考虑到五个模块。一是基于干部教育培训规划中明确要求和列出的培训内容模块，包括"坚持把学习贯彻习近平新时代中国特色社会主义思想摆在干部教育培训最突出的位置""党性教育更加扎实""专业化能力培训更加精准""知识培训更加有效"。二是基于农村基层干部培训"分类培训"要求的培训方向模块，遵循同因素理论原则，创设与自身环境相类似的培训内容来强化学员吸收转化。三是基于农村基层干部培训"针对有效"要求的培训课程模块，用不同的课程匹配来提升培训实效。四是基于农村基层干部培训"务实管用"要求的培训方法模块，用不同培训方法的组合来优化培训。五是基于农村基层干部培训需求把握"问题导向"的培训导向模块，认真学习研究参训学员所在地区党委政府中心工作，认真查摆寻找参训学员或培训主题方向的问题或短板，按照问题导向的原则来设计教学方案。这五大模块并非独立构成后的并联结构，而是相互糅合在一起形成的"公约数"。

6.2.2.2 培训教学设计中的系统思维

系统是指将零散的东西进行有序整理、编排形成的具有整体性的整体。中国著名学者钱学森认为：系统是由相互作用、相互依赖的若干组成部分结合而成的具有特定功能的有机整体，而且这个有机整体又是它从属的更大系统的组成部分。系统思维是原则性与灵活性有机结合的基本思维方式。只有系统思维，才能抓住整体，抓住要害，才能不失原则地采取灵活有效的方法处置事务。客观事物是多方面相互联系、发展变化的有机整体。系统思维就是人们运用系统观点，把对象互相联系的各个方面及其结构和功能进行系统认识的一种思维方法。整体性原则是系统思维方式的核心。这一原则要求人们无论干什么事都要立足整体，从整体与部分、整体与环境的相互作用过程来认识和把握整体。

教学设计需要用系统思维来认识培训方案的整体性，切不可任由五大模块割裂了相互之间的联系。事实上，教学设计中更为复杂的是，培训内容、培训课程、培训方法、问题导向等模块组合中还内嵌着两条清晰的主线，一是能力培养的教学目标，二是识别问题、分析问题、解决问题的教学组织。此二者决定了教学设计必须在模块化思维基础上兼备系统思维。农村基层干部培训的本质是通过培训项目，农村基层干部加强习近平新时代中国特色社会主义思想、党的基本理论的学习，加强党性教育等，增强政治能力，催生农村基层干部想干事的激情；加强专业化能力培训、知识培训，增强发展经济能力、改革创新能力、依法办事能力、公共服务能力、化解矛盾能力、风险防控能力、群众工作能力、抓基层党建能力等八种专业化能力，提升农村基层干部会干事的本领，促成农村基层干部干成事的实效。识别问题、分析问题、解决问题作为教学设计中教学组织的理念与精准把握培训需求中的"问题导向"有本质区别。精准把握培训需求中的"问题导向"聚焦培训微观内容，识别问题、分析问题、解决问题聚焦的是教学设计中教学组织编排的结构。

一个好的农村基层干部培训教学设计必须让项目委托方洞察课程表背后的系统框架和逻辑结构。一是在教学设计中看到识别问题、分析问题、解决问题等教学组织编排结构；二是在教学设计中看到培训方案坚持问题导向，围绕、聚焦当地党委政府的中心工作和参训学员的能力短板；三是在教学设计中看到符合干部教育培训文件规定的"习近平新时代中国特色社会主义思想""党的基本理论教育""党性教育""专业化能力培训""知识培训"等培训内容体系；四是在教学设计中看到满足农村基层干部"务实管用"多元培训方法构成的方法矩阵；五是在教学设计中看到有效展示培训内容和培训方法的特色化培训课程，其中单个的培训课程可以展示多个维度的培训内容，即单个的培训课程在培训内容分类上既包含"习近平新时代中国特色社会主义思想"学习，也包含"知识培训"学习等；六是在教学设计中看到针对特定的农村基层干部群体、特定的培训主题方向，有一条逻辑主线贯彻其中，如乡村振兴专题班契合乡村振兴的"五大振兴"（产业振兴、人才振兴、文化振兴、生态振兴、组织振兴）或"二十字方针"（产业兴旺、生态宜居、乡风文明、治理有效、生活富裕）、农村集体经济发展专题班契合不同村庄类型的集体经济发展模式，农村党建专题班契合党建打造的不同视角，农村党组织书记主体班契合好干部"二十字标准"（信念坚定、为民服务、勤政务实、敢于担当、清正廉洁）等；七是在教学设计中看到农村基层干部政治能力和专业化能力结构内嵌在整个培训方案中。教学设计的科学性和艺术性就在于让项目委托方看到上述七条清晰的逻辑主线。

6.2.3 农村基层干部培训教学设计中的"五可"

美国学者埃德加·戴尔1946年提出了"学习金字塔"理论。以语言学习为例，在初次学习两个星期后：阅读能够记住学习内容的10%；聆听能够记住20%；看图能够记住30%；看影像，看展览，看演示，现场观摩能够记住50%；参与讨论，发言能够记住70%；作报告，给别人讲，亲身体验，动手做能够记住90%。埃德加·戴尔提出，学习效果在30%以下的几种传统方式，都是个人学习或被动学习；而学习效果在50%以上的，都是团队学习、主动学习和参与式学习。

学习金字塔理论给农村基层干部培训的启示是学习方法不同，学习效果大不一样。因此，教学设计要充分体现教师主导、学员主体，采用不同培训方法的组合，以充分发挥学员在学习培训中的主体地位，要由学员一味地被动听转到主动学，要多种器官综合使用，要耳、眼、脑、口、手并用。在培训中，要大力提倡小组合作学习，在参与中掌握自我、体验成功，从而提升学习兴趣，提高培训转化。即使是传统的培训方法，教师也要学会调整甚至改变教学方式和角色，引导学员更加自觉、主动地投身学习培训中。

受训对象决定教学内容，教学内容决定教学方式方法[1]，尽管学习金字塔理论给出了基本原理和指导原则，但农村基层干部群体特殊性的客观存在，决定了教学设计中培训方法的选择和使用不能简单化。不同培训对象、培训内容、培训课程、培训目标等汇聚在一起时，教学设计最佳的方式是采用不同培训方法的组合来提升整体教学设计的科学性。

农村基层干部培训属于成人教育范畴，从学习主体看属于成人教育的领域，教学设计须以成人学习规律理论为基础。"成人教育学"理论奠基人和学科鼻祖、美国著名成人教育学家诺尔斯提出了成人教育理论的四个基本论点。一是随着个体的不断成熟，其自我概念将从依赖型人格向独立型人格转化。学习心理上倾向自主学习。对农村基层干部培训而言，培训形式应尽可能提升参训学员的主观能动性，把能够激发学员求知、思考的研讨式教学如案例研讨、结构化研讨、无领导小组讨论等整合在整个教学设计中。二是成人在社会生活中积累的经验为成人学习提供了丰富的资源，学习认知过程中以经验学习为主。对农村基层干部培训而言，培训形式既要创新课堂教学的形式，尽可能多地在教学设计中安排经济社会发展的参与者、实践者与学员开展工作交流、经验探讨、互动研讨，尽可能多地在教学设计中安排现场教学，以经济社会发展先进典型的"现场"为教学地点、教学素材、教学教材、教学教案[2]，让学员去感悟、体验、顿悟、思考、领悟、践行。三是成人的学习计划、学习内容与方法，与其社会角色

---

[1] 肖小华.在干部教育培训中加强融合式教学创新[J].党政论坛,2019(8):49-52.
[2] 何兵.关于干部教育培训现场教学的情境与情境管理的探讨[J].国家林业局管理干部学院学报,2014,13(1):29-32.

任务密切相关。学习任务与完善社会角色紧密联系。对农村基层干部培训而言，培训形式应尽可能模拟参训学员的社会角色，扩大情景模拟课程的适用主题和使用范围，把情景模拟作为教学设计中不可或缺的重要一环。四是随着个体的不断成熟，学习目的逐渐从为将来工作准备知识，转变为直接应用知识而学习。学习是为了解决问题。对农村基层干部培训而言，教学设计要紧紧围绕学习目的的"初心"，按照识别问题、分析问题、解决问题三大模块设计整个教学课程。

苏州市农村干部学院在农村基层干部培训教学设计中深谙学习金字塔理论要髓，方案设计倡导"五可"。"五可"主要指"可听""可看""可学""可讲""可用"。"五可"把学员耳、眼、脑、口、手各种感官发动并用，把团体授课中的被动学习和小组研学中的主动学习结合起来，同时也尊重了不同培训内容与培训方法兼容的科学性、不同培训对象与培训方法兼容的适宜性，用培训方法的多元组合来弱化单个培训方法的缺陷和不足，强调系统的整体最优。也鼓励授课教师从学习金字塔理论和成人教育理论等出发，不断优化教学的组织形式，激发学员学习的积极性。同时也不能唯创新而伪创新，正如习近平总书记曾强调的，"既要坚持运用行之有效的传统方法，又要通过改革创造新的方法，不断提高教育培训科学化水平"[1]。我们党历来高度重视干部教育培训，并在长期实践中创造积累了许多行之有效的方法，如坚持对重要干部进行组织调训、请有丰富实践经验的人作培训教员、理论培训与实践锻炼紧密结合、课堂教学与调查研究紧密结合等。这些成功做法，要结合新的实际长期坚持。同时，要适应世情、国情、党情的新变化，积极推进干部教育培训方式方法的改革创新，以增强干部教育培训的生机和活力。苏州市农村干部学院深入贯彻落实习近平总书记关于干部教育培训的相关重要论述，在教学设计中坚持运用行之有效的传统教育方法，大力推进与时俱进的新颖培训方式，关注分类培训与按需培训相结合，重视课堂讲授与现场体验相结合，推行线上教学与线下研讨相结合，加强考核评估与学以致用相结合。

---

① 习近平在中国浦东干部学院出席干部教育培训工作座谈会[J].中国浦东干部学院学报，2010,4(6):2.

"可听"不仅听领导、专家的授课,还听先进典型的以身说法,听专职教学及教辅工作人员的讲解,听现场教学中工作人员的介绍,听学员相互间的发言、讨论等。

"可看"不仅看现场教学点发展的外在物化成果,还看发展的过往历程和经验总结。

"可学"不仅指培训内容具有可学性,还包括知识传递的有效性,让学员"坐得住""听得进""学得会"。

干部的成人属性决定了干部培训的有效性在很大程度上取决于学员的参与程度,结构化研讨、案例教学、情景模拟、无领导小组讨论等互动式培训形式的广泛应用,让学员"可讲"成为可能。

"可用"是检验培训有效性的关键要素,从培训过程看,培训内容实践性强,与学员产生即时的"情感"契合;从培训结果看,培训所获的能力和做法在工作实践中得以应用,与学员产生长期的"知行"融合。

6.2.4 农村基层干部培训教学设计中的识别问题、分析问题和解决问题

党的十八大以来,以习近平同志为核心的党中央直面党和国家发展中的一系列重大理论和现实问题,坚持一切从实际出发、一切由实践检验的科学态度,砥砺前行,迎难而上,推动党和国家事业取得历史性胜利、发生历史性变革。问题是实践的起点、创新的起点,抓住问题就能抓住经济社会发展的"牛鼻子",坚持问题导向是十八大以来党中央治国理政的鲜明特色。问题导向就是以解决问题为方向,坚持问题导向是一种工作方法,也是一种思维模式。做好农村基层干部培训,做好农村基层干部培训教学设计,也必须坚持问题导向。

农村基层干部培训坚持问题导向必须处理好四个问题:"培训谁""培训什么""谁培训""怎么培训"。解决"培训谁"的问题,一要把握好数量与质量的关系,二要把握好全员培训与重点培训之间的关系,三要把握好集训轮训与专题培训之间的关系。解决"培训什么"的问题,一要处理好政治能力提升与专业化能力培养的关系,二要处理好组织需要和个人需

求之间的关系，三要处理好传统教学方法与现代教学方法之间的关系。解决"谁培训"的问题，一要处理好专职师资与兼职师资的比例结构问题，二要处理好培训师资中的"土专家""田秀才"实干型师资与理论宣讲型师资的关系，三要处理好讲授式师资与互动式、案例式等新型教学形式师资的关系。解决"怎么培训"的问题，一要协调好党校、干校主阵地与社会培训多渠道的关系，二要协调好脱产培训与其他培训方法的关系，三要协调好教师主导与学员主体的关系，四要协调好从严治学与热情服务的关系。

农村基层干部培训教学设计坚持问题导向必须把握好培训内容的问题导向和教学组织的问题导向。培训内容的问题导向是面向农村基层干部培训的针对性，教学组织的问题导向是面对农村基层干部培训的有效性，其中培训内容的问题导向是基础，更多依托的是组织意图、组织意志，教学组织的问题导向是延展，更多依托的是成人学习规律，激发学员学习主体能动性。教学设计主要考虑的是培训内容的问题导向，这里的培训内容内涵较为宽泛，包括培训课程、培训师资、培训方法（教学方法），本质就是教学设计最后呈现出的课程表，又称为培训方案。

教学设计的底层逻辑是问题导向下的项目研究或咨政研究，类似开展题为"农村基层干部队伍能力建设的现状、问题、原因及对策"的研究。项目研究、咨政研究的范式一般为现状分析、问题查摆、原因探究、对策研究。换言之，一个好的教学设计、一个好的培训方案必须经过现状分析、问题查摆、原因探究、对策研究四个环节，最终达到逻辑严、内容新、效果好的目标要求。在开展农村基层干部教学设计前，需要理清一个脉络。

为什么培训？一是"政治路线确定之后，干部就是决定的因素"。《2018—2022年全国干部教育培训规划》指出，干部教育培训是干部队伍建设的先导性、基础性、战略性工程，在进行伟大斗争、建设伟大工程、推进伟大事业、实现伟大梦想中具有不可替代的重要地位和作用。二是"党委政府的工作重心在哪里，教育培训就服务到哪里"。《2018—2022年全国干部教育培训规划》指出，着眼培养守信念、讲奉献、有本领、重品行的高素质专业化基层干部队伍，以提高发展经济、改革创新、依法办事、化解矛盾、做群众工作等能力为重点，加强基层干部特别是乡镇（街道）党政正职、村（社区）党组织书记的培训。这二者是农村基层干部培训开展的基石，是农村基层干部培训教学设计的指南。农村基层干部培训的目的是让参训农村基层干部更好地贯彻落实党的政治路线、更好地推进落实党委政府的工作重心。教学设计就必须围绕党的政治路线，围绕党委政府工作重心；着重围绕农村基层干部政治能力，主要围绕农村基层干部专业化能力。党的政治路线用以分析组织要求；党委政府工作重心既包括中央、省、市各级党委政府，也包括农村基层干部所属的县、乡基层党委政府，用以分析岗位要求；政治能力和专业化能力要分析农村基层干部个体的能力短板、知识缺陷，要刻画参训农村基层干部群体的能力结构、不足之处，用以分析学员需求。组织认同、岗位匹配、学员乐享是教学设计的最高境界，实现以组织需求为主、岗位需求为辅、学员需求为补充的有机结合。

  现状分析什么？党的政治路线、党委政府工作重心会随着经济社会的发展与时俱进、不断调整，农村基层干部也随着工作岗位的调整变动对能力结构的要求也会发生变化，这就很好地回答了为什么要坚持不懈地持续推进农村基层干部培训，为什么同样的培训对象或类似的培训对象都必须开展有针对性的现状分析。苏州市农村干部学院在农村基层干部培训教学设计中对现状分析时要求方案制作者必须全面掌握五方面信息。一是与培训主题相关的习近平总书记重要论述和讲话精神、中央相关文件。二是当地党委政府出台的相关文件、当地经济社会发展的基本信息（包括GDP、人均收入、产业特色等）、当地党委政府的重点工作等。三是与培训主题相关的学术研究和文献资料。四是与培训主题相关的苏州发展实践案例。五是参训学员的特点、特性、特质。培训主题类似，上述五个方面信息中的"一""三""四"是雷同的，"二""五"是差异化的基础。包括苏州市农村干部学院在内的很多干部培训院校在教学设计中倡导"没有一张相同的课程表"就源于"二""五"的千差万别。对"一""三""四"学习分析是为"二""五"听诊把脉提供良药妙方。药方就是开发、研制的具体培训课程，来自"一""三""四"，"一""三"提供了通识课程常规"药物"，"四"提供了本土化课程特色"药物"。

怎么查摆问题？查摆问题就是"把脉"的过程。苏州市农村干部学院在农村基层干部培训教学设计中要求方案制作者到参训学员所在地网站上浏览与培训主题相关的新闻报道、资讯信息或学术文献，查摆培训主题相关方面存在的不足、遇到的难点和亟须解决的问题等，从众多纷繁的培训主题相关内容中筛选、梳理与参训学员结合最紧密、需求最迫切的要点。项目委托方也会提供相关信息，给出教学设计的框架要求，但不能苛求项目委托方给出在培训内容具体细节上的能力素养要求，他们本身对农村基层干部、农村基层干部培训所知往往较为宏观，给出的需求大多过于空泛，可参考的价值不高。因此，农村基层干部培训方案制作者要能够引导项目委托方、"教育"项目委托方，而不能被项目委托方牵住鼻子，乱了教学设计本身的逻辑。最佳的教学设计都是干部培训院校在和项目委托方不断的信息交换中产生的，交换不是简单地由一方决定，而是双方为了共同的目标而开展的"项目研究"，信息交换就是智慧碰撞。如果时间允许，也可以通过向参训学员发放调查问卷的形式来查摆问题，从而获得参训学员的群体画像。值得注意的是，问卷调查不是简单地调查培训需求，而是查摆问题。对查摆问题进行收集和分析，探究其原因，然后把问题转化为对培训的需求才是坚持了问题导向。通过向学员发放调查问卷，直接征集培训内容、培训需求，不是教学设计中精准把握培训需求的正确态度、科学思维和有效路径。

如何探究原因？干部培训是对查摆问题的"治疗方案"，需从干部培训视角来审视，应从如下四个方面着手。一是农村基层干部的马克思主义水平和政治理论素养；二是农村基层干部的理想信念、党性观念、宗旨意识、思想觉悟、政德修养、品行作风等；三是农村基层干部适应新时代、实现新目标、落实新部署的专业能力和干一行、爱一行、精一行的专业精神；四是农村基层干部履职的基本知识体系、知识结构和综合素养。这分别对应着培训内容的四个框架模块：以习近平新时代中国特色社会主义思想为中心内容的理论教育、党性教育、专业化能力培训和知识培训，不妨用"治疗方案"中的"四大药房"来形象描述。

对策路在何方？对策类似"开药方"，首先必须研发"药物"即必须加强培训资源建设，充实"四大药房"中的"药物"。在第二节中，已对"课程""方法""师资""现场教学基地"等资源库建设进行了诠释。教学设计就是"课程""方法""师资""现场教学基地"等的排列组合，其中"课程"是统领性的。苏州市农村干部学院通过探索用集体学习、需求分析、问题征集三管齐下，初步形成组织认同、岗位匹配、学员乐享的培训课程开发路径，从自上而下的组织需求维度和自下而上的学员需求维度把握课程更新。"课程""方法""师资""现场教学基地"四者构建了类似"决策树"的网状结构。每门课程可以有多个培训方法来教学和演绎，其中每种方法都分别有多个教师能教学，现场教学作为一种培训方法使用时既需要教师也需要安排现场教学点。据此可以发现，教学设计"开药方"首先需要确定的是培训课程，其次是培训方法，然后是教师选择，如果是现场教学，则在教师选择的同时需要选配现场教学点，因此教学设计要根据培训内容和学员特点按序、分别做到"课程优配""方法优配""教师优配""现场教学点优配"等"四个优配"。

"课程优配"要关注两个要点。一是根据需求导向关注系统性。课程优配需要从培训目的出发，从"四大药房"的每一个药房中精选课程，以习近平新时代中国特色社会主义思想为中心内容的理论教育、党性教育、专业化能力培训和知识培训等四类课程的占比由培训要实现的目标决定，原则上都必须具备（除理论教育、党性教育专题班次外，农村基层干部培训班次对理论教育、党性教育的占比要求与党校主体班次比较相对要低）。二是根据问题导向关注针对性。课程优配需要在"现状分析""查摆问题""原因探究"的基础上选择针对性的培训课程。

"方法优配"要关注两个要点。一是根据学员特点，每门课程都应选择务实管用的培训方法，学员的差异对培训方法的选择也会有影响，即同样的培训课程，因学员差异而匹配不同的培训方法。二是教学设计中重视培训方法的组合，要按照干部培训成人教育学的规律，从学员充分发挥学习自主能动性的视角来安排课堂专题讲座、同行典型交流、经验专题报告、访谈教学、案例教学、情景模拟、现场教学等不同的培训形式，从而达成培训目的。让学员实现可听、可看、可学、可讲、可用的有机统一。苏州市农村干部学院在农村基层干部培训教学设计中坚持三条"方法匹配"基本原则。一是课堂专题讲座是基本培训形式,不是唯一有效培训形式,该形式主要适用于政策宣讲、知识传授等;二是结构化研讨、现场教学应作为课程体系中的必备,其中现场教学深受农村基层干部欢迎,应占据一定比重;三是同行工作交流、情景模拟、案例教学、访谈教学、无领导小组讨论等作为课程体系中的重要组成,根据培训需要尽可能安排其中的一种或几种。

"教师优配"要关注两个要点。一是教学设计中倡导不同类型师资的组合,让领导干部讲好政策解读,让专家教授讲好理论解码,让一线干部讲好实践解析。同样的一类群体如领导干部、专家教授等,尽量选择不同单位或条线的师资,让参训学员接受更多的不同知识和信息。二是鼓励干部培训院校专职师资上好新型教学形式课堂,做好集中培训后的"陪伴式"培训服务,让专职教师优先成为能干、会教、释疑的思想导师、能力导师、行为导师。

"现场教学点优配"要关注两个要点。一是要选择具有视觉冲击力的现场教学点,能给人以耳目一新的感觉,起到"百闻不如一见"的效果。二是要兼顾选择少部分与参训学员发展层级接近的现场教学点,创设"同因素理论"相关的"学习环境",更好地推动培训转化。

教学组织的问题导向重点关注培训的有效性。这里笔者提出农村基层干部培训教学组织、培训实施的一个案例构想(图6.1)。

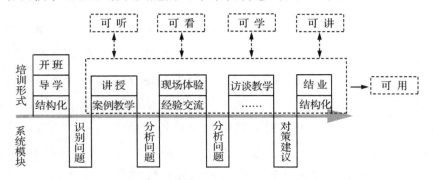

图6.1 基于问题导向的教学组织、培训实施框架图

按照问题导向的理念，把整个教学组织、培训实施分成三大模块——识别问题、分析问题、解决问题（对策建议），从识别问题入手开始，分析问题贯穿始终，解决问题作为成果。有鉴于识别问题、分析问题、解决问题"三大模块"与"结构化研讨"的理论原理和教学过程高度吻合，"结构化研讨"在方案设计中已不作为单独的培训形式存在，而是"问题导向"在培训实施环节中的深度应用。以"结构化研讨"中的第一阶段研讨拉开培训序幕，通过研讨查找问题、认识问题。形成的问题汇总从学员角度看，使得整个培训更聚焦；从培训工作者角度看，可以在后续的培训实施过程中提升针对性。第二阶段的分析问题模块，安排课堂专题讲座、同行典型交流、访谈教学、案例教学、情景模拟、现场教学等不同培训形式，让参训学员可听、可看、可学、可讲、可用，充分发挥学习自主能动性。其中，同行典型交流、现场教学作为必备方案，受到农村基层干部的广泛好评。第三阶段的解决问题通过"结构化研讨"的第二阶段、第三阶段的研讨来部分实现。切实、完全地解决实际困难和问题，需要参训学员在训后将所学、所思、所悟应用到工作实践中。目前，"包含理论，但不限理论；包含实践，但超越实践"是农村基层干部培训教学设计的内涵精神特质。

6.3 培训教学设计的工作流程

不同干部培训院校、干部培训机构关于培训教学设计的工作流程都较为接近，但规范性、专业性呈现巨大差异，尤其是很多专业技术不强的干部培训机构把培训教学设计简化为排几堂课、定几个教师，培训项目委托方需要什么就给安排什么、自己能给什么就提供什么，漠视了培训教学设计背后的章法和规律，也忽视了培训教学设计背后的积淀和流程。培训教学设计的基础是资源库建设，也就是培训课程、培训师资、现场教学基地、培训方法、培训案例等的建设。培训资源库建设还需要与培训教学设计相协同，通过培训教学设计带动培训资源库的有机更新。培训资源库的更新通常有两条路径：一是自主更新，即培训教学设计人员通过深入学习习近平新时代中国特色社会主义思想、习近平总书记重要讲话精神、中央最新文件和干部教育培训最新相关文件精神后，开发的课程、师资、案例和现场教学基地等；二是协同更新，在培训教学设计过程中，从细微洞察、精准把握培训需求和科学全面评估培训绩效入手，倒逼培训课程、师资、案例和现场教学基地等的开发和更新。苏州市农村干部学院提出的"'一表'（培训方案表）带'四库'（课程库、师资库、方法库、基地库）"也正源于此。课程、师资、现场教学基地等的开发、更新、退出的责任主体也应该明确为培训教学设计工作人员。部分干部培训院校、干部培训机构在业务工作分工上，资源库建设专员和培训教学设计专员简单分离，这不利于资源库的更新，认为教学设计专员单向、被动地运用资源库中的资源来设计培训方案而与资源库建设不产生互动协同是不科学的。不排除部分干部培训院校、干部培训机构工作流程分工特别细化，但至少要保证二者之间能够产生互动。

规范的培训教学设计工作流程通常包括审题、设计、初审、上会、完善、定稿、实施和评价等八个步骤。下面我们用一个案例（西部×省×县乡村振兴专题培训方案）来详细描述如何把上述讨论的两思维（系统思维和模块思维）、五可（可听、可看、可学、可讲、可用）、三问题（识别问题、分析问题和解决问题）等理念原则运用到农村基层干部培训教学设计中。

6.3.1 审题

6.3.1.1 基本要求

审题是培训教学设计的核心，审题如果偏差毫厘，结果必然谬以千里。一次卓有成效的农村基层干部培训必然包含精准把握培训需求、精心设计培训方案、精致提供培训服务，审题是基础。从表面看，培训项目委托单位提出明确的培训需求，干部培训院校或干部培训机构参照执行即可。事实上，培训项目委托单位的培训需求并非完全清晰，甚至并不符合干部培训主管部门的要求，不尽科学，不够完整，需要在审题过程中双方通过多次反复地沟通后予以明确，确保双方在同一个话语体系框架下开展培训工作，因为最终双方预期需要实现的意图是一致的。

干部培训院校或干部培训机构通常会让培训项目委托方填写一张培训需求表，表上信息包括：培训人数、培训天数、学员对象、住宿要求、用餐要求、交通需求、培训主题、课程要求、培训方法要求等，除食宿等后勤服务信息外，几乎其他所有信息都与培训教学设计相关。如培训人数涉及培训方法的选择，培训天数涉及培训的逻辑框架如何构建，学员对象涉及课程师资的匹配，等等。尽管如此，培训项目委托单位的培训需求并不能完全在表中得以体现。培训教学设计专员需要在该信息表的基础上，和对方进行沟通，进一步洞察培训的基础底层信息。

基础底层信息通常体现为培训项目委托单位所做的培训工作方案。因此，培训教学设计专员可以让对方把培训工作方案发来供参考。有时培训项目委托单位还没有形成具体的培训工作方案，寄希望干部培训院校或培训机构提供素材进而撰写完整的培训工作方案。这时需要与对方进行沟通，深入了解以下信息：为什么开展此次培训？为什么选择到特定的干部培训院校开展此次培训？培训时长是如何考虑的？调训对象是如何安排的？本次培训希望得到什么预期目标？等等。知己知彼，才能实现培训绩效的最大化，才能在培训教学设计中精准把握需求的各个要素。同样，培训教学设计专员需要反复问自己三个问题：培训到底应该是什么样的？他到底为什么选择我？我到底能给他什么？探寻双向的"灵魂"之问答案将有利于设计完美的干部培训方案，也有利于干部培训院校的培训事业发展。

6.3.1.2 案例展示

2019年11月，苏州市农村干部学院教学培训处接到西部×省×县组织部关于举办一期"乡村振兴"专题培训班的信息。

为什么开展此次培训？——县里出台了乡村振兴实施意见的文件，提出了乡村振兴战略实施的指导原则；县委书记在县农村工作会议上指出乡村振兴还存在短板，要通过培训来提升"三农"干部专业化能力。

为什么到苏州市农村干部学院开展此次培训？——苏州是全国农村改革

试验区,苏州市农村干部学院农村基层干部培训在全国享有一定声誉。

培训时长是如何考虑的?——培训时长安排为一周(不含往返),时间过短容易走过场,时间太长会影响基层工作,一周的时长相对恰当,且往返可以占用周末时间,减少占用工作日对工作的影响。

调训对象如何安排?——年龄相对年轻、学历相对较高的优秀农村党组织书记。

本次培训希望达到什么预期目标?——学习工作干劲和经验做法。

6.3.2 设计

培训应该是什么样的?——必须具备以习近平新时代中国特色社会主义思想为中心内容的党的基本理论教育、党性教育、知识培训、专业化能力培训四大模块;必须围绕×县乡村振兴实施意见具体工作要求;必须聚焦县委书记在县农村工作会议上指出的乡村振兴短板;必须突出农村基层干部政治能力和专业化能力建设。

为什么选择我?——全国农村改革试验区的经验案例;农村基层干部特色培训体系和成功的培训实践。

6.3.2.1 信息收集

全面掌握×县乡村振兴战略实施的要求、现状及存在问题等,掌握×县农村基层干部队伍能力建设的主要短板和存在问题。查阅、学习×县乡村振兴战略实施意见文件及县委书记在全县农村工作会议上的讲话。提取培训教学设计有用信息,如×县乡村振兴战略实施主要指导原则:精准扶贫是乡村振兴的头等大事,环境综合整治是乡村振兴的先手棋,生态文明小康村是乡村振兴的有效途径,产业兴旺是乡村振兴的基石,乡风文明是乡村振兴的灵魂,治理有效是乡村振兴的核心,生活富裕是乡村振兴的目标;仔细研究×县乡村振兴战略实施中存在的问题,主要体现为:农牧业市场化程度低,新型经营主体综合实力和带动能力不强,农牧民自我发展能力弱,攻克深度贫困堡垒的任务重、抓手少,农牧村基层组织带动能力不强,农牧村公共文化服务不足,乡村治理体系不够完善,生态文明建设脆弱等。

6.3.2.2 按照模块思维，建立四大模块主题结构

一般以干部教育培训相关文件精神要求为基础，兼顾培训需求，对以习近平新时代中国特色社会主义思想为中心内容的党的基本理论教育、党性教育、知识培训、专业化能力培训四大模块的内容进行时间分配（该班次并非党校主体班次，培训需求侧重专业化能力培训）。如该培训时长为一周 7 天（每半天设置一个培训主题内容），共有 14 个培训主题内容，加上晚上的培训学习安排，最多可以安排 21 个培训主题内容。一般晚上会安排视频教学、研讨教学、团队破冰、主题论坛等。此处我们暂且忽略晚上的各类教学安排，按 14 个培训主题对四大模块进行时长分配。（表 6.1）

表 6.1 ×县乡村振兴专题培训班培训模块时长分配表

模块类别	时长分配（半天）
以习近平新时代中国特色社会主义思想为中心内容的党的基本理论教育	2
党性教育	2
知识培训	2
专业化能力培训	8
合计	14

6.3.2.3 按照系统思维，搭建培训教学设计的框架

在该案例中，框架确定为×县乡村振兴战略实施主要指导原则，如精准扶贫、环境综合整治、生态文明小康村建设、产业兴旺、乡风文明、治理有效、生活富裕等 7 个部分。框架可以以习近平总书记重要讲话精神来结构主体内容，也可以用中央文件精神来结构主体内容，也可以用某专家的学术论文结构主体内容，还可以是培训教学设计专员根据自己的学术研究构建主体内容。通常我们会从培训项目委托方所属地方政府的相关文件中寻找框架，或从对培训项目委托方所属地方的相关主题学术研究论文或调查报告中寻找，这样可以更加突出问题导向。

6.3.2.4 在模块思维、系统思维搭建的基本框架下进行课程匹配

课程匹配要给出"为什么来苏州市农村干部学院"开展培训的答案，即苏州是全国农村改革试验区，是在全国范围内积极探索率先基本实现农业农村现代化的先行区，要把试验区、先行区的宝贵经验、实践做法列入培训教学设计中。宝贵经验、实践做法包括：农村基层干部群体"天不能改，地一定要换"的精气神、特色田园乡村建设、农村电商、农业大数据、三产融合发展、农村共享农庄、农村人居环境建设、农村一窗受理全科服务等等。在课程主题（表6.2中的"课程主题"）匹配中，不仅要立足四大模块（表6.2中的"模块属性"，主要为：以习近平新时代中国特色社会主义思想为中心内容的党的基本理论教育、党性教育、知识培训、专业化能力培训，确保整个方案内容既讲理论知识又谈工作实务，既讲工作方法又鼓工作干劲）、七大内容（表6.2中的"设计框架"，主要指×县乡村振兴战略实施主要指导原则，从该县乡村振兴的相关文件中收集）组成的框架，还要兼顾政治能力和八种专业化能力（表6.2中的"能力属性"，培训的本质是为了提升农村基层干部的能力），同时也要与×县乡村振兴战略实施中的问题（表6.2中的"问题属性"）相呼应。培训教学设计的艺术性也正在于此。

表6.2 ×县乡村振兴专题培训班培训教学设计框架表

序号	培训教学设计框架	课程主题	模块属性	能力属性	问题属性
1	精准扶贫	习近平总书记关于精准扶贫重要论述	以习近平新时代中国特色社会主义思想为中心内容的党的基本理论教育	政治能力	攻克深度贫困堡垒的任务重、抓手少
2		×县实施精准扶贫的难点、原因及对策	专业化能力培训	改革创新能力	农牧村基层组织带动能力不强
3		天不能改，地一定要换——从薄弱村到先锋村的蒋巷实践	党性教育	政治能力	农牧村基层组织带动能力不强

续表

序号	培训教学设计框架	课程主题	模块属性	能力属性	问题属性
4	环境综合整治	党建引领农村人居环境整治的苏州实践	以习近平新时代中国特色社会主义思想为中心内容的党的基本理论教育	抓基层党建能力、群众工作能力	农牧村基层组织带动能力不强
5	生态文明小康村建设	全国生态文明村建设的树山经验	专业化能力培训	改革创新能力	生态文明建设脆弱
6		基于互联网思维的农产品品牌营销与农产品公共品牌建设	知识培训	改革创新能力	农牧业市场化程度低
7	产业兴旺	大力发展新型经营主体，延长农村产业链条的典型案例	专业化能力培训	发展经济能力	新型经营主体综合实力和带动能力不强
8		互联网激发农村产业发展的展望与苏州探索	知识培训	改革创新能力、发展经济能力	农牧业市场化程度低
9	乡风文明	农村一窗受理全科服务的市北经验	专业化能力培训	化解矛盾能力	农牧村公共文化服务不足
10		村规民约催生文明好乡风的基层实践	专业化能力培训	化解矛盾能力	农牧村公共文化服务不足
11	治理有效	用"积分制"助力乡村有效治理的苏州实践	专业化能力培训	公共服务能力	乡村治理体系不够完善
12		如何开展好"四议两公开"	专业化能力培训	依法办事能力、风险防控能力	乡村治理体系不够完善
13	生活富裕	发展农村集体经济，致富一方百姓	专业化能力培训	发展经济能力	农牧民自我发展能力弱
14		听党话、感党恩，农村致富带头人培育和作用发挥的苏州经验	党性教育	抓基层党建能力	新型经营主体综合实力和带动能力不强

6.3.2.5 教学方法匹配

课程主题确定后，要进行教学方法的匹配。农村基层干部培训倡导的是务实管用、针对有效。在培训课程的选择上侧重用实践、案例讲好以习近平新时代中国特色社会主义思想为中心内容的理论教育，用农村基层中涌现出的模范人物、先进典型讲好党性教育。因此，教学方法匹配应加大现身说法、经验交流、现场观摩、实地体验、访谈教学等。苏州市农村干部学院倡导五可——"可听""可看""可学""可讲""可用"，这在教学方法的匹配上应得到呈现，实现"课堂听""现场看""学员讲"等的有机融合（表6.3）。同时，教学方法匹配还受到学员群体的人数、年龄等的影响，如研讨式教学对人数的要求是不宜过多，一般控制在40人以下。

表6.3 ×县乡村振兴专题培训班课程与教学方法匹配表

序号	课程主题	教学方法
1	习近平总书记关于精准扶贫重要论述	专题讲授
2	×县实施精准扶贫的难点、原因及对策	结构化研讨
3	天不能改，地一定要换——从薄弱村到先锋村的蒋巷实践	访谈教学
4	党建引领农村人居环境整治的苏州实践	经验交流
5	全国生态文明村建设的树山经验	现场教学
6	基于互联网思维的农产品品牌营销与农产品公共品牌建设	专题讲授
7	大力发展新型经营主体，延长农村产业链条的典型案例	案例教学
8	互联网激发农村产业发展的展望与苏州探索	专题讲授
9	农村一窗受理全科服务的市北经验	现场教学
10	村规民约催生文明好乡风的基层实践	经验交流
11	用"积分制"助力乡村有效治理的苏州实践	现场教学
12	如何开展好"四议两公开"	情景模拟
13	发展农村集体经济，致富一方百姓	经验交流
14	听党话、感党恩，农村致富带头人如何更好发挥作用	现身说法

6.3.2.6 培训师资匹配

培训教学设计中，首先根据问题属性、能力属性、模块属性、培训教学设计框架等拟定的是课程主题，进而根据学员对象和课程主题进行教学方法的匹配，突出实操实用、实践实训，最后确定的是培训师资和现场教学点。一个课程主题会以多种教学方法呈现，一个特定的课程主题、特定的教学方法也会有多个教师来讲授或实施。在如何进行师资匹配的问题上，同因素理论提供了支撑。同因素理论认为培训成果转化取决于培训时的任务、材料、设备和其他学习环境、工作环境的相似性,如果培训内容和实际工作完全一致,培训成果就能够顺利转化。因此,农村基层干部培训师资要形成政策解读、理论解码、实践解析等不同类型的师资结构,让职能部门干部讲政策,高校专家讲理论,"土专家""田秀才"讲实践。同时,在讲授风格上也要贴合农村基层干部的群体特征,切实保证学员听得懂、学得会、用得上。

6.3.3 初审、上会、完善、定稿、实施和评价

为确保培训教学设计的严肃性,必须配以规范的工作流程,用制度来推动高质量的培训教学设计。培训教学设计专员经过审题和设计两个核心环节完成了培训方案的初稿,并交由培训教学部门初审。初审主要包括框架合理性、逻辑严密性、课程师资和教学方法的匹配性等。初审通过后,安排上会集体评议。参与集体评议的成员包括培训教学设计专员和教学教务专员,一方面从模块化、系统化和问题导向等视角提出课程设置优化建议,另一方面从教学教务落实可行性视角提出课程师资和教学方法优化建议。培训教学设计首先考虑的是"他应该是什么样的"理想化培训"模型"和解决方案,然后是培训实施的可及性。并非所有理想化培训"模型"和解决方案都能变为现实,这需要团队基于过往培训实践中积累的经验和教训来集体商议。分管培训教学的院领导最终对"众说纷纭"的建议进行整合,并给出培训方案的修改建议,由培训教学设计专员进行完善,签字后呈报给培训教学部门负责人审核签字,最后呈报给分管培训教学的院领导签字并发给培训组织方。培训项目委托方会对培训方案提出不同看法和修改意见,培训教学设计专员不可能完全洞察和掌握对方的培训意图和培训信息,双向的互动有助于培训方案的完善和优化,但培训教学设计专员不能一味"迁就"委托方的不同意见,要与委托方保持良好沟通并坚持培训本身的科学性和规律性。培训教学设计专员与培训项目委托方最终达成一致意见后形成的培训方案要交培训教学部门负责人签字存档,并最后呈报给分管领导签发实施。培训教学设计专员要进行复盘,比较发送方案和

实施方案的异同，并不断总结规律，以提升专业能力和水平。实施并非培训教学设计的终结，培训完成后要进行对培训项目质量和培训课程质量的满意度评价，进而更好地指导后续培训教学设计。

6.4 小　结

　　培训内容并非简单化的符号标签，应是模块主题、课程开发、形式呈现、师资匹配等多方面的有机结合体。同样的培训主题可以由不同的培训内容演绎，对不同培训主体存在课程、方法、师资、现场教学点的适应性优化。苏州市农村干部学院形成了农村基层干部教学设计的机制。一是方案设计差异化。始终坚持"没有一张相同的课程表"，在精准把握需求的基础上，针对培训对象差异，用课程、师资、方法适配来提升有效性，做到"一班一策"。二是方案设计协同化。以"一表"（培训方案表）带"四库"，协同推进方案设计与课程库、师资库、现场教学基地库、培训方法库的创新建设。三是方案设计流程化。实行流程化管理，层层把关，步步研讨，使培训方案目的明确、逻辑严密、内容与方法统一。

　　苏州市农村干部学院采用审题、设计、初审、上会、完善、定稿、实施、评价等八步流程，精心研制培训方案。提出了"关照需求""目的明确""逻辑严密""内容与形式统一"等方案设计的四大要求。每个方案须经过三次"上会"（一稿初始设计、二稿研讨会商、三稿修缮定稿）。"上会"讨论方案，设计专员必须汇报三方面的内容：培训需求分析，主要分析组织需求、培训对象、区域背景、工作要求等（是什么）；培训方案设计考虑的需求匹配和内在逻辑结构（为什么）；培训方案的要点、创新点和预期效果（怎么样）。

附录 2

"×省×市×县'乡村振兴'专题培训班"培训方案

一、设计原则

1. 突出问题导向。在深入学习×县乡村振兴战略实施的指导原则（主要原则为：精准扶贫是乡村振兴的头等大事，环境综合整治是乡村振兴的先手棋，生态文明小康村是乡村振兴的有效途径，产业兴旺是乡村振兴的基石，乡风文明是乡村振兴的灵魂，治理有效是乡村振兴的核心，生活富裕是乡村振兴的目标）、仔细研究×县乡村振兴战略实施中存在的问题（主要体现为：农牧业市场化程度低，新型经营主体综合实力和带动能力不强，农牧民自我发展能力弱，攻克深度贫困堡垒的任务重、抓手少，农牧村基层组织带动能力不强，农牧村公共文化服务不足，乡村治理体系不够完善，生态文明建设脆弱等）的基础上，系统设计培训方案。

2. 突出组织要求。按照《2018—2022年全国干部教育培训规划》中对培训内容的要求构建课程体系。一是把习近平新时代中国特色社会主义思想列入课程，学深悟透习近平总书记关于"脱贫攻坚""乡村振兴"等的重要论述；二是让党性教育入脑入心，把党性修养提升作为培训设计中的必修课；三是提升大家会干事、干成事的工作专业能力，结合×县乡村振兴战略实施的指导原则和存在问题，开设专业课程；四是加强相关新思想、新理念、新知识的学习培训，开设相关课程。

3. 突出针对有效。充分运用苏州市农村干部学院开展干部培训的各类教学形式，实现内容与形式的高度统一，让参训学员坐得住、听得进、学得会。结合乡村振兴主题、×县干部实际，把课堂教学、案例教学、现场教学、情景教学、研讨教学等各种形式整合在培训设计中,实现"课堂听""现场看""学员讲"的有机融合;让专家学者、领导干部、大学教授、一线基层同志成为师资,既讲理论知识又谈工作实务,既讲工作方法又鼓工作干劲,有效提升培训的针对性、有效性。

4. 突出苏州特色。把苏州农村改革发展最前沿的成功实践(特色田园乡村建设、农村电商、农业大数据、三产融合发展、农村共享农庄、农村人居环境整治、农村一窗受理全科服务等)和苏州干部群体干事创业的精神风貌(让扎根一线的农村基层事业的开创者走上讲台、走进课堂,激扬情怀、鼓舞干劲)作为培训主要内容,以×县实施乡村振兴战略过程中的难题为导向,用苏州实施乡村振兴战略过程中的实践为答案。

二、具体框架

以×县乡村振兴战略实施的指导原则的七个方面——精准扶贫、环境综合整治、生态文明小康村建设、产业兴旺、乡风文明、治理有效、生活富裕——为方案设计的整体逻辑基础,解决×县乡村振兴中面临的主要问题,呼应组织对×县农村基层干部教育的培训要求。

培训方案框架结构

序号	培训教学设计框架	课程主题	模块属性	能力属性	问题属性
1	精准扶贫	习近平总书记关于精准扶贫重要论述	以习近平新时代中国特色社会主义思想为中心内容的党的基本理论教育	政治能力	攻克深度贫困堡垒的任务重、抓手少
2		×县实施精准扶贫的难点、原因及对策	专业化能力培训	改革创新能力	农牧村基层组织带动能力不强
3		天不能改,地一定要换——从薄弱村到先锋村的蒋巷实践	党性教育	政治能力	农牧村基层组织带动能力不强

续表

序号	培训教学设计框架	课程主题	模块属性	能力属性	问题属性
4	环境综合整治	党建引领农村人居环境整治的苏州实践	以习近平新时代中国特色社会主义思想为中心内容的党的基本理论教育	抓基层党建能力、群众工作能力	农牧村基层组织带动能力不强
5	生态文明小康村建设	全国生态文明村建设的树山经验		改革创新能力	生态文明建设脆弱
6	产业兴旺	基于互联网思维的农产品品牌营销与农产品公共品牌建设	知识培训	改革创新能力	农牧业市场化程度低
7		大力发展新型经营主体，延长农村产业链条的典型案例	专业化能力培训	发展经济能力	新型经营主体综合实力和带动能力不强
8		互联网激发农村产业发展的展望与苏州探索	知识培训	改革创新能力、发展经济能力	农牧业市场化程度低
9	乡风文明	农村一窗受理全科服务的市北经验	专业化能力培训	化解矛盾能力	农牧村公共文化服务不足
10		村规民约催生文明好乡风的基层实践	专业化能力培训	化解矛盾能力	农牧村公共文化服务不足
11	治理有效	用"积分制"助力乡村有效治理的苏州实践	专业化能力培训	公共服务能力	乡村治理体系不够完善
12		如何开展好"四议两公开"	专业化能力培训	依法办事能力、风险防控能力	乡村治理体系不够完善
13	生活富裕	发展农村集体经济，致富一方百姓	专业化能力培训	发展经济能力	农牧民自我发展能力弱
14		听党话、感党恩，农村致富带头人培育和作用发挥的苏州经验	党性教育	抓基层党建能力	新型经营主体综合实力和带动能力不强

三、日程安排

培训方案日程安排

时间		培训内容	授课教师/组织者
第一天	全天	报到	—
第二天	上午	开班式	—
		专题讲授：习近平总书记关于精准扶贫重要论述	拟请农业农村局领导
	下午	访谈教学：天不能改，地一定要换——从薄弱村到先锋村的蒋巷实践	拟访谈党的十六大、十八大代表，常熟市蒋巷村第一书记常德盛
第三天	全天	现场教学：全国生态文明村建设的树山经验；农村一窗受理全科服务的市北经验	拟请树山村党组织书记、市北村党组织书记分别做工作交流
第四天	上午	经验交流：党建引领农村人居环境整治的苏州实践	拟请组织部门领导
	下午	专题讲授：基于互联网思维的农产品品牌营销与农产品公共品牌建设	拟请大学专家
第五天	上午	案例教学：大力发展新型经营主体，延长农村产业链条的典型案例	拟请苏州市农村干部学院案例教学团队
	下午	专题讲授：互联网激发农村产业发展的展望与苏州探索	拟请大学专家
第六天	上午	现场教学：用"积分制"助力乡村有效治理的苏州实践	拟请牛桥村党组织书记做工作交流
	下午	情景模拟：如何开展好"四议两公开"	拟请苏州市农村干部学院情景模拟教学团队
第七天	上午	经验交流：村规民约催生文明好乡风的基层实践	拟请全国文明村中荷村党组织书记做工作交流
	下午	经验交流：发展农村集体经济，致富一方百姓	拟请农村集体经济发展先行村东林村党组织书记做工作交流

续表

时间		培训内容	授课教师/组织者
第八天	上午	现身说法：听党话、感党恩，农村致富带头人如何更好发挥作用	拟请农村致富带头人现身说法
	下午	×县实施精准扶贫的难点、原因及对策	拟请苏州市农村干部学院结构化研讨教学团队
第九天	上午	返程	—

7 农村基层干部培训质量评估体系

7.1 导 语

干部培训质量评估一直受到干部教育培训管理部门和学术界的广泛关注及重视。

《2010—2020年干部教育培训改革纲要》中提出要"建立干部教育培训质量评估机制。干部教育培训主管部门要会同同级党校、行政学院和干部学院等,研究制定教学质量评估办法和指标体系,定期开展评估工作,将评估结果作为培训机构承担培训任务、深化教学改革的重要依据。干部教育培训机构要组织学员对培训项目、课程设置、师资水平、教学管理等进行评价,根据评价情况不断改进工作,提高教学水平。到2012年,在全国普遍推行教学质量评估制度"。《2013—2017年全国干部教育培训规划》提出"全面开展培训质量评估,从培训设计、实施、管理以及培训效果等方面入手,对每个培训项目进行考核测评,把评估结果作为评价党校、行政学院、干部学院和社会主义学院办学质量的重要依据，作为确定高等学校、社会培训机构、境外培训机构承担培训任务的重要标准，作为干部教育培训机构推动教学改革、提高教学质量的重要指引。结合不同培训项目特点，合理设置评估标准，把培训需求适配度、课程设计科学性、师资选配合理性、教学内容满意度、教学方法有效性、教学组织有序性、学风校风良好度以及培训对干部能力素养提高的帮助程度等，作为质量评估的主要内容，努力探索科学的项目质量评估办法"。《2018—2022年全国干部教育培训规划》中提出"建立健全干部教育培训质量评估制度。坚持定量与定性相结合，完善质量评估指标体系，全面推进干部教育培训机构办学质量、项目质量、课程质量评估。2020年前完成省市县三级党校（行政学院）办学质量评估试点工作，2022年前对省市县三级党校（行政学院）评估一遍。完善项目质量评估制度，健全由项目委托单位、参训学员、培训机构等共同参与的评估机制。完善课程质量评估制度，健全由学员、教师（或者专家）、跟班管理人员、教学管理部门等多方参与的评估机制"。《2018—2022年全国干部教育培训规划》对干部教育培训质量评估的描述明确了应从三个层面加强干部教育培训质量评估工作，一是加强干部培训机构办学质量的质量评估，二是加强培训项目的质量评估，三是加强培训课程的质量评估。本章主要从培训教学的视角来探讨、研究质量评估，更多侧重培训项目的质量评估和培训课程的质量评估。

  对评估理念、评估主体、评估流程、评估方法、评估指标、评估理论等的研究是学术界关注的焦点。李万峰、朱昭霖[①]针对公务员这一特定的培训对象进行了深入细致的研究，提出了"构建完善的评估主体体系，保证公务员培训质量评估的客观性；探索多元的评估方法体系，提高公务员培训质量评估的效率和效能；推行规范的评估流程体系，使评估贯穿于公务员培训过程始终；构建系统的评估指标体系，实现公务员培训质量评估的科学性"等有建设性的观点，从中可以看到李万峰、朱昭霖眼中的质量评估体系主要包括评估主体、评估方法、评估流程和评估指标（评估内容）

---

① 李万峰,朱昭霖.优化我国公务员培训质量评估的路径研究[J].行政科学论坛,2018(8):47-51.

等，具有一定的代表性。

肖小华①提出"干部教育培训评估必须做到'五个结合'"，这一评估理念最具代表性。主要内容为：以动态评估为主，坚持静态评估与动态评估相结合；以学员评估为主，坚持自我评估与他人评估相结合；以定性评估为主，坚持定量评估与定性评估相结合；以专项评估和日常评估为主，坚持多种评估相结合；以形成性评估为主，坚持终端评估与形成性评估相结合。

对评估主体的探讨主要立足于文件给出的指引，如2003年人力资源和社会保障部专门就培训质量评估下发了《关于进一步加强国家公务员培训质量评估工作的意见》，明确培训质量评估的对象和主体坚持"谁主办、谁评估"，由培训主办单位负责组织对培训班培训质量的综合评估。施教机构也应组织对培训班每门课程进行评估。《2018—2022年全国干部教育培训规划》明确了评估主体由干部教育培训管理部门、项目委托单位、参训学员和培训机构等共同组成。肖小华②对评估主体有效落实的现实性提出了不同意见。肖小华认为，尽管组织部门都有干部教育培训的职能处室，但这些内设机构主要负责制定干部教育培训的政策和规划、调学、检查等工作，缺乏专业人员来开展培训质量评估工作。这一观点强化了健全干部教育培训管理部门、项目委托单位、参训学员、培训机构等共同参与的评估机制建设的重要性和紧迫性。

评估方法的研究主要集中于对某个单种评估方法的运用流程、适用条件等的研究和对评估方法组合的研究。李万峰、朱昭霖③认为，评估方法的运用不能僵化、固化，要根据评估主体、评估阶段、评估内容、方法性质等的差异来选择不同的评估方法。但大多采用如下的一种或几种：访谈法、问卷调查法、直接观察法、测验和模拟法、档案记录分析法、专家调查法和跟踪评估法等。其中使用最多的是问卷调查法。

---

① 肖小华.完善干部教育培训评估体系的思考[J].中共银川市委党校学报,2008(3):69-71.
② 肖小华.完善干部教育培训评估体系的思考[J].中共银川市委党校学报,2008(3):69-71.
③ 李万峰,朱昭霖.优化我国公务员培训质量评估的路径研究[J].行政科学论坛,2018(8):47-51.

学界对评估流程有着很高的趋同一致性。杜保友、孔祥利[1]通过对西方评估体系的借鉴和发展指出,我国的公务员培训质量评估应从培训前、培训中和培训后三个阶段进行。刘彦琴、杨枝华、张一尔[2]提出以培训活动为主体的培训评估,倡导按照培训活动的时序进行评估,包括培训前评估、培训中评估和培训后评估。李万峰、朱昭霖[3]也持类似的观点,培训质量评估必须贯穿于整个培训过程,培训前评估包括对培训项目的诊断、对参训学员需求的诊断、对评估自身的诊断(分析评估的必要性与可行性)、对参训学员状态的记录和观察(用于培训的前后对比分析)。培训中评估包括教学组织、培训保障、课程师资等,也包括学员学习态度的评估,前者的及时评估可以优化调整培训实施中存在的不足。培训后评估是对整个培训项目的系统考察、梳理、总结和评价,为后续的培训项目提供借鉴和参考。

评估指标是一个仁者见仁、智者见智的研究课题。在李万峰、朱昭霖[4]看来,评估指标本身就是一个体系,包括构建原则、构建程序和具体指标,应从反应层、学习层、行为层、结果层以及成本收益的衡量等五个角度来系统设计细化指标,构建指标体系。刘彦琴、杨枝华、张一尔[5]从课程设置的科学性、教学内容的满意度、教学方法的有效性、教学组织的有序性、师资选配的合理性、培训进度和中间效果等六个方面入手,构建了由培训设计、培训实施、培训管理、培训效果等4个一级指标,组织需求分析等18个二级指标,经济社会发展对干部素质能力的要求等64个三级指标构成的指标体系,具有一定的代表性。

---

[1] 杜保友,孔祥利.国外公务员培训质量评估制度的经验借鉴与启示:以美国、加拿大、英国、法国和新加坡五国为例[J].湖北行政学院学报,2011(4):37-40.

[2] 刘彦琴,杨枝华,张一尔.干部教育培训项目评估的研究和思考[J].继续教育,2016,30(1):25-28.

[3] 李万峰,朱昭霖.优化我国公务员培训质量评估的路径研究[J].行政科学论坛,2018(8):47-51.

[4] 李万峰,朱昭霖.优化我国公务员培训质量评估的路径研究[J].行政科学论坛,2018(8):47-51.

[5] 刘彦琴,杨枝华,张一尔.干部教育培训项目评估的研究和思考[J].继续教育,2016,30(1):25-28.

7.2 不同视角下的培训质量评估认知和理论基础

《2018—2022年全国干部教育培训规划》明确提出:"建立健全干部教育培训质量评估制度。坚持定量与定性相结合,完善质量评估指标体系,全面推进干部教育培训机构办学质量、项目质量、课程质量评估……完善项目质量评估制度,健全由项目委托单位、参训学员、培训机构等共同参与的评估机制。完善课程质量评估制度,健全由学员、教师(或者专家)、跟班管理人员、教学管理部门等多方参与的评估机制。"干部教育培训主管部门、项目委托单位、干部培训机构等不同的干部教育培训主体都面临着培训质量评估的问题。干部教育培训质量评估有助于干部教育培训主管部门科学判定培训价值,有助于干部教育培训机构提升管理水平和培训能力,有助于激发干部参与培训的积极性与主动性,有助于促进培训项目的不断改进[1]。尽管不同主体都承担着为国家培养忠诚干净担当的高素质专业化干部队伍的终极使命,但承担的工作职责和基于职责的对干部培训质量评估的诉求、目标、方法却又有所差异。

7.2.1 干部教育培训管理部门视角下的培训质量评估

干部教育培训管理部门关注的重心在干部培训机构的质量监控、机制建设,也就是干部教育培训机构的办学质量。如《公务员培训规定(试行)》明确规定,人事部门负责对公务员培训机构进行评估,评估内容主要包括培训方针、培训质量、师资队伍、组织管理、基础设施、经费保障等。干部教育培训管理部门通常采用颁布文件、出台政策、制定标准、督察考核等方式给出指引和要求,有时也会通过建立标准体系和准入门槛,设立各级各类干部培训基地的方式来强化对干部培训机构的宏观管理、质量管控和工作指导。评估指标和内容主要包括坚持"姓党"原则、组织管理、

---

① 王彩云.干部教育培训效果评估问题研究[J].中共伊犁州委党校学报,2021(1):41-43.

培训质量、能力建设、队伍建设、学风建设、条件保障等。肖小华①倡导的构建干部教育培训外部评估体系的原则及设想就属于干部教育培训管理部门对干部培训机构的质量管控。肖小华从评估主体、评估内容、评估方法三方面研究了干部教育培训评估。肖小华根据评估主体的不同，提出干部教育培训的评估包括外部评估和内部评估。外部评估主要是指各级干部教育培训机构的主管部门或主管部门委托的中介机构进行的评估；内部评估主要是指教育培训机构的自我评估。从我国干部教育培训的实际情况来看，干部教育培训的外部评估体系还未建立健全，影响了干部教育培训质量的提高。因此，尽快建立健全干部教育培训外部评估制度，完善外部评估体系，制定外部评估标准，是提高干部教育培训质量的客观要求。此类评估被黄峰称为"宏观上对教育培训机构进行科学的质量评估"②，属于对干部培训院校、培训机构开展的办学质量评估。

7.2.2 项目委托单位视角下的培训质量评估

干部教育培训管理部门有时也"化身"为项目委托单位，根据干部教育培训相关文件规定和干部队伍建设的系统规划，把干部教育培训的任务"派发"给干部培训机构。各单位部门也根据本地干部教育培训管理部门的工作指导和干部队伍建设的现实需要，作为项目委托单位积极开展干部教育培训。作为项目委托单位，重视干部教育培训质量评估的起点是干部队伍建设，根据《2018—2022年全国干部教育培训规划》要求，应与参训学员、培训机构等共同参与、不断完善培训项目评估机制。如《公务员培训规定（试行）》明确规定，公务员培训主办单位要对培训班进行评估，也可委托培训机构进行，评估内容主要包括培训方案、培训教学、培训保障和培训效果等。通常，培训项目评估理论基础为人力资本理论、培训转化理论、培训效果评估理论。

人力资本理论最早起源于经济学研究，20世纪60年代，美国经济学家舒尔茨和贝克尔创立人力资本理论，开辟了关于人类生产能力的崭新思路。

---

① 肖小华.建立和完善干部教育培训的外部评估体系[J].桂海论丛,2008(5):96-97.
② 黄峰.中国共产党干部教育培训科学化研究[D].北京:中共中央党校,2015.

该理论认为物质资本指物质产品上的资本，包括厂房、机器、设备、原材料、土地、货币和其他有价证券等；而人力资本则是体现在人身上的资本，即对生产者进行教育、职业培训等支出及其在接受教育时的机会成本等的总和，表现为蕴含于人身上的各种生产知识、劳动与管理技能以及健康素质的存量总和。

干部是党和国家社会主义伟大事业的宝贵人力资本。政治路线确定之后，干部就是决定因素，个体的政治能力和专业素质对于提高行政质量和行政效率、提高政府的竞争力和国家的综合实力具有举足轻重的作用。干部教育培训工作是干部队伍建设的先导性、基础性、战略性工程。从百年建党历史看，重视干部培训是我党的历史传承。早在井冈山时期，我们党就建立了马克思共产主义学校。在延安时期，延安及周边地区先后创办了30多所干部培训学校，中共中央专门成立了干部教育部，统一领导学习运动。新中国成立前后，我们党大规模培训干部，为建设新中国提供了重要支撑。改革开放初期，向全党发出"善于学习，善于重新学习"的号召。进入新世纪，中央提出了大规模培训干部、大幅度提高干部素质的战略任务。尤其是党的十八大以来，习近平总书记反复强调，善于学习，就是善于进步。没有全党大学习，没有干部大培训，就没有事业大发展。党的历史经验和现实发展都告诉我们，我们党依靠学习创造了历史，更要依靠学习走向未来。

培训转化理论是探讨、研究参训学员将在培训中学到的知识、技能、行为和态度运用到实际工作中去的理论。培训效果转化理论主要包括认知转化理论、激励推广理论与同因素理论。培训转化理论以衡量培训效果的转化效率为核心，通过培训把培训内容转化给参训学员，提升参训学员的素质能力，进而带动员工和组织提升投入产出效率。认知转化理论认为培训成果转化的可能性取决于参训学员使用新技能、新知识的能力，因此在培训过程中，帮助参训学员将培训内容掌握得更牢固，从而提高其运用所学知识的能力，就能促进培训成果的转化。师资可以向学员供给有价值的资料并指导学习计划，让学员能够把所学到的知识、技能与实际工作结合在一起，这样才能增强培训效果转化。认知转化理论还注重在培训过程中，师资对学员的激励问题。在师资的激励下,学员对培训内容加以思考,运用于实际工作中的可能性便会大大增强。激励推广理论认为,在培训项目中设置重要与一般的特征原则,并且明确一般原则的适用范围,是促进培训效果转化的好措施。因为工作环境与培训内容中的环境存在差异,有时甚至相差甚远。在培训内容中明确处理问题的一般原则,能够使参训学员在培训效果转化过程中灵活运用、弹性采用一般原则处理问题。同时在培训过程中,鼓励学员提升自我思考能力,积极思考如何把培训内容与实际工作有机结合,进而用所学所思成功处理现实问题。同因素理论认为培训成果转化取决于培训时的任务、材料、设备和其他学习环境、工作环境的相似性,如果培训内容和实际工作完全一致,培训成果就能够顺利转化。在现实中,很少有培训的内容与实际工作的内容完全相同的情况。现代培训倡导实训,就是希望通过模拟现实情境,通过反复的训练来提升转化效果。同因素理论给干部培训带来的思考和启示一般有三点。一是要让参训学员清楚培训中所执行的问题与实际工作之间的区别,培训的意图不是简单依葫芦画瓢的模仿。二是组织调训要坚持分类培训,大呼隆、一锅煮不符合同因素理论的基本原则。三是积极鼓励参训学员善于把所学到的知识和能力运用于实际工作,参训学员不能一味追求、寻找与自身环境相一致的培训内容并加以简单吸收和运用。

7.2.3 干部培训机构视角下的培训质量评估

作为以党校、干校为主体的干部培训机构,重视干部教育培训质量评估的起点是通过自身对教育培训业务工作的追求极致、争先创优协助项目委托单位实现培训目标意图的同时,实现自身教育培训事业的发展,理论基础为成人学习理论、培训效果评估理论。根据全面质量管理的 PDCA (Plan,计划;Do,执行;Check,检查;Act,处理)理论,干部教育培训质量管理过程可分解为制订培训计划、实施培训活动、评估培训效果、改进培训工作等四个主要环节,培训质量管理过程即四个环节循环往复、螺旋式上升的过程①。对干部培训机构而言，培训质量评估是为了更好地控制、提升培训质量。

成人学习理论的代表观点是诺尔斯等提出的。干部培训从源头来看就是一种成人教育，具有成人学习的特性。原先教授儿童和成人的方法是基本一致的，大家认为儿童和成人学习的规律是相同的。直到1975年诺尔斯在研究中指出成人学习与儿童学习并不相似，两者存在较大的不同，从此人们开始关注成人学习的特征，并且开始普遍使用成人学习理论。成人学习理论主要包括三个观点。一是成人学习的生活经验较强，通常以自己的生活经验和工作为核心开展学习活动。在社会上，成人是重要一员，经历过许多事情，由此形成了亲身的经验。社会经验直接影响到成人学习的效果。成人学习有着延续性，通过在社会上学到的经验，有了知识基础后进行再学习、再培养，这样的过程持续进行。二是成人学习的进行虽然时间短，但有着明确的目标，成人学习的能力突出。他们的激励来源于工作奖励和工作晋升，因此工作奖励与工作晋升也是他们的重要目标。目标明确对于成人来说也是很好的学习动力，表现在：成人的自制力比较强，能够排除各种不良的干扰，平衡学习情绪；成人在理解能力方面有优势；成人学习应用性较强，能够把理论联系实际，提高创造能力；由于有许多社会实践经验和很多知识基础，成人学习能力也较强。三是成人学习具有较强的独立性与明显的心理特征。成人在学习主动性上更明显，而青少年在学习上往往被动性居多。成人学习具有明确的概念，自己能够筛选学习内容，表达需求较强。但他们有学习自信不足的心理，这是成人学习的心理特征之一。

在有些学者看来，干部培训机构视角下的培训质量评估属于干部培训院校的内部评估，是对干部培训院校的教学过程进行的科学质量评估，主要用于监测教学效果、遴选师资上讲台、改进培训项目教学设计等。与"干部教育培训质量评估"相提并论的还有一个专业术语——"干部教育培训考核评价"，前者评估的对象是干部教育培训机构、培训项目、培训课程等，后者的考评对象是学员。前者评估的是学员个体组成的群体的培训活

---

① 林似非,余晓平.以需求为导向的干部教育培训质量管理的实践与探索:以全国干部教育培训浙江大学基地为例[J].当代继续教育,2020,38(2):46-51.

动的绩效，后者评估的是学员个体的培训绩效以及相互间培训绩效的比较。但二者也存在关联甚至重合的地方，因为对培训机构、培训项目、培训课程的评估必然绕不开学员对培训活动及培训学习的反应、吸收和运用。本章讨论的是农村基层干部培训教学体系下的质量评估，也就是从干部培训院校、培训机构的视角来评估具体的培训项目质量，需要强调的是，培训课程、培训师资、培训方法等自然是培训项目质量评估中的主体内容，但并不意味着研究、思考的起点和过程全部落在了培训实施过程的评估上，也会从工作实绩考核和培训成果转化的视角来进一步探讨质量评估。

7.3　农村基层干部培训质量评估

柯克帕特里克提出的"反应、学习、行为、结果"培训评估四层次模型是当前世界上应用最为广泛的培训评估的工具，在教育培训的评估方面有重要的理论地位。柯氏评估模型对教育培训的效果进行全方位的评估，把培训对象测评的指标分为四个层次，分别为反应层、学习层、行为层与结果层。通过对这四个层次从低到高、从近到远的评估，可以针对培训对象的受训结果进行综合的效果测度。国内众多干部培训从业者如李闯[1]、李燕红[2]、王金波[3]等都曾使用柯氏评估模型对干部培训进行质量评估。李燕红通过柯氏评估模型对廉江市委党校干部教育培训开展有效性评估，从反应层、学习层、行为层、结果层四个维度对学员满意度、学到的知识、态度、技能、行为、工作行为的改进和工作中导致的结果进行评估，查找存在问题，研究分析成因，给出对策与建议。培训项目委托单位和培训施教机构通常共同围绕"反应、学习、行为、结果"四个层次进行不同侧重的

---

[1] 李闯. 从柯氏评估模型角度分析基层党员干部培训评估问题[J]. 湖北函授大学学报, 2017, 30(20): 108-110.

[2] 李燕红. 基于柯氏评估模型的基层党校干部教育培训有效性提升研究[D]. 南宁: 广西大学, 2019.

[3] 王金波. 柯氏四级培训评估模式对我国干教培训评估工作的启示[J]. 北京石油管理干部学院学报, 2012, 19(1): 78-80.

培训质量评估,"反应"评估被培训者的满意程度,"学习"评估测定被培训者的学习获得程度,"行为"评估考查被培训者的知识运用程度,"结果"评估计算培训创出的经济效益。其中,培训施教机构主要立足的是反应层,部分干部培训机构也会对学习层进行测度。培训项目委托方主要立足的是学习层、行为层和结果层。马德明①受柯氏评估模型的影响,提出对培训项目要从四个方面进行全面的评价。第一,对培训项目本身的评价。其主要包括:培训时机是否合适,培训目的是否准确,培训内容设置是否合理,培训方式是否高效,以及培训的组织与管理方面的信息。这些均是培训实施过程中难免出现的问题和需要改进的地方。第二,对培训教师的评价。主要了解教师的工作态度,教师是否有能力做好这方面的培训工作,是否有良好的教学水平或教学方法,是否能让受训人员全部或者部分地接受教学内容。第三,对受训员工的评价。培训结束时,通过笔试、面试或实际操作等方法了解员工所学的知识和技能。培训一段时间后追踪调查受训员工行为上发生的变化。第四,对培训效果的评价。这是指对员工接受培训后在工作实践中的具体运用或工作情况的评价。对培训效果的评价要考虑评价的时效性。如对操作人员的操作技能培训评价是即时性的,而对培训效果要通过一段时间才能表现出来的项目要进行跟踪性评价。柯氏评估模型倡导在训后的3~6个月进行跟踪性评价,这被业内公认为是一个较为科学、适宜的时机。

根据浙江大学课题组的相关研究,在柯克帕特里克的四级培训评估模型中,反应层的评估主要是对培训活动本身及培训机构的评估,学习评估、行为评估和成果评估主要是对学员的评估,对干部教育培训的评估能够起到相关的借鉴作用。因此,本章在开展农村基层干部培训质量评估研究时将以反应层的评估为主。这一层次的评估主要是在培训项目结束时,通过问卷调查来收集受训人员对培训项目的效果和有用性的反应,评估结果可以改进培训内容、培训方法、教学设计、教学进度、培训保障等。学习评估、行为评估、结果评估更多用于干部教育培训考核评价,但也有相当多的学者和培训机构在构建干部培训质量评估指标体系时,积极探索将学习

---

① 马德明.公务员培训效果评估的理论基础和研究现状分析[J].攀登,2007(4):117-121.

评估、行为评估和结果评估引入指标体系。

7.3.1　农村基层干部培训质量评估的实践探索

对农村基层干部培训质量评估的研究几乎是一片空白,在知网中输入"农村""干部""培训""质量""评估"等关键词后筛选出的文章数为零。但在实际的农村基层干部培训中,对质量评估的实践却一直存在,几乎所有的干部培训院校、培训机构在开展农村基层干部培训过程中或结束后都会进行培训质量评估。如苏州市农村干部学院主要开展如下三种质量评估:即时培训课程质量评估、训中培训服务质量评估、训后培训综合质量评估,以此作为对培训实施的整个流程、环节进行质量管控的依据,以改进后续类似的培训项目。

一是开展即时课程质量评估。课程总是与师资紧密结合在一起,教师是课程的主体,因此对课程的评估就是对师资的评估,对师资的评估通过对课程的评估来体现。

即时课程质量评估通过学员对课程的满意度、认可度来实现。评估的流程通常是在每次课程结束后,第一时间向学员发放课程质量评估表,由学员进行匿名打分。即时强调的是及时性,确保学员在打分的时候是印象最深刻、感知最准确之时。评估的内容主要从课程本身的内容、逻辑以及师资在演绎课程中的表现两方面来测度。苏州市农村干部学院把课程评估简单化处理,从而更易于实施,评估指标主要包括"框架结构""教学内容""授课形式""语言表达"等四个方面,根据专家意见和实践经验对四个指标进行赋分,分别由学员打分得到最终的课程质量评估分值(表7.1)。其中"框架结构"的评分要求和内容描述为:"框架清晰,结构严谨,逻辑严明,思路清晰,重点突出";"教学内容"的评分要求和内容描述为:"坚持问题导向,内容丰富,深入浅出,通俗易懂,研究有深度,解读有新意,观点有创新,对策建议可操作";"授课形式"的评分要求和内容描述为:"教学展示形式多样,生动活泼,有特色,有创新,对学员有影响力";"语言表达"的评分要求和内容描述为:"语言表达流畅;有艺术,讲方法,充满激情;教仪教态得当"。

表 7.1 课程质量评估调查表

项目	框架结构	教学内容	授课形式	语言表达
内容	框架清晰，结构严谨，逻辑严明，思路清晰，重点突出	坚持问题导向，内容丰富，深入浅出，通俗易懂，研究有深度，解读有新意，观点有创新，对策建议可操作	教学展示形式多样，生动活泼，有特色，有创新，对学员有影响力	语言表达流畅；有艺术，讲方法，充满激情；教仪教态得当
分值	20 分 优秀：16~20 分 良好：11~15 分 一般：6~10 分 较差：1~5 分	40 分 优秀：31~40 分 良好：21~30 分 一般：11~20 分 较差：1~10 分	20 分 优秀：16~20 分 良好：11~15 分 一般：6~10 分 较差：1~5 分	20 分 优秀：16~20 分 良好：11~15 分 一般：6~10 分 较差：1~5 分
得分				
总分				
备注				

部分干部培训院校建立了课程质量评估的指标体系，由一级指标和二级指标构成，一级指标通常包括"教学态度""教学内容""教学方法""教学效果"四个。其中"教学态度"下设"课前准备""计划执行""教学纪律"三个二级指标；"教学内容"下设"立场观点""深度广度""逻辑层次""联系实际"四个二级指标；"教学方法"下设"内容匹配度""学员接受度""运用灵活度"三个二级指标；"教学效果"下设"知识与能力""启发与思考"两个二级指标。（表 7.2）

表 7.2 课程质量评估指标体系

一级指标	二级指标
教学态度	课前准备
	计划执行
	教学纪律
教学内容	立场观点
	深度广度
	逻辑层次
	联系实际

续表

一级指标	二级指标
教学方法	内容匹配度
	学员接受度
	运用灵活度
教学效果	知识与能力
	启发与思考

二是开展训中培训服务质量评估。训中培训服务质量评估更多是在培训实施过程中听取学员代表对培训保障、培训服务、培训实施等相关的意见和建议。评估流程一般由干部培训院校学员部发起，在培训实施的三分之一或近半时，召集项目委托单位代表、培训班班委（或临时党支部成员、小组长）等举行座谈会，干部培训院校通常会安排教学教务部门、后勤保障部门一起列席会议，虚心听取大家的诉求，做好解释、提升工作。大家关于住宿服务、餐饮服务、用车服务等方面的合理建议一般会第一时间做优化调整，提升学员对培训的整体满意度。大家关于培训课程、教学教务相关的诉求、意见，一般会从其"善者"而"择之"。这主要源于教学教务相关的教学设计、课程师资等在训前已与培训项目委托单位进行过反复沟通和协商，相对比较科学合理。此外，干部培训本身属于组织行为，要反映组织意志、展现组织意图，因此教学教务相关内容主要由项目委托单位确定，而非根据学员单方面的意见做调整。但这并不意味着不存在改进提升空间，因为项目委托单位在前期沟通教学设计中，存在课程匹配、方法匹配、师资匹配等的信息不对称，同样的培训目的和意图，可以由不同的培训内容来实现，同理，同样的培训内容可以由不同的培训课程来实现，同样的培训课程可以采用不同的教学方法来实现，同样的教学方法可以由不同的授课教师来实现，尤其对于农村基层干部这一相对特殊的群体来说，培训内容确定后，培训课程、培训师资、教学方法的组合有着很大的弹性空间，因此干部培训院校要善于从训中培训服务质量评估面对面的直接沟通交流中，认识到教学设计中的短板和不足，在后续的培训实施过程中不断优化，在日后的类似培训项目中不断提升。时点的选择上，最好在培训

实施近半时开展训中质量评估。过早开展不利于发现问题，容易把培训中的质量评估当成形式主义，走走过场。培训近半，针对参训学员的培训活动中存在的问题、短板大多显露无遗，同时也留有时间为改进培训创造条件。

三是开展训后综合质量评估。训后综合质量评估更类似培训项目的质量评估，这是干部培训院校和培训机构最为关注、看重的质量评估环节。因为农村基层干部培训通常培训时间较短，一般都少于一周时间，干部培训院校、培训机构缺乏足够的缓冲时间来听取建议、改进质量。再加上农村基层干部培训在教学方法的偏好上，希望现场教学多一点、课程纯讲授教学少一点，因此即时培训课程质量评估、训中培训服务质量评估往往会因客观因素或主观因素而被忽视、忽略，但训后培训综合质量评估作为最后的质量评估关口，几乎都会认真组织。如苏州市农村干部学院会把学员训后综合质量评估的参与度作为班主任工作考核的一部分加以督察。尽管有即时培训课程质量评估，但训后综合质量评估还是会将培训内容、培训课程作为整体来听取学员的意见，由学员测度评分。

训后综合质量评估的时间范围涵括了训前、训中、训后的培训实施的全流程，评估的内容辐射到与培训实施相关的各个节点、要素，评估的方法大多采用的是在最后一个培训实施的环节，班主任老师或质量评估专员通过发放调查问卷表或提供调查问卷二维码的方式，由学员在现场或规定一个确定的时间节点完成表格的评分填写。

训后综合质量评估使用最多的是客户满意度调查法，设计满意度调查问卷，调查内容通常包括精准需求分析、精致设计方案、精心培训实施等。如苏州市农村干部学院将评估要素简单细化为方案设计科学合理、培训内容务实管用、教学方法多元互动、教学师资结构多元、教学态度认真严谨、培训设施齐全完备、培训服务周到细致等。这些都属于反应层的评估范畴。为了突出质量评估的有效性，增加学习层的相关内容来完善指标体系，用培训后知识和能力的增量来鉴定、验证培训的质量。按照《2018—2022年全国干部教育培训规划》对培训内容的规定和《关于实施新时代基层干部主题培训行动计划的通知》中对农村基层干部加强政治能力和专业化能力建设的要求，增加"通过培训理想信念更加坚定、提升""通过培训思想观念更加解放、务实""通过培训知识得到及时更新、完善""通过培训专业能力得到增长、强化"等进一步完善质量评估指标体系。（表7.3）

表7.3 农村基层干部培训质量评估调查表

指标	非常满意（5分）	满意（4分）	不确定（3分）	不很满意（2分）	不满意（1分）
方案设计科学合理					
培训内容务实管用					
教学方法多元互动					
教学师资结构多元					
教学态度认真严谨					
培训设施齐全完备					
培训服务周到细致					
通过培训理想信念更加坚定、提升					
通过培训思想观念更加解放、务实					
通过培训知识得到及时更新、完善					
通过培训专业能力得到增长、强化					

有时干部培训院校、培训机构会构建指标体系来综合测度学员对培训项目的满意度，其中一级指标包括培训设计、培训实施、培训管理和培训效果，"培训设计"下的二级指标包括目标设定、课程设置、师资配备；"培训实施"下的二级指标包括教学内容、教学方法、教学水平；"培训管理"下的二级指标包括校风教风、学员学风；"培训效果"下的二级指标包括对实际工作的帮助、能力素养的提高。（表7.4）

表7.4 干部培训质量评估指标体系

一级指标	二级指标	非常满意（5分）	满意（4分）	不确定（3分）	不很满意（2分）	不满意（1分）
培训设计	目标设定					
	课程设置					
	师资配备					

续表

一级指标	二级指标	非常满意（5分）	满意（4分）	不确定（3分）	不很满意（2分）	不满意（1分）
培训实施	教学内容					
	教学方法					
	教学水平					
培训管理	校风教风					
	学员学风					
培训效果	对实际工作的帮助					
	能力素养的提高					

7.3.2 农村基层干部培训质量评估中存在的问题

尽管在浙江大学课题组看来，反应层类似满意度评价更适用于面向培训机构和培训项目的质量评估，但仅仅通过反应层的评估往往并不全面，也应充分借鉴学习层、行为层、结果层等的评估来丰富、完善农村基层干部培训质量评估体系。当前农村基层干部培训质量评估的主要问题就在于实践中往往以反应层的评估代替系统全面的质量评估。难点也正在如何把学习层、行为层、结果层等的评估用科学准确、简单易行的方式尽可能完善到农村基层干部培训质量评估体系中去。在研究中，科学准确是基础，但在实践中，简单易行往往更受关注。

7.3.2.1 农村基层干部培训质量评估中的主要问题和难点

一是农村基层干部培训质量评估系统性不足。就评判干部教育培训质量高低的标准看，当前普遍存在把学员对当期农村基层干部培训学习吸收的主观感知作为评判干部教育培训质量的重要标准，而没有系统思考、探索把学习培训后的实践转化的客观工作成绩作为干部教育培训质量高下的评判准则的有效补充。就评判内容看，当前普遍存在对当期开展的干部教育培训质量评估简单变成了对师资、课程满意度的评价。就评判干部教育培训质量的客观主体看，作为展示组织意志、实现组织意图的培训项目委托方，在培训质量评估中局部失声，存在夸大学员个体对干部教育培训质量评判的声音的情况。

二是对农村基层干部培训质量评估主观上不够重视。农村基层干部培训是干部队伍建设的抓手和举措，干部培训本身不是目的，而是为了提高农村基层干部政治能力和专业化能力，在工作实践中完成党和政府交办的工作职责，做出令群众满意的工作绩效。正因为如此，干部教育培训主管部门更重视的是办学质量，即干部队伍建设的必要条件，对培训项目、教学质量的评估一则难以定性、定量科学度量，二则也很难借助参加培训的态度认知、掌握情况来给予参训学员所期望的职级提升等。对干部培训机构而言，培训质量评估更像是培训项目委托方的规定动作，只要在培训链条中安排了相应工作任务就实现了预期目的，至于具体的质量评估的数据如何运用大多只停留在表象的、微观的培训教学教务工作定性调整中，如教师甲不受农村基层干部欢迎、课程乙的满意度评价较差等，于是在农村基层干部培训设计中尽量不安排教师甲、课程乙等，很少做专业的分析并定期形成质量评估报告，进而系统促进培训工作的跃升。对学员而言，只是配合项目委托方和培训机构的工作需要，不少学员给予了感情分，部分学员不珍惜评估权利，打分随意。

三是农村基层干部培训质量评估主体、内容、指标、方法、流程和反馈不完善。《2018—2022年全国干部教育培训规划》指出："健全由项目委托单位、参训学员、培训机构等共同参与的评估机制。"具体实施过程中，评估主体往往被简化为项目委托方或是培训机构独立来进行评估，多方主体没有形成合力。评估内容更多面向学员对培训的满意度评估，部分对学员的学习所得进行考查（但考查相对简单，大多满足于知识层面的记忆），很少对学员在工作实践中对所学运用进行评估。课程评估作为满意度评估的一部分，也仅限于向学员发放调查问卷，并未形成由学员、教师（或者专家）、跟班管理人员、教学管理部门等多方参与的课程质量评估机制。评估指标中尽管对价值观、工作态度等进行主观评测，但学员容易隐瞒真实想法，难以做到科学客观，使得指标虚设。评估方法多数采用问卷调查的形式，相对简单单一。评估反馈流于形式，造成事实上的培训各参与主体并不真正了解培训的具体实施效果。

7.3.2.2 农村基层干部培训质量评估中存在问题的原因解析

在农村基层干部培训的训前、训中和训后，存在三个"精准与模糊"的对立，在一定程度上较好地诠释了培训质量评估中存在问题的原因所在。一是"训前组织需求的精准与模糊"。精准的是培训的意图，模糊的是培训预期实现的目标。从干部教育培训起点看，培训预期实现的目标通常都是定性的，由于缺乏评价当期培训质量的科学工具，即使存在定量的目标，也必然由于缺乏科学性或是缺乏科学界定的方式方法而陷入考核困境。二是"训中教学匹配的精准与模糊"。精准的是教师紧紧围绕教学主题开展教学，传递信息，分享观点，从组织培训角度看具有可控性。模糊体现在整体和个体两个层面上。整体上，教育培训是生物体学习吸收的过程，客观上必然受各种因素的影响；个体上，学员的知识背景、兴趣爱好、学习能力等的不同必然存在主观学习吸收的客观差异。授课师资匹配、教学形式匹配等无法满足所有个体的需求。三是"训后绩效评估的精准与模糊"。精准的是个体对培训组织和实施的主观评估，模糊的是组织对个体参训实效的客观评价。换句话说，如果把组织对个体参训实效的客观评价作为质量评估标准是困难的，如果把学员对培训组织的主观评估作为质量的评判标准是简单的，同时也缺乏完整性和科学性。

干部教育培训的起点是组织意志、培训意图，流程上存在训前两大工作：一是学员甄选和调训，二是培训方案设计。培训方案设计主要有三部分内容：课程确定、师资匹配、教学形式创新。训中环节可从两个角度来探讨，组织方角度即培训实施，学员方角度即学习吸收。训后环节主要为学员将学习成果进行转化实践，转化实践可理解为三个方面：思想上想干、能力上会干、结果上干成（图7.1）。可以说，干部培训的起点是组织意志、培训意图，干部培训的终点或者说落脚点是想干、会干、干成。

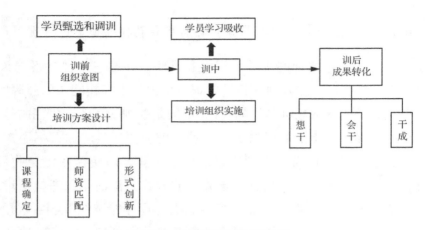

图 7.1 干部教育培训流程图

检验培训质量最科学的指标就是检验干部教育培训和想干、会干、干成之间的相关性。无论是想干还是会干抑或是干成，很难科学、准确地找到某单次干部教育培训的影响因子，于是干部教育培训的作用是肯定的、精准的，单次干部教育培训的具体作用又是模糊的。正由于学员转化实践中的想干、会干、干成难以量化，难以找到与某单次干部教育培训的相关性，于是大家普遍用训中环节中学员学习吸收的主观感知，即通过为培训方案实施中的内容、师资、形式等来打分，作为判断培训有效性、实效性的量化依据，即更多地把质量评估聚焦在了反应层面。

学员需求尽管与组织意图存在一定关联，在干部教育培训方案设计中，培训组织者会征求参训学员的意见，通过补学员能力短板来增强培训的有效性、实效性。但学员的需求并不能完全代表组织意图，通过学员学习吸收的主观感知来评估干部教育培训的质量存在两大困境，一是用微观部分环节来评判系统，二是用客体来评判主体。干部教育培训只是干部成长、队伍建设中复杂内、外因中外因的一部分，就干部教育培训本身而言，学员的学习吸收同样存在复杂的内、外因，即使把培训质量评估简化为"学习"层面的度量也不是一件容易的事情。干部教育培训质量评估的复杂性就在于如何找到有效的工具来科学研究干部教育培训的局部外因如何作用于干部成长的复杂系统，用反应、学习、行为和结果这四个维度来全面开展培训质量评估工作。

7.3.2.3 农村基层干部培训质量评估的不同维度

农村基层干部培训质量评估的复杂性在于我们通常把不同评估主体的不同评估目标混杂在一起。学员主观感知的满意度调查、满意度评判应更多体现在培训服务上,单次培训微观的质量应体现在方案设计(培训课程、培训师资、培训方法)上,整个干部教育培训宏观的质量应体现在学员转化实践(思想上想干、能力上会干、结果上干成)上。这与柯氏评估模型中的反应层、学习层、行为层和结果层等四个维度开展培训质量评估的观点是一致的,且这四个层次从低到高、从近到远、从微观到整体,可以针对培训对象的受训结果进行综合的效果评估。其中思想上想干、能力上会干对应的是行为层,结果上干成对应的是结果层。

学习的目的在于运用,农村基层干部教育培训的最终目的在于学用转化,用所学到的基本知识指导工作实践,提升干部工作能力[①]。结果是干部培训的终极目标,根据柯氏评估模型,通往终极目标有四个台阶。理论上只须直接评估第四个结果层来判断、评估干部培训的质量。但实现最终目标类似制造业的生产工艺,是从行为层、学习层、行为层到结果层的递进,类似四道"工序",对每道工序都追求凝神聚力、精益求精、极致完美,都进行质量评估和绩效评价,有利于通过培训提升干部能力进而更好地服务党和国家事业发展的培训目标的实现。干部培训院校提供高质量培训服务,学员参加学习培训获得知识、态度、技能、行为的提升和改进,学员主观运用培训所学改进工作行为,学员运用培训所学取得工作实绩等四道工序环环相扣、步步相连,中间的任何一环出现质量缺陷,都会影响整体培训质量。因此,需要对干部培训院校提供的"培训产品和服务"质量进行评估,需要对参训学员在培训过程中所获知识、态度、技能、行为的提升和改进进行评估,需要对参训学员在训后的工作实践中运用培训所学内容的程度进行评估,需要对参训学员在训后的工作实践中运用培训所学内容创造的效益进行评估。

四个台阶可以分成两大类别:一类主要发生在培训环节中,立足点在

---

① 郭晓庆. 中国县域基层干部教育培训体系实效性研究[D]. 上海:上海海洋大学,2020.

培训；一类主要发生在工作实践环节中，立足点在培训转化。对干部培训院校提供的"培训产品和服务"质量进行评估与对参训学员在培训过程中所获知识、态度、技能、行为的提升和改进进行评估都属于培训实施环节。培训环节有两大主体——干部培训院校和参训学员。培训环节的目标是通过培训提升参训学员的政治能力和专业化能力，影响学员培训绩效的是学员内生动力自主学、项目委托方和干部培训院校传导的外部压力督促学。在外部压力督促学上，项目委托方和干部培训院校携手通过严肃培训纪律、开展学习考核来督促学员提升培训实效；在内生动力自主学上，干部培训院校通过精准把握培训需求、精心设计培训方案、精致提供培训服务来催生学员提升培训实效。对干部培训院校提供的"培训产品和服务"质量进行评估与对参训学员在培训过程中所获知识、态度、技能、行为的提升和改进进行评估一般通过对参训学员进行满意度问卷调查的方式来开展。对参训学员在训后的工作实践中主动运用培训所学内容改进自身行为和创造工作实绩的评估属于培训转化环节。培训对工作行为的改进主要取决于参训学员对培训所学的切实领悟，并作为累积提升的能力组成元素内化在工作实践中。对此开展的质量评估一般采用学员提交专门的学习报告和心得体会的方式，有时也会采用专门的调查问卷进行分析，开展质量评估的主导者一般为项目委托方即培训的组织方。新加坡政府规定，参加培训的公务员应于学完后一个月内向常务秘书和公务委员会提出受训报告，在报告中要切实评价所受培训以及从培训中所得到的益处①。国内在开展培训过程中，常会要求学员在集中培训结束第一时间内提交心得体会或培训交流材料，这主要还是外部压力督促学的组成，类似新加坡在训后一个月内提交受训报告，主要是对训后工作行为的改进进行质量评估。对训后工作实绩进行的质量评估目前开展得相对较少，一般为培训的组织方（项目委托方），也有部分干部培训院校对部分重点项目开展类似的跟踪和研究，以此来进行质量评估。学员训后在实践中创造工作业绩的影响因子众多，很难精准判断培训在其中的作用。如果构建一个影响工作业绩的多元函数，变

---

① 中共中央组织部干部教育局.干部教育工作学习读本[M].北京：党建读物出版社，2012：124.

量至少包括干部培训院校提供的培训产品和服务，学员学习绩效（所获知识、态度、技能、行为的提升和改进，会干事），工作实践中的行为改进（想干事），工作实践中的其他影响因子，如资源禀赋、政治生态环境（如领导支持、同事帮助、群众理解，当然学员能够充分驾驭、借力政治资源也是干部能力的一部分），等等。能否干成事，还取决于工作实践中能否在面临困难时得到帮助，这种帮助也可以作为干部培训的延伸。苏州市农村干部学院倡导的陪伴式教学方法和濮阳农村党支部书记学院倡导的导师制都有类似的意思。这也反衬出用参训学员的工作业绩来作为培训质量评估要点的局限性。目前探索较多的是创造机会或设计制度让参训学员更好地"干成事"，"参训干部工作单位部门要善于给参训干部创造有利于将培训成果转化到实际工作生活中的制度环境和积极给予实践锻炼的机会"①，对用工作绩效来开展培训质量评估的专题研究和实践探索则相对少见。

干部队伍是政治组织，具有政治属性，干部教育培训是干部队伍建设的先导性、基础性、战略性工程，这已被建党百年的历史经验验证。事实上，对培训转化环节开展培训质量定量评估较为困难。在保障培训环节的质量基础上，培训转化是一个模糊正确，也就是说培训转化是确定的，培训转化的程度是模糊的。所以，构建定性、定量相结合的干部教育培训质量评估体系意义重大。

7.4 农村基层干部培训质量评估指标体系

《2018—2022年全国干部教育培训规划》明确应从三个层面加强干部教育培训质量评估工作，一是加强干部培训机构办学质量的质量评估，二是加强培训项目的质量评估，三是加强培训课程的质量评估。三个层面的质量评估共同构成了培训质量评估体系。本书主要探讨教学体系，"干部培训机构办学质量的质量评估"将不在讨论的范畴内。同时，后续的探讨主要集中在培训项目的质量评估上，培训课程的整体质量评估作为培训项目

---

① 张丽红. 新疆维吾尔自治区基层干部教育培训实效性研究[D]. 成都：西南财经大学，2014.

质量评估的一部分内嵌其中。通过问卷调查，由学员、教师（或者专家）、跟班管理人员、教学管理部门等多方参与的培训课程质量评估依然是农村基层干部培训质量评估的重要组成，同时还包括通过座谈开展训中培训服务质量评估，二者重要性毋庸置疑。考虑前面已具体阐述，不再赘说。下面，笔者将对实践中构建的农村基层干部培训质量评估指标体系做简单介绍。

7.4.1 农村基层干部培训项目质量评估指标体系构建要点

在评价层面上，借鉴柯氏四层次评估模型，以反应层评价为主，学习层评价、行为层评价、结果层评价为辅助补充。对于大多数农村基层干部短期培训班，建议仅须对反应层、学习层进行评估即可，对部分培训时间长的重要班次可进行全面的四层次评估。

在反应层评价要点上，涵盖训前、训中、训后等培训全流程，覆盖培训设计、实施、服务等培训全节点。

在学习层评价学习增量上，以《2018—2022年全国干部教育培训规划》文件规定的要求规范为指导，以《关于实施新时代基层干部主题培训行动计划的通知》文件强调的政治能力和专业化能力提升为重点。

在行为层评价行为改善上，着重评判政治能力提升带来的工作态度的改善和专业化能力提升带来的解决实际问题能力的增强。

在结果层评价业绩提升上，基于科学、准确、公平、公正基础，探索定量评价与定性评价相结合的方法。

在评价主体上，突出项目委托单位、参训学员、培训机构等共同参与的多元主体结构，将自评与他评、个体评与组织评有机结合。

在评价方法上，考虑农村基层干部培训学员人数众多、农村基层干部培训组织者并非专业的培训质量评估专业人员、农村基层干部培训时长大多较短等因素，要坚持方便实施、易于落地的基本原则。

7.4.2 农村基层干部培训项目质量评估的指标体系

很多干部培训院校、培训机构都在进行干部培训质量评估指标体系的尝试。探索最多的是基于柯氏模型的四个层次，构建反应层、学习层、行为层、结果层等评估层级，运用模糊数学理论和层次分析法开展相关研究。也有学者列出干部培训的相关重要环节和重要影响因素，如陈琦、郭大鹏[1]把教学工作、管理工作、班级组织员和其他作为四个一级指标，其中"教学工作"下的二级指标包括教学设计、教学内容、教学形式、教学效果；"管理工作"下的二级指标包括教学组织、后勤保障、学院总体工作；"班级组织员"下的二级指标包括总体评价、教学组织管理、辅助教学工作、服务学员工作、个人形象素质、工作作风等；"其他"下的二级指标包括特殊学员满意度指标。然后确定各指标的权重，建立单因素评判矩阵，利用模糊向量做出评判结果，最后根据参训学员的评价得分算出平均分。

7.4.2.1 指标体系构建

我们根据多年农村基层干部培训工作实践，基于上述的探讨和专家学者们的观点论述，尝试借鉴柯氏模型建立农村基层干部培训项目质量评估的指标体系。柯氏模型由四个评价层面构成，分别为反应评价（反应层）、学习评价（学习层）、行为评价（行为层）、结果评价（结果层）。因此，我们拟建立的指标体系也确定四个评价层面，分别为：反应评价，对应参训者满意度；学习评价，对应学习增长量；行为评价，对应学用结合度；结果评价，对应实践效益值。

反应评价主要测度学员对培训实施的满意度，包括训前、训中、训后各个流程和环节。具体指标包括：训前的教学设计；训中的培训课程匹配、方法匹配、师资匹配、教学资料、餐饮服务、住宿服务、教学设备、用车服务、班级管理等；训后的答疑指导。农村基层干部培训的培训课程重在务实管用，培训方法突出针对有效，培训师资强调来源多元；班级管理不仅体现为干部培训院校和培训机构管理严格、校风严谨，也体现为班主任老师班级管理井然有序、尽心尽责，还体现为学员态度认真、学风良好。

学习评价主要测度学员经过培训学习后的知识和能力增量。《2018—

---

[1] 陈琦,郭大鹏.基于顾客满意度的干部教育培训绩效评估:以中国井冈山干部学院为例[J].甘肃理论学刊,2009(4):101-103.

2022年全国干部教育培训规划》提出的主要目标是"以习近平新时代中国特色社会主义思想为中心内容的理论教育更加深入""党性教育更加扎实""专业化能力培训更加精准""知识培训更加有效"。基层干部开展培训的主要指导思想是"着眼培养守信念、讲奉献、有本领、重品行的高素质专业化基层干部队伍,以提高发展经济、改革创新、依法办事、化解矛盾、做群众工作等能力为重点"。《关于实施新时代基层干部主题培训行动计划的通知》强调要提高基层干部的政治能力和发展经济能力、改革创新能力、依法办事能力、公共服务能力、化解矛盾能力、风险防控能力、群众工作能力、抓基层党建能力等八种专业化能力。考虑到农村基层干部单次培训不可能涉足全部八种专业化能力,所以对知识和能力增量的测度简化为四个方面,即四个指标,分别为:理想信念更加坚定、提升;思想观念更加解放、务实;知识得到及时更新、完善;专业能力得到增长、强化。

行为评价主要测度学员政治能力提升带来的工作态度的改善和专业化能力提升带来的解决实际问题能力的增强。具体指标包括工作态度和工作能力。

结果评价主要测度学员通过培训后在工作实践中给组织带来的社会效益和经济效益等工作绩效。农村基层干部直面群众,创造的工作业绩不仅需要组织认可,也需要群众认同,因此可用组织认可、群众认同两个指标来全面、客观评价。

经过咨询部分干部培训业内专家,听取部分学员代表意见,最终形成了如表7.5所示的农村基层干部培训项目质量评估指标体系。

表 7.5 农村基层干部培训项目质量评估指标体系

评价层面	一级指标	二级指标	评估主体
反应评价（参训者满意度）	方案设计科学合理程度	培训内容与学员需求的相关性	学员、项目委托单位
		培训内容与培训目标的相关性	项目委托单位
	培训内容务实管用程度	培训内容对本职工作的指导性	学员、项目委托单位
		培训内容的新颖性	学员、项目委托单位
		培训内容的实用性	学员、项目委托单位
	教学师资匹配合理程度	干部讲给干部听，政策解读到位	学员、项目委托单位
		"土专家""田秀才"上讲台，实践解析生动	学员、项目委托单位
		专家学者进课堂，理论解码深刻	学员、项目委托单位
	教学方法针对有效程度	培训方法与培训内容的适应性	学员、项目委托单位
		现场教学安排的合理、有序性	学员、项目委托单位
		培训中专题讨论组织的有效性	学员、项目委托单位
		各类新型教学方法运用的科学性	学员、项目委托单位
	教学态度认真严谨程度	培训教师对课程内容的熟悉程度	学员、项目委托单位
		培训教师的授课态度	学员、项目委托单位
		教师对培训方法运用的熟练程度	学员、项目委托单位
	教学资料丰富齐全程度	培训课件和学习资料的适应性	学员、项目委托单位
	班级管理严谨有序程度	院校管理严格、校风严谨	学员、项目委托单位
		班部工作井然有序，班主任尽心尽责	学员、项目委托单位
		学员态度认真、学风良好	项目委托单位、培训机构、授课教师
	培训设施齐全完备程度	教室设备、灯光、音响等教学设施满足培训需要	学员、项目委托单位
		图书馆、阅览室、健身房等文体设施满足培训需要	学员、项目委托单位
	培训后勤保障有力程度	餐饮服务贴心温暖	学员、项目委托单位
		住宿服务周到温馨	学员、项目委托单位
		用车服务细致安全	学员、项目委托单位
	训后跟踪服务贴心程度	答疑辅导耐心贴心（训后 3~6 个月评估）	学员

续表

评价层面	一级指标	二级指标	评估主体
学习评价（学习增长量）	知识能力增加程度	理想信念更加坚定、提升	学员
		思想观念更加解放、务实	学员
		知识得到及时更新、完善	学员
		专业能力得到增长、强化	学员
行为评价（学用结合度）	工作有效运用程度	政治能力提升带来工作态度的改善（训后3~6个月评估）	学员、学员所在单位
		专业化能力提升带来解决实际问题能力的增强（训后3~6个月评估）	学员、学员所在单位
结果评价（实践效益值）	创造工作实绩程度	群众认同（训后3~6个月评估）	学员工作面向的群众
		组织认可（训后3~6个月评估）	学员所在单位

7.4.2.2 指标体系应用

考虑到评估的可操作性，笔者主要采用客户满意度调查法进行培训项目的质量评估，由干部培训院校、培训机构在项目委托单位的支持下具体实施，按照非常满意（5分）、满意（4分）、不确定（3分）、不很满意（2分）、不满意（1分）五个等级由评估主体进行打分获得满意度分值。各二级指标的满意度分值可以直接洞察培训的短板和不足。需要注意的是，笔者实践探索的指标体系面向多个评估主体共同参与，其中"培训内容与培训目标的相关性"由项目委托单位进行测度；"学员态度认真、学风良好"由项目委托单位、培训机构、授课教师共同打分获得的平均分来评估；"政治能力提升带来工作态度的改善""专业化能力提升带来解决实际问题能力的增强"由学员自评和学员所在单位他评（同部门同事、上级领导打分汇总获得的平均分）来测度，二者的权重各占50%；"群众认同"由学员工作面向的群众打分获得的平均分来评估；"组织认可"由学员所在单位领导打分汇总得到的平均分来测度。

通过调查获得满意度分值后，与专家赋予的权重计算可得该指标的质量评估分值，所有二级指标分值相加将得到最终质量评估的总分值。总分值可以较为科学、全面地评估各培训项目的质量。指标权重的确定主要采用专家咨询法，由干部培训业内多位专家讨论并最终确定。其中反应层评估的权重为 64 分（含"答疑辅导耐心贴心"）、学习层评估的权重为 16 分、行为层评估的权重为 10 分、结果层评估的权重为 10 分，总分 100 分。和浙江大学课题组的观点接近，此指标体系主要还是以反应层评估为主，学习层、行为层和结果层评估为辅助补充。（表 7.6）

表 7.6　农村基层干部培训项目质量评估指标体系

一级指标	二级指标	指标分值	评估层级
方案设计科学合理程度	培训内容与学员需求的相关性	3	反应层
	培训内容与培训目标的相关性	3	
培训内容务实管用程度	培训内容对本职工作的指导性	3	
	培训内容的新颖性	3	
	培训内容的实用性	3	
教学师资匹配合理程度	干部讲给干部听，政策解读到位	2	
	"土专家""田秀才"上讲台，实践解析生动	2	
	专家学者进课堂，理论解码深刻	2	
教学方法针对有效程度	培训方法与培训内容的适应性	2	
	现场教学安排的合理、有序性	2	
	培训中专题讨论组织的有效性	2	
	各类新型教学方法运用的科学性	2	
教学态度认真严谨程度	培训教师对课程内容的熟悉程度	2	
	培训教师的授课态度	2	
	教师对培训方法运用的熟练程度	2	
教学资料丰富齐全程度	培训课件和学习资料的适应性	3	
班级管理严谨有序程度	院校管理严格、校风严谨	2	
	班部工作井然有序，班主任尽心尽责	2	
	学员态度认真、学风良好	2	
培训设施齐全完备程度	教室设备、灯光、音响等教学设施满足培训需要	3	
	图书馆、阅览室、健身房等文体设施满足培训需要	3	

续表

一级指标	二级指标	指标分值	评估层级
培训后勤保障有力程度	餐饮服务贴心温暖	3	
	住宿服务周到温馨	3	
	用车服务细致安全	3	
训后跟踪服务贴心程度	答疑辅导耐心贴心（训后3~6个月评估）	5	
知识能力增加程度	理想信念更加坚定、提升	4	学习层
	思想观念更加解放、务实	4	
	知识得到及时更新、完善	4	
	专业能力得到增长、强化	4	
工作有效运用程度	政治能力提升带来工作态度的改善（训后3~6个月评估）	5	行为层
	专业化能力提升带来解决实际问题能力的增强（训后3~6个月评估）	5	
创造工作实绩程度	群众认同（训后3~6个月评估）	5	结果层
	组织认可（训后3~6个月评估）	5	

对于大多数的农村基层干部短期培训班，建议仅须开展反应层（"答疑辅导耐心贴心"也不进行评估）、学习层评估。对于少部分较为重要的农村基层干部培训班或长期培训班会，进行四个层级全方位的质量评估。对于前者，反应层（"答疑辅导耐心贴心"也不进行评估）、学习层评估的总分值为75分，为研究、对比便利，需要将最终得到的分数转化为百分制。对于后者，本身的总分值为100分，无须做类似分值转换。（表7.7、7.8）

表 7.7 农村基层干部培训项目质量评估分值计算表

一级指标	二级指标及指标分值	满意度得分	培训项目质量评估得分
方案设计科学合理程度	培训内容与学员需求的相关性/3 分		
	培训内容与培训目标的相关性/3 分		
培训内容务实管用程度	培训内容对本职工作的指导性/3 分		
	培训内容的新颖性/3 分		
	培训内容的实用性/3 分		
教学师资匹配合理程度	干部讲给干部听,政策解读到位/2 分		
	"土专家""田秀才"上讲台,实践解析生动/2 分		
	专家学者进课堂,理论解码深刻/2 分		
教学方法针对有效程度	培训方法与培训内容的适应性/2 分		
	现场教学安排的合理、有序性/2 分		
	培训中专题讨论组织的有效性/2 分		
	各类新型教学方法运用的科学性/2 分		
教学态度认真严谨程度	培训教师对课程内容的熟悉程度/2 分		
	培训教师的授课态度/2 分		
	教师对培训方法运用的熟练程度/2 分		
教学资料丰富齐全程度	培训课件和学习资料的适应性/3 分		
班级管理严谨有序程度	院校管理严格、校风严谨/2 分		
	班部工作井然有序,班主任尽心尽责/2 分		
	学员态度认真、学风良好/2 分		
培训设施齐全完备程度	教室设备、灯光、音响等教学设施满足培训需要/3 分		
	图书馆、阅览室、健身房等文体设施满足培训需要/3 分		
培训后勤保障有力程度	餐饮服务贴心温暖/3 分		
	住宿服务周到温馨/3 分		
	用车服务细致安全/3 分		
训后跟踪服务贴心程度	答疑辅导耐心贴心(训后 3~6 个月评估)/5 分		

续表

一级指标	二级指标及指标分值	满意度得分	培训项目质量评估得分
知识能力增加程度	理想信念更加坚定、提升/4分		
	思想观念更加解放、务实/4分		
	知识得到及时更新、完善/4分		
	专业能力得到增长、强化/4分		
工作有效运用程度	政治能力提升带来工作态度的改善（训后3~6个月评估）/5分		
	专业化能力提升带来解决实际问题能力的增强（训后3~6个月评估）/5分		
创造工作实绩程度	群众认同（训后3~6个月评估）/5分		
	组织认可（训后3~6个月评估）/5分		
总分			

表7.8 农村基层干部培训项目质量评估满意度评分表（在所选项下打"√"）

一级指标	二级指标	评估主体	非常满意	满意	不确定	不很满意	很不满意
方案设计科学合理程度	培训内容与学员需求的相关性	学员,项目委托单位					
	培训内容与培训目标的相关性	项目委托单位					
培训内容务实管用程度	培训内容对本职工作的指导性	学员,项目委托单位					
	培训内容的新颖性	学员,项目委托单位					
	培训内容的实用性	学员,项目委托单位					
教学师资匹配合理程度	干部讲给干部听,政策解读到位	学员,项目委托单位					
	"土专家""田秀才"上讲台,实践解析生动	学员,项目委托单位					
	专家学者进课堂,理论解读深刻	学员,项目委托单位					
教学方法针对有效程度	培训方法与培训内容的适应性	学员,项目委托单位					
	现场教学安排的合理、有序性	学员,项目委托单位					
	培训中专题讨论组织的有效性	学员,项目委托单位					
	各类新型教学方法运用的科学性	学员,项目委托单位					
教学态度认真严谨程度	培训教师对课程内容的熟悉程度	学员,项目委托单位					
	培训教师的授课态度	学员,项目委托单位					
教学资料丰富齐全程度	教师对培训方法运用的熟练程度	学员,项目委托单位					
	培训课件和培训资料的适应性	学员,项目委托单位					
班级管理严谨有序程度	院校管理严格,校风严谨	学员,项目委托单位					
	班部工作井然有序,班主任尽心尽责	学员,项目委托单位					
	学员态度认真,学风良好	项目委托单位,培训机构,授课教师					

农村基层干部培训质量评估体系

续表

一级指标	二级指标	评估主体	非常满意	满意	不确定	不很满意	很不满意
培训设施齐全完备程度	教室设备、灯光、音响等教学设施满足培训需要	学员、项目委托单位					
	图书馆、阅览室、健身房等文体设施满足培训需要	学员、项目委托单位					
培训后勤保障有力程度	餐饮服务贴心温暖	学员、项目委托单位					
	住宿服务周到温馨	学员、项目委托单位					
	用车服务细致安全	学员、项目委托单位					
训后跟踪服务贴心程度	答疑辅导耐心贴心（训后3~6个月评估）	学员					
知识能力增加程度	理想信念更加坚定、提升	学员					
	思想观念更加解放、务实	学员					
	知识得到及时更新、完善	学员					
	专业能力得到增长、强化	学员					
工作有效运用程度	政治能力提升带来工作态度的改善（训后3~6个月评估）	学员、学员所在单位					
	专业化能力提升带来实际问题解决能力的增强（训后3~6个月评估）	学员、学员所在单位					
创造工作实绩程度	群众认同（训后3~6个月评估）	学员工作面向的群众					
	组织认可（训后3~6个月评估）	学员所在单位					

7.5 小　结

《2018—2022年全国干部教育培训规划》明确指出，要建立课程质量评估、培训项目质量评估和培训机构办学质量评估等干部教育培训质量评估制度。农村基层干部培训通常时间较短，加上对培训课程、培训师资、培训方法的对象适应性，决定了农村基层干部培训质量评估有其自身的特殊性。苏州市农村干部学院主要采用即时培训课程质量评估、训中培训服务质量评估、训后培训综合质量评估的评估制度。笔者在农村基层干部培训质量评估的实践探索中，借鉴柯氏四层次评估模型，尝试构建了以反应层评价为主（学习层评价、行为层评价、结果层评价为辅助补充），涵盖训前、训中、训后等培训全流程，覆盖培训设计、实施、服务等培训全节点，突出项目委托单位、参训学员、培训机构、教师等多元主体共同参与（自评与他评、个体评与组织评有机结合）的指标体系。

后 记

有道是勤能补拙。不经意间，从事农村基层干部培训工作已近二十年，天天身陷其中、心嵌其里，硬是把工作变成爱好、事业变成梦想，不能自拔，乐在其中。苦于资质一般，又整日忙于事务性工作，思考甚少，理解甚浅，但把农村基层干部培训所思所想、所念所牵录成文字、编成文稿是多年来的心愿。萤光虽弱，柔韧未灭，道阻且长，花开有时，虽然迟到了，好在并未缺席。得益于苏州市农村干部学院的工作平台，有幸得到黄远祥、章楠的协助和学院科研部门的支持，尤其要感谢苏州市农村干部学院党委委员、副院长金伟栋博士的悉心指导，书稿终于即将付梓。谨此一并致以谢忱。

本书第 1 章"绪论"、第 2 章"农村基层干部培训内容体系"由何兵、黄远祥共同完成，第 3 章"农村基层干部培训师资体系"由章楠完成，第 4 章"农村基层干部培训方法体系"、第 5 章"农村基层干部培训现场教学体系"、第 6 章"农村基层干部培训教学设计体系"、第 7 章"农村基层干部培训质量评估体系"由何兵完成。第 2 章第 3 小节"农村基层干部能力结构"中的"农村基层干部必备的政治能力和八种专业化能力"，"政治能力""发展经济能力"内容由高雯茜撰写，"改革创新能力"内容由章楠撰写，"依法办事能力"内容由黄远祥撰写，"公共服务能力"内容由吉永峰撰写，"化解矛盾能力"内容由肖静撰写，"风险防控能力"内容由杨超撰写，"群众工作能力"内容由庞妍蕴撰写，"抓基层党建能力"内容由宋艳撰写。感谢庞妍蕴、黄远祥、高雯茜对第 4 章成文，章楠对第 6 章成文做出的贡献。

能力所限，终日碌碌，成果聊胜于无，聚些细沙，留下工作的痕迹，算是对岁月的自我慰藉。笔之所触，情自流露，也算是用过心了。不足之处在所难免，恳请各位专家同行、读者朋友批评指正。

是为后记。

何 兵

2022 年 8 月